A SOMBRA DE DON JUAN
E OUTROS ENSAIOS

Blucher

A SOMBRA DE DON JUAN E OUTROS ENSAIOS

Renato Mezan

3ª edição revista e atualizada

A sombra de Don Juan e outros ensaios – 3ª edição revista e atualizada

1ª edição: Editora Brasiliense, 1993
2ª edição: Casa do Psicólogo, 2005
3ª edição: 2023
Editora Edgard Blücher Ltda.

Publisher Edgard Blücher
Editores Eduardo Blücher e Jonatas Eliakim
Coordenação editorial Andressa Lira
Produção editorial Lidiane Pedroso Gonçalves
Preparação de texto Vânia Cavalcanti
Diagramação Negrito Produção Editorial
Revisão de texto Maurício Katayama
Capa Leandro Cunha

Blucher

Rua Pedroso Alvarenga, 1245, 4º andar
04531-934 – São Paulo – SP – Brasil
Tel.: 55 11 3078-5366
contato@blucher.com.br
www.blucher.com.br

Segundo o Novo Acordo Ortográfico, conforme 6. ed. do *Vocabulário Ortográfico da Língua Portuguesa*, Academia Brasileira de Letras, julho de 2021.

Dados Internacionais de Catalogação na Publicação (CIP)
Angélica Ilacqua CRB-8/7057

Mezan, Renato.
A sombra de Don Juan e outros ensaios/ Renato Mezan. – 3. ed. – São Paulo: Blucher, 2023.
340 p.

Bibliografia
ISBN 978-65-5506-704-0

1. Psicanálise. 2. Psicanálise e cultura. I. Título

23-2058 CDD 150.195

Índice para catálogo sistemático:
1. Psicanálise

Conteúdo

Apresentação da 1ª edição

Na famosa ária do catálogo, Leporello convida uma estupefata Donna Elvira a percorrer com ele a lista "das belas que meu patrão amou":

> *Um catalogo egli è che ho fatt'io,*
> *Osservate, leggete con me,*
> *Osservate, leggete con me.*

Sim, poderia dizer o autor, eis aqui o catálogo que fiz; observai, lede comigo... Mas serão as obras da cultura, ou o discurso que vem do divã, comparáveis às senhoras e senhoritas *d'ogni forma, d'ogni età* que Don Juan diz ter conhecido, no sentido bíblico do termo? Não sei e duvido que alguém saiba. No entanto, a metáfora não me parece incongruente para aludir à paixão erotizada ao rubro que anima o leitor e o escritor. Pelo menos um traço, o catálogo compartilha com o conhecimento: são ambos inacabáveis por essência. Quanto mais aumentam, menos se sabe ter, e maior se torna o tamanho do que falta para chegar à impossível última página, a qual se afasta com velocidade muito superior à do andarilho que a persegue...

Este livro reúne artigos e conferências redigidos entre 1987 e 1992; dá sequência a *A vingança da esfinge*,[1] minha primeira coletânea de ensaios. Alguns permaneceram na versão original; outros foram remanejados, mais ou menos extensamente. Não há, nem pode haver, unidade entre textos escritos ao longo de cinco anos e destinados a públicos heterogêneos; mas existem certos temas recorrentes, que, de um modo ou de outro, os atravessam e dão forma às questões que vêm me interessando nos últimos anos. Três deles são mais visíveis: a história e a estrutura da teoria psicanalítica, a relação entre a psicanálise e o mundo social, o emprego de conceitos psicanalíticos para apreender certos aspectos da cultura do passado e do presente.

A teoria psicanalítica deixou, pelo menos desde a década de 1920, de ser sinônimo de "pensamento de Freud". Sem abandonar o território descoberto pelo fundador – o do inconsciente como codeterminante dos pensamentos e das ações dos homens –, ela se enriqueceu e diversificou-se, por meio da contribuição de inúmeros autores maiores e menores. Investigar como e o que estes pensaram, por que foram levados a inventar conceitos e hipóteses, de que maneira deram conta do desafio de permanecer dentro do legado de Freud e ao mesmo tempo transformá-lo em tantos aspectos – eis algo que me fascina e atiça minha curiosidade.

Ao longo destes escritos, comparecem muitos dos que me ensinaram a ver, a escutar e a me servir desta maravilhosa máquina de pensar construída por Freud e por seus sucessores. Dialogar

---

1 Editora Brasiliense, 1988. A 4ª. edição, pela Editora Blucher, encontra-se no prelo, devendo ser publicada em 2024. Outros escritos do mesmo período foram reunidos no volume *Figuras da Teoria Psicanalítica* (1995), 2ª. edição revista e ampliada, Casa do Psicólogo, 2009.

com eles, acompanhar seus passos, descobrir-me insatisfeito com algumas de suas conclusões e inteiramente persuadido por outras é uma experiência que, renovando-se a cada vez, me incita a escrever. Se a leitura desperta inquietações e ideias, a escrita permite dar-lhes forma, ponderá-las, elaborá-las, torná-las verdadeiramente minhas e, por isso, poder reparti-las com quem, por sua vez, quiser me acompanhar pelas veredas a que sou conduzido. Dos artigos aqui reunidos, "Existem paradigmas na Psicanálise?" e "Que significa 'pesquisa' em psicanálise?" focalizam mais de perto a maneira pela qual se edifica uma teoria em nossa disciplina, no interjogo de dois fatores igualmente fundamentais: a problematização da clínica; e o uso inovador dos conceitos forjados pela própria tradição psicanalítica.

A exemplo de qualquer empreendimento humano, também a psicanálise se situa no entrecruzamento de diversas histórias, cujos ritmos variam, cujos sedimentos invisíveis e cujo movimento secreto a codeterminam sem que, de imediato, possamos nos aperceber de *como* isso ocorre. História das ideias e das práticas da própria disciplina, história das ideias sobre o ser humano e sobre sua existência social, política e intelectual, história das sociedades europeias e americanas em cujas malhas ela se implantou, história da formação de cada um como psicanalista, história da vida de cada paciente reinventada ou recuperada no divã, à luz da transferência, história *deste* tratamento singular e de suas diversas fases – eis alguns dos eixos ao longo dos quais é possível pesquisar as dimensões latentes de uma noção, de uma interpretação, de uma associação. A análise é a arte de abrir o imediato aparentemente liso e compacto às vozes que o habitam, que falam nele com eloquência muda e que pedem apenas um pouco de atenção para se fazer ouvir. Para desobstruir ouvidos, é preciso recorrer à história da cultura e das sociedades: é este o segundo grupo de temas que percorrem os estudos aqui reunidos, mais particularmente "Violinistas no telhado" e "Esquecer? Não: *In-quecer*".

Mas o instrumento analítico não pode operar no vazio: ele necessita de um material para que seja possível utilizá-lo. Esse material é proporcionado pela clínica, obviamente, mas também por aquilo que os homens criam sob a forma de obras culturais. Muitas vezes, é estimulante tomar uma obra de arte ou de pensamento como objeto de investigação, não para desvendar as motivações inconscientes de quem a elaborou – o que seria, além de supérfluo e abusivo, empobrecedor –, mas para nos exercitarmos no manejo das noções com as quais trabalhamos, de forma quase automática, todos os dias. E, o que é mais importante, este uso do aparelho conceitual da psicanálise pode servir para refinar os próprios conceitos, tornando-os mais precisos ou mais abrangentes. Não é só a obra estudada que assim se enriquece, mas a própria psicanálise, ao contato com aquilo que de melhor a mente humana foi capaz de produzir. Acredito que conceitos como os de narcisismo, identificação, memória, sedução e vergonha, para citar só uns poucos, ganham densidade ao serem solicitados para elucidar certos aspectos da ópera *Don Giovanni* ("A sombra de Don Juan"), do conflito identificatório que me parece típico do judeu contemporâneo ("Violinistas no telhado"), das modalidades de intervenção do psicanalista no debate com as disciplinas afins ("A psicanálise na cultura"). A psicanálise não é nem nunca foi somente uma prática terapêutica, um método para tratar das feridas da alma. Ela é isso *também*, mas igualmente uma teoria da inserção do indivíduo na cultura, da maneira pela qual o social-sexual molda a pessoa e é, por sua vez, afetado pela ação daqueles a quem moldou.

A formação do psicanalista tem também sua mitologia: assunto apaixonante, porque diz respeito às fantasias sobre a origem e porque se presta particularmente bem a ilustrar certos aspectos tanto do funcionamento psíquico como do imaginário social. A ela é dedicado um pequeno texto, "O *Bildungsroman* do psicanalista". Ao estudar essa questão, somos levados inevitavelmente à pergunta sobre como se formou o primeiro analista, já que, de um modo ou de outro, a formação de todos nós reproduz em parte a educação psicanalítica de Sigmund Freud. Esse é o tema de "Explosivos na sala de visitas", expressão que devo a Peter Gay e que me parece caracterizar bastante bem o contraste entre a existência exteriormente convencional de Freud e o potencial revolucionário do seu pensamento.

O leitor tem, assim, diante de si, o fruto dos labores de um psicanalista às voltas com os enigmas suscitados por sua prática, pelos tempos em que vive, pelas questões que lhe apresentam seus pacientes, suas leituras e seus interlocutores. Quero aqui deixar expressa minha gratidão aos estudantes e aos colegas do Departamento de Psicanálise do Instituto Sedes Sapientiae e do Programa de Estudos Pós-Graduados em Psicologia Clínica da Pontifícia Universidade Católica de São Paulo (PUC/SP), a cuja convivência devo muito daquilo que se tornou minha forma de pensar. Aos editores dos cadernos culturais da *Folha de S.Paulo*, de *O Estado de S. Paulo* e do *Jornal do Brasil*, bem como aos responsáveis pelas instituições nas quais foram proferidas as conferências que deram origem a vários destes textos, meu agradecimento pelo constante estímulo a refletir sobre os mais variados problemas e a registrar por escrito os resultados desse trabalho. E a Angela Vitório, minha secretária, um "obrigado" especial pela transcrição impecável de muitas horas de gravação e pela datilografia cuidadosa dos originais destes ensaios.

Uma última palavra: este volume é dedicado à memória de Caio Graco Prado, de cuja presença fomos privados por um trágico acidente. Caio Graco sempre me apoiou em minhas iniciativas, como a tantos outros intelectuais de nosso país; a ausência de sua figura simpática e vibrante deixou entre nós um vazio que nada poderá preencher. Só podemos continuar aquilo que ele começou: que este livro, publicado originalmente na editora que ele dirigia, possa fazer uma pequena contribuição à cultura brasileira, que ele tanto amava e à qual dedicou o melhor da sua vida.

Renato Mezan

Julho de 1993

Nota à 2ª edição

Esgotados há tempos, estes ensaios aparecem agora em nova roupagem, pela Casa do Psicólogo, e acrescidos de um índice remissivo preparado especialmente para esta edição. Que esta parceria, da qual o presente volume é o terceiro fruto, possa continuar por muito tempo: um autor precisa de editora, uma editora precisa de autores, e ambos precisam de você, leitor, juiz em última análise de todos estes esforços.

Bom proveito!

Renato Mezan

Julho de 2004

Nota à 3º edição

Os votos expressos na nota da 2ª edição não se cumpriram: o presente livro ficou, mais uma vez, fora de catálogo por muito tempo. Para esta terceira edição, além de corrigir alguma coisa aqui e ali, busquei atualizar referências – em trinta anos, muito se caminhou nos vários temas abordados – e reescrevi vários trechos, que necessitavam de reformulação para se adequar às sensibilidades contemporâneas. Espero que, assim retrabalhados, os textos aqui reunidos continuem a ser úteis, e a instigar novos desenvolvimentos por parte de quem os ler.

Renato Mezan

São Paulo, maio de 2023.

1. A sombra de Don Juan: a sedução como mentira e como iniciação

Vois avec quelle ardeur d'exegèse et d'envie
le nez des professeurs s'est fourré dans ma vie!
E. Rostand, *La Dernière Nuit de Don Juan*

Mais vale confessar de uma vez: Don Juan tem toda a razão! Já se perdeu a conta dos estudos acerca de suas origens míticas, de sua vida atribulada, da elaboração da lenda em inúmeros textos literários e teatrais, para não dizer nada das especulações sobre o sentido de sua história... O que fascina na figura deste cavalheiro, que desde seu batismo na Espanha do século XVIII se converteu numa das presenças mais marcantes do imaginário ocidental? De sua pessoa, pouco sabemos de preciso: é jovem, é bonito, é irreverente, é autoritário com os inferiores, derrubou nada menos que 2.065 corações de todas as idades, classes e aspectos[1] e, desde o

1 *In Italia seicento e quaranta; in Almagna, duecento e trentuna; Cento in Francia, in Turchia novantuna – Ma in Ispagna, son già mille e tre.* (Mozart e Da Ponte, *Don Giovanni*, ato I, cena 5).

duelo com o Comandante, uma persistente má sorte o acompanha: nenhuma de suas aventuras termina a contento. Donna Anna o persegue como uma *furia disperata*; Donna Elvira o quer de volta a todo custo; Zerlina lhe escapa das mãos em seu próprio palácio; a ceia com o Convidado de Pedra acaba em tragédia. O Don Juan de Mozart e Da Ponte encarna o oposto de um galanteador irresistível, e, como bem notou Otto Rank, é na imaginação do espectador que se situa o tempo glorioso de seus sucessos ("Don Juan", in *Don Juan et le double*, Paris, Payot, s/d, pp. 119-187). E contudo...

Contudo, somos subjugados pela força que emana do "licenciosíssimo cavalheiro", o qual domina não apenas todos os outros personagens da "ópera das óperas", como a chamava Wagner, mas ainda públicos tão variados quanto as belas que adornam as páginas do catálogo. O tema não foi inventado por Mozart, nem Da Ponte parece ter sido muito original no tratamento que lhe deu. Sabemos que, dois ou três anos antes, o libretista Bertati e o compositor Gazzaniga haviam produzido um *Don Giovanni* que serviu de modelo para Da Ponte e que se inspirava largamente em Molière, o qual, por sua vez, tivera antecessores e sucessores... Depois da ópera e de seu êxito quase imediato, inúmeros autores – e não dos menores: Byron, Mérimée, Hoffmann, Puchkin, Bernard Shaw... – retornaram ao tema, criando obras notáveis, cujos méritos sou incapaz de avaliar. Porém a obra musical cujos duzentos anos comemoramos há pouco – pois estreou em Praga a 29 de outubro de 1787 –, permanece como paradigma de todas as elaborações subsequentes, e não só por motivos cronológicos: é que, com Mozart e Da Ponte, a história de Don Juan deixa de ser uma parábola sobre a justiça celeste e sobre o castigo inexorável do libertino – apesar do subtítulo e da cena final – e ganha um sentido bem mais apto a justificar o interesse de todos nós: o de símbolo por excelência da sedução. E que outro motivo haveria, senão o de também termos sido seduzidos, para virmos meter nossos narizes professorais na vida do herói? Quem sabe se, a sustentar o "ardor da exegese", não paira no ar algum *odor di femmina*...?

Resta saber de que lado ele provém. Kierkegaard o revela sem pejo algum: "E embora seja verdade que estou muito agradecido aos deuses por não ter nascido mulher, mas homem, devo, contudo, confessar que a música mozartiana me ensinou como é belo, reconfortante e valioso amar como uma mulher".[2] O estudo que dedica a *Don Giovanni* é uma verdadeira declaração de amor, de um lirismo extraordinário e de uma constante felicidade na escrita; é também uma exploração minuciosa e aguda do erotismo e das afinidades eletivas que o vinculam à sedução. Também a Kierkegaard Don Juan tocou com a chama do seu desejo, e sem dúvida o filósofo deve à intensidade de sua própria emoção estética e sensual o aguilhão que o incita a refletir. Quanto de Kierkegaard e quanto de Mozart entram na composição de *O erotismo musical* é um problema vão; o que importa é que a leitura kierkegaardiana – impregnada de Hegel e da sensibilidade romântica – revela possíveis contidos na textura da ópera e, ao selecionar certas linhas de interpretação, constrói outra obra a partir da primeira, nascida do encontro desta com as perguntas e os desejos do leitor. E a interpretação proposta por Kierkegaard é de uma beleza propriamente sedutora; vamos delineá-la brevemente.

Segundo Kierkegaard, a sensualidade é posta como princípio na cultura pelo advento do cristianismo. Ao excluí-la como pecado, ele a implanta por isso mesmo e, ao mesmo tempo, como o *outro* de si próprio, em particular sob a forma de imediatez sensível. A concentração desse princípio num indivíduo, que se torna, assim, seu emblema mítico, pode ser compreendida como "genialidade erótica", que é o atributo definidor de Don Juan. Ora, qual

2 Kierkegaard, S. (1969). El erotismo musical. In *Estudios Estéticos* (Vol. I; p. 239). Ediciones Guadarrama.

a forma artística mais adequada para exprimir essa genialidade erótica? A música, diz Kierkegaard, porque das artes ela é a que mais se afasta da reflexão da linguagem e a única que se desdobra na sucessão, tornando-se, assim, apta a expressar o *movimento* e a *imediatez* próprios à genialidade sensual. A perfeita união do tema musical por excelência (o erotismo) e da forma sensual por natureza (a música) encontra-se, assim, realizada no *Don Giovanni* de Mozart (p. 120).

Apoiando-se nesse fio condutor, Kierkegaard nos oferecerá uma penetrante análise da ópera e da dinâmica que une entre si todos os personagens. Para ele, Don Juan é a encarnação mesma do desejo, em seu aspecto de força irresistível, triunfante e demoníaca; sua trajetória é a de um furacão libidinal, que não deixa intacto nada do que toca. Don Juan é uma figura da vibração incessante, que jamais se instala na quietude ou no repouso (p. 179). Essa característica lhe é inerente e explica por que seu modo de existir é a sedução: por um lado, o amor que oferece às mulheres é algo que se esgota no instante da conquista, sem jamais ter continuidade; por outro, a reiteração incessante do mesmo gesto conquistador é uma necessidade intrínseca ao personagem, monocórdio em sua desabalada carreira. O trovador cortês via uma mulher e a amava ("Vê-la e amá-la foram uma só coisa"), o que Don Juan faz sem tirar nem pôr, só que com o sinal trocado: vê-la não é o começo da relação, mas praticamente o seu final (p. 183). O número mágico de 1.003 indica, em sua imparidade, o inacabamento da lista, o lugar sempre aberto para a próxima aventura; e acabamos por compreender que, para Don Juan, a lista é mais importante do que as mulheres que seu ardor deseja. Da Ponte o diz em seu libreto: "delle vecchie fa conquista pel piacer di porle in lista"; e, na ária do champanhe, o refrão é precisamente "ah, la mia lista doman mattina/d'una decina debbe aumentar". O que o libreto sugere, Mozart realiza por meio do ritmo sincopado e repetitivo desta ária, cujo andamento *presto* convém não apenas ao momento da ação – Don Juan quer possuir Zerlina o quanto antes –, mas à própria natureza do personagem. Não ouvimos nada de apaixonado, não há aqui lirismo algum (este fica reservado para a música de Don Ottavio), mas apenas uma "celebração endiabrada do apetite de fruir",[3] um monólogo furioso que retorna sempre ao mesmo lugar e deixa o ouvinte quase tão sem fôlego quanto o cantor que representa o papel. Numa comparação muito feliz, o filósofo faz a vida de Don Juan tão espumante quanto o champanhe; mas não lhe escapa a dimensão narcísica deste homem, "bêbado de si mesmo":

> *Neste momento, todas as jovens do mundo poderiam correr atrás dele, que Don Juan não representaria para elas perigo algum. Porque agora Don Juan é forte demais para pretender seduzi-las, e até todos os prazeres infinitamente variados da própria realidade seriam coisa pouca para ele, em comparação com aquilo de que goza em si mesmo.*[4]

Isso é profundamente verdadeiro, mas não deixa de ser intrigante. Pois, se aquilo com que Don Juan se satisfaz é um objeto narcísico, por que é impelido a buscá-lo na conquista das mulheres? E, mais ainda, o que essas mulheres veem nele de tão extraordinário, a ponto de sucumbir a seu fascínio? Pois, ao menos na ópera de Mozart, não resta dúvida de que as coisas se passam assim. Donna Elvira o deseja com todas as fibras do seu ser, às claras ("Son tutta foco per voi"), não obstante as terríveis humilhações que seu ex-sedutor lhe impõe. Zerlina nem sequer passou pelo seu leito, mas basta ouvir as entrelinhas das suas árias para que

---

3 Hocquard, J. (1978). Commentaire littéraire et musical du Don Giovanni de Mozart. In *L'Avant-Scène Opéra* (p. 66), n. 24.

4 Kierkegaard, 1969, p. 250.

percebamos que ela tampouco ficou imune ao que vislumbrou em Don Juan. E que dizer de Donna Anna? Ela o odeia, é claro, e clama o tempo todo por vingança; e, no entanto... ao acordar do desmaio consecutivo ao duelo com o Comandante, confunde o noivo com aquele que entrara sorrateiramente no seu quarto! Mais ainda, é pela voz que o reconhece ("Or sai chi l'onore"), esta voz que não deve ter deixado de lhe murmurar alguma coisa; murmúrio que ela guardou no coração, e que retorna precisamente quando Don Juan lhe diz "in casa mia v'aspetto": neste instante, a ligação se faz entre aquele a quem Donna Anna acaba de pedir ajuda para vingar seu pai e o desconhecido da noite fatal.

Aqui, uma palavra para evitar mal-entendidos. Em seu livro *L'opéra ou la défaite des femmes*, Catherine Clément eleva-se contra o que pensa ser uma calúnia. A verdade sobre Don Juan, segundo ela, é que se trata de um estuprador brutal, além do mais, inábil na cama – Donna Anna grita, Zerlina grita... –, e não o sedutor envolvente que o machismo dos filósofos e dos críticos gostaria de tornar simpático. Para Clément, Donna Anna foi vítima de uma tentativa de violação, e só sua resistência encarniçada a salvou;[5] daí o ódio que sente por este criminoso, vulgar, e, além disso, assassino do seu pai. Ver nela qualquer outra coisa além disso seria desonrá-la mais uma vez, atribuindo-lhe uma secreta cumplicidade com o brutamontes. Não é o que diz a polícia quando alguma mulher ousa apresentar queixa por estupro? "Ela bem que provocou..."

Não pretendo insultar a dignidade de Donna Anna com suspeitas descabidas. Mais do que nas exigências de ideologia feminista, entretanto, é na música que se revela a sinceridade do seu ódio, de seu desejo de vingança, de sua humilhação, de seu desespero impotente; tudo o que ficara acumulado nela desde a morte

5 Clément, C. (1979). *L'opéra ou la défaite des femmes* (p. 69). Grasset.

do Comandante explode então com uma violência cheia de nobreza, quando reconhece em Don Juan o homem que procura. Mas ouçamos a descrição que faz a seu noivo, Don Ottavio, do incidente: quanta ambiguidade! E sua segunda ária – "Non mi dir" –, tão sonhadora, tão delicadamente mozartiana, termina com uma decisão marcada pelas síncopes do "pietà di me" – e essa decisão é a de esperar um ano ainda, antes de se entregar a Don Ottavio... Um ano para devanear sobre aquela noite? Ou para fazer um trabalho de luto que ela não pode confessar a si mesma?

Ela não é em absoluto casual, esta ambiguidade. O paradoxo de Don Juan está aqui expresso com toda a sua carga de mistério, que não é outra senão a carga de mistério da própria sedução. Kierkegaard mostra-nos que Don Juan é desejo e desejo absoluto; também nos faz perceber que esse desejo atravessa as mulheres sem se fixar nelas, deixando-nos vislumbrar que a sedução opera por vetores mais complexos do que a mera busca do prazer. Com a atitude de Donna Anna e, mais ainda, com a de Donna Elvira, somos confrontados com o avesso do problema: por que o seduzido sucumbe à sedução? O que espera do sedutor? Algo que, tudo indica, resiste à frustração imposta pela realidade, pois nessa realidade o que acontece é que o sedutor conquista e abandona... A sedução nos faz ver que a realidade psíquica, para falar como Freud, não coincide com a realidade externa ou material. Para abordar estas questões complexas, tomaremos agora outro caminho; logo mais, reencontraremos os personagens imortais que nos acompanharam até aqui.

Aspectos da sedução

A ideia de sedução comporta vários planos à primeira vista incompatíveis entre si. O *Aurélio* enumera seis acepções do termo, que convém examinar de perto: 1) inclinar artificiosamente para o mal ou para o erro, desencaminhar; 2) enganar ardilosamente; 3) desonrar, recorrendo a promessas, amavios ou encantos; 4) atrair, encantar, deslumbrar; 5) levar à rebeldia, revoltar, sublevar; 6) subornar para fins sediciosos. O que pode haver de comum entre ações tão diversas?

O primeiro sentido é próximo da origem da palavra: *seducere* significa "levar para o lado", "apartar". Isso pressupõe uma direção, um caminho suposto reto, e seduzir é então *des-encaminhar*, atrair para margens conotadas como sinistras, por oposição ao leito da estrada, que conduz ao Bem e à Verdade. Mas esse desvio não se fará pela força: inclinar artificiosamente, enganar ardilosamente... Artifício e ardil remetem agora à caça, concebida como vitória da astúcia sobre a força ou a velocidade ingênuas do animal. Esse triunfo se baseia no emprego de meios eficazes para atingir as finalidades do sedutor: há uma racionalidade intrínseca ao seu agir, ele calcula e ajusta, estabelece proporção (*ratio*) entre o dispêndio e o alvo que visa obter. Ardil e artifício remetem ainda à oposição entre aparência e essência: o sedutor/caçador se servirá da dissimulação, recobrindo a armadilha com um aspecto inocente. E essa ideia de engodo bem calculado reaparece no terceiro sentido, mediante a noção de promessa, que, para ser plausível, precisa eludir a desconfiança da vítima: esta só perceberá a traição quando o laço se fechar sobre ela. E, para a vítima, o resultado da sedução é a morte ou a desonra: desonra que se estende no tempo, pois é mancha que não se apaga, ferrete que jamais cicatriza, marcando indelevelmente a superfície do corpo seduzido. Mesmo que a caça consiga escapar da armadilha, deixará nela uma parte de si, que é o troféu do caçador – hímen da donzela ou pata do lobo – e carregará para sempre a *falta* que advém de sua derrota. O seduzido aqui é alguém que se torna portador de um "a menos", qualquer que seja a modalidade em que o imaginemos, física, moral, social, etc.

Essas três primeiras acepções configuram a dimensão ética da sedução, e nela o sedutor aparece como alguém perfeitamente odioso: é embusteiro, fingidor, não ousa dizer às claras o que quer, nem se dispõe à luta franca para o obter; não tem, em suma, o *fair play* que caracteriza o verdadeiro cavalheiro. É o fraco que tem consciência de sua fraqueza e converte-a em força, aproveitando-se deslealmente das regras do jogo: sedutor aqui quer dizer "trapaceiro e egoísta". Don Juan traveste-se frequentemente como o noivo da donzela que quer seduzir. A trama que vai urdir pode ser engenhosa, até elegante (diz a Zerlina, orgulhoso: "so far pulito", e, na cena da troca das capas com Leporello, murmura de si para si: "che bel colpetto è questo! Più fertile talento/ del mio, no, non si dà"); mas as qualidades estéticas da sua manobra não bastam para nos fazer admirá-lo. No entanto, o quarto sentido da palavra "sedução" sugere precisamente este aspecto estético; "atrair", "encantar", "fascinar", deslumbrar são termos que sugerem prazer extremo, deleite, algo que não retirará nada do seduzido, mas, ao contrário, lhe *acrescentará* alguma coisa. O sedutor é, neste momento, aquele ou aquilo que toca fibras sensíveis, que desperta no outro sensações de raro matiz, emoções até então ignoradas; o sedutor acaricia com suavidade, faz com que o seduzido descubra dimensões da própria experiência que nem sequer suspeita ser capaz de vivenciar. O sedutor aqui se inspira em Orfeu, cuja voz de doçura infinita fazia comoverem-se os deuses, os animais selvagens acalmarem-se e as plantas inclinarem-se para ouvi-lo.

Mas a sutileza da língua é grande. O encanto não é desprovido de perigos. As conotações de "encantar" são sombrias: "arrebatar", por exemplo, não significa apenas extasiar, mas também "arrancar", "raptar" (e o mesmo vale para "arroubo"). "Deslumbrar" é retirar o lume, cegar, ainda que pelo excesso de luz. "Enlevar" provém de "levar" e, além de deliciar, tem o sentido de raptar (cf. *enlèvement*). Todas essas significações convergem para a ideia de *fascinar*, com seu cone semântico aberto sobre as ideias de atrair irresistivelmente, de subjugar, de dominar com feitiços e encantamentos mágicos. Fascinar contém *fasces*, o feixe latino que também origina *fascismo*, de modo que seu sentido original é o de "amarrar" (como num feixe), atar, prender, assujeitar. A imagem que mais nitidamente veicula esta série de noções entrelaçadas é a da sereia, que *en-canta*, maravilha quem ouve suas melodias, mas, em seguida, arrasta, para a morte e para o desespero, a quem escravizou. E, contudo, em português como em outras línguas, "sereia" designa também o longo apito que adverte os navios no nevoeiro e sinaliza ambulâncias, carros de bombeiro e outros veículos de ajuda ou salvação... Tão forte é essa ambiguidade constitutiva da sedução que sua dimensão estética a aparenta, por um lado, à sexualidade e, por outro lado, à morte, por um lado, ao prazer e ao deleite, por outro, ao risco da indiferenciação inerente a todo prazer forte demais.

As duas últimas significações remetem ao universo das regras sociais e delimitam o que poderíamos chamar de "dimensão política da sedução". Levar à rebelião, revoltar, sublevar, ou subornar para fins sediciosos implicam claramente uma oposição ao poder vigente, e sua ligação com o ato de seduzir procede provavelmente da esfera religiosa: o Diabo é o sedutor por excelência, o líder da revolta dos anjos e o tentador de Eva no jardim do Éden. Neste sentido, podemos dizer que as significações "políticas" da sedução se aparentam à dimensão ética, pois "incitar à revolta" só assume conotação nefasta se o juízo de valor for proferido pelo partido da ordem, que por definição detém a hegemonia... Em outros termos, o sedutor aqui é aquele que recusa a boa ordem, a ordem natural, e pretende implantar outra, antinatural. Retornamos, assim, à ideia de *artifício*, em sua conotação de algo que necessita de habilidade, premeditação, cálculo etc. – o oposto da espontaneidade paradisíaca, na qual coincidem essência e aparência, e onde, portanto, não pode caber a mentira. E é precisamente a ideia de *mentira* que define o aspecto ético da sedução, pois para ela refluem todas as demais representações vinculadas a esta esfera: enganar, prometer e não cumprir, inclinar para o erro sob as vestes da inocência etc. A mentira, por sua vez, está a serviço de um projeto de *domínio* a ser obtido por meio dela e que baseia sua eficácia na expectativa de um prazer supremo que o sedutor faz cintilar a distância, prometendo-o como recompensa ao seduzido se este o seguir para fora da estrada real. Eis por que o sinônimo mais adequado de "seduzir" é, a meu ver, "fascinar". Toda a ambiguidade da sedução, porém, está em que esse domínio resulta da dissimulação: não se manifesta como autoridade nem como violência e, no limite, pode ser exercido sem que o objeto da sedução se dê conta de que está sendo ludibriado, conquistado e vencido. Em outras palavras, o lado estético da sedução pode recobrir seu lado ético, e esta potência de encobrimento faz a sedução pender para o lado das aparências, dos signos. A metafísica da sedução é uma metafísica platônica, e, à sagacidade mentirosa do "parecer", virá se opor toda a imagética da verdade "nua" (e crua... isto é, sem disfarces impostos pela cultura): "as aparências enganam", "nem tudo o que balança cai"...

Seduzir é, assim, proceder com perfídia, a fim de ganhar um poder sobre o objeto da sedução e colocar este último a serviço das finalidades do sedutor. O que a moral condena na sedução não é mais do que o prazer narcísico do sedutor, que por isso mesmo será concebido como agente de corrupção. O prazer que, enquanto deleite estético, o sedutor pode proporcionar ao seduzido será correlativamente estigmatizado como ilegítimo, e sua própria intensidade o configurará como mau, como pecaminoso, etc.; sobretudo, o trará para a esfera do *ilusório*. E por que a verdade dos sentidos precisa ser ignorada? Em nome de um argumento muito especial: o de que o encanto de agora se pagará caro depois, que o prazer de hoje causa a doença e a morte de amanhã, e que, de qualquer modo, "não há bem que sempre dure". A oposição fundadora é aqui, portanto, a do instante passageiro e do tempo que corre, tudo transformando e tudo modificando. Mas, justamente, trata-se de um argumento; na tensão entre as faces ética e estética da sedução, a mentira do sedutor parece comprometer o enlevo do seduzido. Mas todos nós, que algum dia fomos seduzidos por isto ou por aquilo, por alguém ou por um momento luminoso, sabemos que o encanto da sedução não é apenas feito de ilusões. Ela tem um quê de mágico; o sedutor pode estar em busca de um controle ou de um triunfo sobre seu oponente, mas com que prazer este se abandona à lábia do outro! Estranha situação, em que algo apresentado como *futuro* produz um efeito de gozo que chega, não raro, ao êxtase... *agora*. Há, assim, na sedução, um jogo sutil entre o "prometido" para depois – que serve como isca – e algo que se passa aqui e agora, na relação entre os dois, e que é fonte de um prazer muito mais real e muito mais intenso do que o sedutor descreve com suas palavras.

Antes de verificar por que é assim, convém formular uma pergunta que pode parecer absurda: se o fim da sedução é um controle sobre o seduzido, será que Don Juan é um sedutor? Pois de seu comportamento, como notou Kierkegaard com a argúcia própria ao ciumento que busca a verdade sobre as estripulias da amada, está ausente o aspecto mais essencial da sedução: a consciência do que faz, a premeditação, o cálculo exato que relaciona as fraquezas da vítima à espécie de meios que serão utilizados para capturá-la. Nas palavras de Kierkegaard:

> *Para ser um sedutor, sempre é preciso um certo grau de consciência e de reflexão, e então se pode falar com todo o direito de astúcias, ardis e modos falaciosos... Mas Don Juan não possui esta consciência. Por isso, não seduz. Don Juan deseja, e este desejo tem efeitos sedutores. Ele goza com a satisfação de seus desejos,*

> *mas logo que satisfez seus desejos, se põe a buscar um novo objeto, e assim sucessivamente. . . . Para ser um sedutor, falta-lhe esse tempo prévio no qual fazer seus planos, e também lhe falta esse tempo posterior, no qual chegaria a ter consciência do que fizera. Um sedutor deve possuir uma força que Don Juan, apesar de seus muitos outros dotes, não possui. Esta força é a palavra.*[6]

Don Juan é um ser do instante, não da continuidade ("coglier voglio io il momento", diz a Leporello quando começa a cena da troca das capas). Sua vida é um acúmulo de momentos sempre iguais, separados uns dos outros por momentos de outro tipo, porém analogamente iguais entre si: os primeiros são os instantes do gozo; os outros, instantes da caça. É o que Mozart sugere na ária do champanhe, com sua estrutura em dois tempos martelados. Mais do que nas palavras ou na melodia, é no *ritmo* que se revela a verdadeira natureza do personagem. E porque é como que instantâneo, não tem história: tem um catálogo, que é mantido e atualizado por Leporello. É certo que este representa um desdobramento da figura do seu amo, sua consciência, como diz Otto Rank, ou seu duplo narcísico, como vemos na troca das capas (invenção, aliás, de Da Ponte – e invenção genial, porque acentua a dimensão de reflexo que existe entre Don Juan e seu criado, além de constituir uma humilhação tremenda ao amor de Donna Elvira). Todavia, no nível da ação, são duas pessoas distintas, e o conquistador delega ao outro o cuidado de conservar em dia a famosa lista. O tempo de Don Juan é, assim, um presente perpétuo; seu passado não lhe interessa, não tem espessura subjetiva, tem apenas um volume no espaço (o "non picciol libro"). E compreendemos a sabedoria de Joseph Losey, quando, em seu filme, faz o catálogo se desdobrar

6 Kierkegaard, 1969, p. 189.

escadaria abaixo, em vez de ser um livro que Leporello folheia: é precisamente esta dimensão espacial, horizontal, que o define como memória postiça de um ente sobre o minuto que se escoa. É por isso que o retorno de Donna Elvira o surpreende tanto. Ela o quer para si para sempre; quer eternizar o momento que foi o de ambos. Para Don Juan, isso é incompreensível. Uma vez seduzida e "alistada" a mulher, ele perde completamente o interesse por ela. Mais do que a velocidade do seu desejo, portanto, é a ausência de uma intenção de domínio que põe em questão o caráter sedutor do Don Juan mozartiano; é o que Kierkegaard exprime com extrema elegância ao dizer que Don Juan "não seduz, deseja, e este desejo tem *efeitos sedutores*". Assinala, assim, uma diferença crucial entre os dois protagonistas da situação, pois o sedutor não se altera quando seduz, enquanto o seduzido inscreve a cena em sua memória. E, a partir dessa lembrança, sua relação consigo mesmo se modificará.

Don Juan, na ópera, não é um galanteador prolixo, e não apenas porque as convenções do gênero dispensam longos solilóquios ou diálogos muito profundos. Embora esteja presente em quase todas as cenas, Mozart só lhe confiou uma ária de bravura: a *canzonetta* do balcão não é uma ária, e, como nota Jean Victor Hocquard, a ária "metà di voi qua vadano" só é uma ária porque os camponeses ficam calados enquanto Don Juan dá suas ordens. A voz nua de Don Juan aparece apenas nos recitativos. Mas, justamente, os recitativos não correspondem a nenhum cortejar; estão a serviço exclusivo da ação dramática. Don Juan canta em quase todos os duos, trios e cenas de conjunto, e isso não me parece em nada casual: Mozart sublinha, assim, o laço profundo entre ele e os demais personagens, que dele recebem a chama do existir. A linha melódica exprime essa situação por meio de um recurso de desconcertante simplicidade: o outro personagem retoma quase sempre o motivo introduzido por Don Juan, e às vezes este retoma o motivo introduzido pelo outro personagem. Quando se aproxima de Zerlina, por exemplo, é de uma estonteante rapidez nos movimentos: "quel casinetto è mio/ soli saremo/ e là gioiello mio/ ci sposeremo". A sutileza de Mozart emenda o "emo" final do recitativo com a primeira sílaba do dueto ("Là ci darem la mano"), pois é o canto que arrebatará a camponesa e realizará o desejo do sedutor. Os musicólogos costumam enfatizar o que torna esse trecho um dos mais lindos da ópera, ressaltando o envolvimento produzido pela melodia e pelo acompanhamento dos ventos e das cordas, o *forte/piano* do "vorrei e non vorrei" que traduz a oscilação de Zerlina entre o dever e a promessa de felicidade... até atingir o ápice do erotismo no *andiam* final, repetido por três vezes, e com uma *fermata* para prolongar o efeito de suspensão. Zerlina resiste, porém cada vez com menos intensidade...

Mas, assim como é rápido no tomar, Don Juan é veloz no abandonar. Não precisa e não quer deleitar-se com a lembrança de suas conquistas. Alguém o imagina folheando o catálogo numa noite de inverno e comentando com Leporello esta ou aquela aventura, como quem olha um álbum de fotografias? A relação de Don Juan com sua "lista delle belle" tampouco é linear. Basta-lhe que ela exista, que Leporello se ocupe dela; sua significação se esgota aí. Ou por outra, parece haver não um, mas dois catálogos: o de papel encadernado, que Leporello escritura como um livro de razão, e o catálogo virtual, polo para cuja completude tende cada uma das conquistas. Don Juan não quer dominar as mulheres nem vencer os homens, porque estes e aquelas são instrumentos de um desejo de outra natureza, "etapas no caminho da vida", parafraseando um título de Kierkegaard. E se elas guardam do relâmpago que atravessou suas vidas uma recordação qualquer – boa ou má, pouco importa –, isso não lhe interessa em absoluto. Leporello diz na ária do catálogo que "sua passion predominante/ è la giovin principiante": é porque o próprio Don Juan é sempre um "giovin principiante", cada conquista sendo a primeira de uma série que sempre recomeça.

Don Juan não tem memória porque a memória supõe um respeito pelo outro, uma possibilidade de ser afetado por ele, que em nada condiz com a dimensão narcísica que nele predomina avassaladoramente. Entretanto, por que essa busca incessante de si próprio precisa passar pela conquista das mulheres? E por que estas se deixam seduzir? Talvez a resposta às duas perguntas seja uma só. Pois, se o que caracteriza o desejo de Don Juan não é a vontade de poder, é certo que esse desejo vem carregado de uma paixão de tal forma abrasadora que transfigura o próprio alvo dela. O narcisismo tem a propriedade de idealizar seus objetivos, de neles projetar uma luz que os faz aparecer como perfeitos, à própria imagem do ideal de perfeição que sustenta a vibração narcísica. É a nota que Don Juan faz ressoar nas mulheres, embelezando todas as que lhe passam pela frente, vendo em cada uma delas algo que as torna desejáveis em grau supremo: a grandona se torna "majestosa", a gorducha é magnífica nas noites de inverno, a velhota exala uma grande doçura... Seu desejo as enobrece, e daí nasce o efeito sedutor, na precisa formulação de Kierkegaard, porque esse desejo as torna diferentes do que eram, até um momento atrás, a seus próprios olhos.

O jogo da sedução enraíza-se, assim, numa reduplicação do narcisismo, tanto do agente como do objeto seduzido. E o efeito transfigurador da idealização não termina com a ferida narcísica do abandono: o momento passageiro em que cada uma delas foi para Don Juan a mulher absoluta, a encarnação do eterno feminino, parece bastar para que nela algo de muito profundo seja modificado, algo que o psicanalista situaria na esfera das identificações. Existe, assim, uma *assimetria* entre os dois parceiros, e cada um deles obtém desta relação sexual um ganho narcísico de tipo específico: o espelhamento não é completo, sugerindo que o narcisismo tem mais do que um trunfo em sua manga.

Talvez a própria fugacidade do instante tenha algo a ver com este efeito diferenciado, pois o átimo em que a chama as atravessa parece ser suficientemente intenso para produzir o efeito de suscitar o desejo, e breve demais para que o desejo das donzelas possa se fixar na pessoa do conquistador. Como César, Don Juan chegou, viu e venceu, e o vencido ainda lhe vota gratidão... Mas isso nem sempre acontece. Donna Elvira, por exemplo, quer mais, e outra coisa: à primeira vista, vingança – mas, para se vingar, é preciso procurar Don Juan; para lhe "arrancar o coração", é necessário chegar perto dele... E sua trajetória será marcada por esta ambivalência, pois, quanto mais canta seu ódio por quem a desonrou, mais evidente se torna seu desejo por ele ("quando sento il mio tormento/ di vendetta il cor favella/ ma se guardo il suo cimento/ palpitando il cor mi va", diz ela na maravilhosa ária que Mozart acrescentou ao papel para a estreia de Viena). Quando aparece no *casinetto*, na cena da sedução de Zerlina, é difícil não pensar que seu motivo para afastar a camponesa das garras do sedutor pouco tem de filantropia, e muito de ciúme... A personagem de Elvira está literalmente sob o jugo do sedutor, numa consequência não prevista por ele e que acontece à sua inteira revelia. Por outro lado, na ânsia de eternizar uma relação por natureza fugaz e episódica, é ela que busca seduzir Don Juan, retirando-o do caminho reto que conduz à sua perdição. Ela revela, assim, outra faceta do movimento sedutor, a de uma identificação com o conteúdo manifesto daquilo que Don Juan deve ter-lhe dito para conseguir seus favores. Fenômeno curioso, que nos abre novas perspectivas e que necessitaremos investigar mais de perto.

Resumindo, nosso passeio pela semântica revelou a dupla face da sedução: ela contém um aspecto ético e um aspecto estético.

Podemos dizer que o primeiro remete ao domínio de um indivíduo sobre outro, enquanto o segundo implica o despertar ou o refinar de uma sensibilidade. Nesta perspectiva, tudo indica que o personagem de Don Juan evolui do primeiro para o segundo registro ao longo de sua trajetória literária: originalmente, o mais importante parece ter sido o tema da punição celeste, encarnada no retorno do Comandante, que vem castigar a vida dissoluta do jovem aventureiro (pois, apesar do que diz sua filha, ele não foi assassinado, e sim morto em duelo leal, aliás provocado por ele mesmo e no qual Don Juan não queria entrar). "Vida dissoluta" significa, aqui, menos as proezas sexuais do que o desregramento moral, pois o crime máximo de Don Juan é não respeitar os mortos e, de modo geral, não respeitar nada mais além de si mesmo. A libertinagem é uma consequência desta postura indômita, na medida em que constitui um desafio à virilidade dos outros homens, à promessa de fidelidade das donzelas, às regras da ética da nobreza e à santidade de um sacramento religioso. Como Don Juan é o herói antissocial por excelência, o Convidado de Pedra representa o emissário de todos os poderes mais altos, e é efetivamente o centro da lenda. Don Juan não é tanto o sedutor quanto o blasfemo neste primeiro momento; a punição da blasfêmia se faz mediante o *memento mori*, a lembrança da morte.

A bem dizer, Don Juan não ofende o Comandante quando o mata no duelo, pois *nesse* momento obedece aos ditames do código de honra. Ofende-o quando o convida para jantar, desrespeitando, assim, as fronteiras entre este mundo e o outro. Ébrio de orgulho, ele vai longe demais: e descobrirá que, domínio por domínio, força por força e astúcia por astúcia, os do céu são mais fortes e quem os desafia paga caro pela audácia. Aos poucos, no entanto, o aspecto estético vai se tornando mais proeminente do que o aspecto ético, essencial de início. Na ópera de Mozart, o castigo está por certo presente, os tons sombrios do motivo do Comandante se anunciam desde a abertura; este é traço essencial da lenda, e os primeiros acordes que ouvimos o introduzem com toda a solenidade. Mas Kierkegaard viu bem que o tratamento musical dado por Mozart à história e aos personagens transforma este motivo quase religioso em outro bem diverso: se seu Don Juan é o contrário de "uma belíssima pessoa", também "não há por que catalogá-lo dentro das categorias éticas".[7]

Ou seja: com Mozart, o atributo definidor de Don Juan passa a ser a sensualidade exuberante. Seus atos são, a partir de agora, menos ofensas contra a lei celeste e aproximam-se de *picadas*, inoculando algo nas mulheres com quem se deita, como um relâmpago cujo fulgor precede o ruído do trovão correspondente. E, doravante, este será seu crime: despertar paixões que deveriam permanecer mudas e ignoradas, porque contrárias à moral e aos bons costumes. O inimigo de Don Juan não é mais o Deus dos exércitos, e muito menos o sexo feminino, mas os homens que não sabem amar com a sutileza e com a intensidade exigidas pelo verdadeiro erotismo.

Ora, ao fazê-la trabalhar neste sentido, como forma de existir da sensualidade, e não como eco da rebeldia de Satanás, Mozart lido por Kierkegaard opera um deslocamento considerável na ideia da sedução. De todos os sentidos do termo que examinamos há pouco, o único que não ostenta conotações morais é o do encanto, do deslumbramento e do fascínio, muito embora tampouco esse sentido seja isento de significações mortíferas. É precisamente essa a novidade que se encontra entranhada no *Don Giovanni*, decerto envolvida pelos motivos tradicionais, mas novidade *tout de même*. E por vincular estreitamente a sedução à sexualidade, *fora do contexto moral*, essa nova maneira de determiná-la se aproxima

7 Kierkegaard, 1969, p. 189.

de modo inesperado do território do psicanalista. Pois coube a Freud reinterpretá-la, articulando-a com as noções principais da disciplina que fundou – e isso logo nos primeiros momentos de sua atividade de reflexão.

A sedução na teoria psicanalítica

Sabe-se que os esforços iniciais de Freud para descobrir a etiologia das neuroses o conduziram a formular uma teoria que escandalizou os médicos da época: os pais da histéricas as teriam seduzido quando pequenas. "Seduzido" significa precisamente que teriam perpetrado algum tipo de atentado sexual contra elas, com excitação específica dos órgãos genitais. E por que Freud pensava assim? Porque, no relato de suas pacientes, era constante a presença de cenas sexuais envolvendo adultos e elas próprias quando crianças. E Freud preferiu acreditar nelas, por mais inverossímeis que fossem suas histórias, a permanecer na atitude olímpica da medicina de seu tempo, que considerava a histeria um enorme fingimento e um achaque sem maior importância. Dessa forma, engendra-se a ideia de um traumatismo sexual na primeira infância, cuja permanência no inconsciente seria a causa última das perturbações histéricas. Freud recusa, entre 1895 e 1897, todos os argumentos racionais que lhe opõem neste particular; é de se ver que estava... *seduzido* por suas pacientes. E é com grande surpresa, com a nítida sensação de ter sido traído por elas, que, na famosa carta de setembro de 1897, comunica a Fliess que abandonou sua *neurotica*. Para tanto, invoca diversas razões, a mais importante das quais é que, no inconsciente, não existe nenhum índice de realidade, de modo a ser impossível distinguir nele o que é verdade e o que é "ficção investida de afeto". Por conseguinte, os relatos de sedução – que continuam a aparecer, pois as pacientes não foram informadas sobre a mudança da teoria – passam a ser considerados procedentes de "fantasias de desejo", que exprimem as tendências edipianas, porém as apresentando como se tivessem sido realizadas na "realidade exterior". Essas fantasias não são nem verdadeiras nem falsas, tendo plena vigência naquilo que Freud denominou "realidade psíquica". A renúncia à teoria da sedução, além de curar o inventor da psicanálise de uma perigosa ingenuidade no trato com o ser humano, teria aberto, assim, o caminho para a descoberta da realidade psíquica, da fantasia e do complexo de Édipo, isto é, de alguns dos mais respeitáveis pilares da psicanálise. Essa é, ao menos, a versão oficial, aliás promovida pelo próprio Freud, em textos como a *Autobiografia* (1925), e de modo geral a cada vez que retraça seus próprios passos, o que, convenhamos, não é nada raro.

Mas, como toda versão oficial, esta também só retrata uma parte da história. Se a *teoria* da sedução naufraga em 1897, o *tema* da sedução permanece vivo, e Freud o retoma, por exemplo, nos *Três ensaios*, ao falar da sexualidade infantil. Aqui a ideia é ligada ao conceito das "zonas erógenas", que são precisamente aquelas regiões do corpo manipuladas pela mãe durante a higiene das crianças. Freud sustenta a seguinte hipótese, tão ou mais escandalosa do que a anterior:

> *a relação da criança com a pessoa que cuida dela é uma fonte permanente e inesgotável de excitação sexual e de gratificação das zonas erógenas, na medida em que esta – em geral, a mãe – contempla a criança com sentimentos que emanam da sua vida sexual, acaricia-a, beija-a e embala-a, e com toda a clareza a toma por substituto de um objeto sexual completo. A mãe provavelmente se horrorizaria se alguém lhe explicasse que, com toda a sua ternura, desperta a pulsão*

> *sexual de seu filho, e prepara a futura intensidade desta pulsão. . . .*[8]

Não temos mais aqui a ideia de um atentado sexual maciço, direto e brutal, como na primeira teoria da sedução; mas continua presente um elemento essencial dela, a saber, que a sexualidade advém ao ser humano de *fora para dentro*, pelo contato com um adulto, o qual inocula na criança sensações intensas e exige dela um trabalho para "ligá-las". Certamente, há diferenças importantes entre as duas teorias, tanto pelo contato suave e difuso que veicula a sedução como pelo fato de o agente sedutor deixar de ser preferencialmente o pai, agora substituído pela mãe. Mas permanece a ideia central de que o veículo pelo qual transita a sexualidade é da ordem da sedução, embora essa palavra não figure no texto dos *Três ensaios*. Essa ideia, no entanto, convive com outras, em particular com a noção de um caráter quase biológico da pulsão, de um ciclo maturacional próprio a esta última e, de modo geral, com a ideia de que a excitação sexual tem fontes preferencialmente endógenas. Como em tantas outras questões, aqui também Freud lança várias ideias, que podem ou não conflitar umas com as outras. O fato é que, em sua obra, o tema da sedução permanecerá de certo modo na sombra; muito embora a questão reapareça de tempos em tempos, especialmente a propósito da sexualidade feminina, Freud não chegou a elaborar suas diversas notações em termos de uma nova teoria. Mas, se alguns elementos da teoria da sedução em sua versão de 1897 permanecerão ativos na psicanálise, isso ocorre em outros contextos e em relação a outros problemas, de sorte que podemos falar de uma "permanência difusa" desses diversos elementos, quase irreconhecíveis, ao longo de toda a obra de Freud.

---

8 Freud, S. (1975). *Drei Abhandlungen zur Sexualtheorie* (*Três ensaios para uma teoria sexual*). (*Studienausgabe*, Vol. V; p. 126). Fischer Verlag. (Trabalho original publicado em 1905).

Um deles é de extrema importância. Freud jamais postulou alguma vinculação linear entre o trauma da sedução e o surgimento da neurose. Desde o início de suas pesquisas, o elemento traumático não é nunca a vivência em si (o ataque sexual do adulto), mas sim a *recordação* dela por ocasião de uma segunda vivência, que apresenta certos pontos de analogia com a primeira. Esta ideia é absolutamente central em Freud: as histéricas, diz ele, sofrem de "reminiscências", não de choques diretos. O esquema temporal é sempre difásico: a primeira cena, ocorrida na infância, tem um conteúdo sexual, porém este escapa à criança, cuja imaturidade física e psíquica a impede de compreender o que se passa; o evento não é, assim, traumático, é simplesmente misterioso. Somente num segundo momento, após a puberdade, verifica-se uma segunda cena, aliás não necessariamente sexual, que, contudo, produzirá, por associação, a reativação da primeira: o trauma ocorre na conjunção dessas duas cenas, fazendo a lembrança da primeira ganhar um valor excepcional. Esse é o mecanismo da *Nachträglichkeit* ou *après-coup*, fundamental para a concepção psicanalítica do funcionamento mental. Ora, a lembrança assim reativada será fonte de um intenso desprazer e, por essa razão, será *reprimida* para o inconsciente. Reprimida, porém não eliminada; e, no inconsciente, ela será submetida a um processo de natureza muito especial, que resulta na produção dos sintomas da neurose, mediante todo um jogo de deformações e substituições. Mesmo após o abandono da teoria da sedução, Freud não renuncia a essa maneira de conceber a temporalidade psíquica, fruto daquela teoria; eis aí um exemplo simples do que denominei "sobrevivência difusa" em outros contextos, dos elementos principais da teoria da sedução.

Devemos ao psicanalista francês Jean Laplanche a retomada desses problemas, e um esforço considerável no sentido de fazer trabalhar essas hipóteses de Freud, literalmente "puxando-as" para fora de seus gonzos originais e delas extraindo consequências de grande alcance para o aprofundamento da teoria psicanalítica. Em livros como *Vie et mort en psychanalyse*, nos verbetes do *Vocabulário de psicanálise*, e em um texto clássico escrito em 1964 com J. B. Pontalis ("Fantasme originaire, fantasme des origines, origine du fantasme"), para só mencionar alguns de seus trabalhos, Laplanche vem procurando restituir toda a complexidade e toda a riqueza heurística contidas nessa antiga teoria, que, após sua análise, se torna realmente de grande fecundidade. Com suas elaborações mais recentes, a teoria da sedução retoma um lugar central na doutrina psicanalítica, e isso com reverberações que, curiosamente, não deixam de evocar a problemática da sedução como se depreende da ópera de Mozart. Por esse motivo, vou me referir brevemente a um artigo de Laplanche intitulado "De la théorie de la séduction restreinte à la théorie de la séduction généralisée".[9]

O fulcro do argumento desenvolvido por Laplanche é a distinção entre três tipos de sedução, que ele propõe designar respectivamente como "sedução infantil", "precoce" e "originária". A sedução infantil é aquela de que Freud falava em 1895-1897; caracteriza-se por quatro fatores conjugados, que são: a imaturidade da criança; o caráter perverso do adulto; a temporalidade bifásica do *après-coup*; e o aspecto de passividade de que se reveste a posição da criança diante do adulto. Não é difícil perceber que este último é o aspecto principal, determinando o sentido dos outros três, pois é essa passividade que torna agressiva a cena de sedução: esta terá retroativamente o significado de uma intrusão violenta, de irrupção

9 Laplanche, J. (1986). De la théorie de la séduction restreinte à la théorie de la séduction généralisée. *Études Freudiennes, 27*, 7-25. (Tradução brasileira: Da teoria da sedução restrita à teoria da sedução generalizada. In *Teoria da sedução generalizada*. Artes Médicas, 1990.) Um estudo mais detalhado de *Vie et mort* pode ser lido em Mezan, R. 2020. *Lacan, Stein et le narcissisme primaire*. Ithaque (Editions d'). Trad. brasileira, In Fulgêncio, L., Gurfinkel, D., [et al] (Orgs), *Relações e objeto na psicanálise: ontem e hoje*, Blucher, 2021.

de algo incompreensível. Essa passividade da criança é responsável pela manutenção da cena como algo anódino, mesmo que, num momento posterior, ela se torne ativamente sedutora em relação a outra criança, e isso até que uma segunda cena venha conferir, retroativamente, valor traumático à lembrança da primeira.

Laplanche atribui grande importância ao fato de que, na sedução infantil – e nas demais também –, um psiquismo mais rico se defronte com um menos rico, isto é, que o universo de significações do adulto seja mais complexo e mais conflituado do que o universo da criança. Na sedução precoce, este é o elemento-chave: Laplanche designa com esse termo o que resulta dos cuidados corporais efetuados pela mãe, recuperando, assim, a notação de Freud nos *Três ensaios* a que me referi anteriormente. Mas, tendo passado pela escola de Lacan, Laplanche não se limita ao que para Freud constituía o essencial dessa situação, isto é, o despertar de sensações eróticas mediante o toque da pele da criança pela pele da mãe. Para ele, o fundamental está no fato de que a mãe tem um inconsciente e que, portanto, a higiene e, em geral, os cuidados que dispensa ao bebê são carregados de significações inconscientes *para ela*, por mais psicanaliticamente informada que possa estar. As zonas erógenas não o são apenas porque nelas emerge uma tensão corporal do bebê, mas sobretudo porque são "zonas de passagem" físicas e metafóricas, lugares por meio dos quais se exterioriza e interioriza-se um conjunto de sensações portadoras de significação. Essa sedução precoce mantém os aspectos essenciais da sedução em geral, isto é, a introdução de algo num psiquismo ainda despreparado para essa experiência. Vê-se que Laplanche conserva o sentido fundamentalmente traumático que a ideia de sedução tem em Freud, mesmo que se refine consideravelmente a noção de trauma, em particular reinterpretando a noção de "corpo estranho interno" para ultrapassar a dicotomia entre o exterior e o interior. Pois, se o movimento sedutor provém "de fora" (do adulto), ele é retomado "de dentro" (pela criança), na lembrança, na conjugação com suas próprias excitações e na configuração de um mundo de fantasias.

O terceiro tipo de sedução é o que o autor denomina "sedução originária". Aqui, não há mais contato físico necessário; a sedução originária remete a uma situação fundamental "em que o adulto propõe à criança significantes verbais e não verbais, até mesmo comportamentais, impregnados de significações sexuais inconscientes. É o que chamo de 'significantes enigmáticos'". Aqui o modelo no qual se inspira Laplanche é o célebre artigo de Ferenczi sobre a confusão das línguas entre o adulto e a criança, confusão que consiste na imposição de um sentido de "paixão" à linguagem efetiva da criança, que Ferenczi designa como a linguagem da "ternura".

Laplanche retoma e desenvolve essa ideia, argumentando que toda criança precisa ser introduzida na cultura em que viverá, e que tal introdução se dá necessariamente pelo contato com os adultos. Ora, estes últimos oferecem a ela algo mais do que simples informações ou códigos de comportamento e de valor: suas mensagens estão impregnadas de significações inconscientes de natureza sexual. Laplanche sugere que essas significações não deixam de ser captadas, obscuramente, pela criança. O exemplo mais claro disso está no seio, que, além de ser o órgão natural da amamentação, é também objeto de um considerável investimento sexual por parte da mulher e do homem, de forma que a significação do seio para o bebê carreará inevitavelmente uma parcela desse investimento, precisamente sob a forma de "significantes enigmáticos". E o mesmo vale para outras situações da vida cotidiana: se os adultos têm um inconsciente, as significações nele depositadas transitarão, sem sombra de dúvida, pelos gestos, palavras e atos que se produzirem diante da criança ou visando esta última, como é o caso dos cuidados corporais de que Freud tratava nos *Três ensaios*.

Pois bem: a absorção desses "significantes enigmáticos" pela criança a obrigará a um trabalho de assimilação e de tradução, que deixará sempre "restos" não compreendidos e impossíveis de compreender, portanto fontes de desprazer, portanto alvos eletivos da repressão. Vê-se, mesmo por este resumo muito rápido e incompleto, que a "teoria da sedução generalizada" proposta por Laplanche resulta numa extensa reapreciação de certos conceitos analíticos bastante fundamentais, como os de inconsciente, fantasia, repressão e sexualidade, para não irmos mais adiante do que este breve "catálogo".[10]

Deste breve trajeto pela sedução em sua visão psicanalítica resulta uma situação curiosa. A sedução comporta igualmente duas facetas, que não deixam de fazer pensar no que dominei há pouco como suas faces "ética" e "estética"; no caso da psicanálise, conviria falar em uma face *traumatizante* e numa face *estruturante*. Traumatizante, a sedução o é por seu caráter de enigma, porque carreia consigo a sexualidade e introdu-la no psiquismo infantil; e isso

10 Embora se expressando num vocabulário diferente, Melanie Klein havia notado que a introdução da criança no mundo dos adultos é uma experiência que deixa rastros traumatizantes. Veja-se este trecho: "Consequências muito importantes se seguem do fato de o ego ser ainda tão pouco desenvolvido quando é assaltado pelo desencadeamento do Complexo de Édipo e pela incipiente curiosidade sexual associada a essas tendências. A criança, ainda pouco desenvolvida intelectualmente, é exposta a uma avalanche de questões e de problemas. Uma das queixas mais amargas com que nos defrontamos no inconsciente é a de que muitas questões esmagadoras, que aparentemente são apenas em parte conscientes e mesmo quando conscientes não podem ser expressas em palavras, permaneceram sem resposta. Outra recriminação se segue a esta, a saber, que a criança não sabia falar e que não compreendia a linguagem. Assim, as suas primeiras questões remontam a um período anterior à sua compreensão da linguagem e das palavras". Cf. Klein, M. (1977). Early stages of the Oedipus conflict. In *Love, guilt and reparation* (p. 188). Delta Books. (trad. bras. In Elias Mallet da Rocha Barros (Org.), *Melanie Klein – Obra Completa*, Imago, vol. I, 1996. Trabalho original publicado em 1928).

mesmo na concepção ampliada proposta por Laplanche, que, aliás, associa estreitamente a sexualidade em geral ao traumatismo e ao "autotraumatismo". Não é preciso que a sedução conote um ataque sexual direto para que produza esses efeitos traumáticos: a simples existência de um "a mais" que fará irrupção num "a menos" implica uma carga de violência que, por aveludada que seja, deixará sempre um "resto" objeto de repressão. E a sedução comporta uma vertente estruturante, pois é por meio dela que o psiquismo infantil virá a dar sentido a uma série de sensações experimentadas de início sem discriminação, categorizando-as como sensações sexuais. A sedução originária de Laplanche equivale à humanização do psiquismo do bebê, tornando propriamente humano pela marca do desejo e da fantasia, abrigando um inconsciente e capacitando-se para o trabalho da simbolização. Laplanche, aliás, não é o único a acentuar essa dimensão; desde Lacan e Winnicott, passando por Bion e Piera Aulagnier, o papel da mãe tem sido focalizado sob esse ângulo, isto é, descrito como visando fornecer significações ao bebê e ser continente do resultado da elaboração que o bebê imprimir a essas significações. A sedução é um dos veículos, talvez o mais importante, dessa "implicação do futuro ser humano em um mundo que ainda é estranho para ele, mas que está destinado, na puberdade, a tornar-se seu".[11]

Seria muito imprudente aproximar essa concepção por assim dizer bifocal da sedução daquela outra, que pudemos organizar a partir da leitura kierkegaardiana do *Don Giovanni*? A ideia pode parecer esdrúxula, mas não custa tentar ver aonde ela nos leva. Não se trata, é claro, de transposições lineares, mesmo porque a sedução de que trata a metapsicologia tem por objeto uma criança, enquanto todos os personagens da ópera são adultos. Não: é preciso fazer derivar o conceito, utilizando as aproximações que

11 Forrester, J. (1986). Viol, séduction, psychanalyse, *Études Freudiennes, 27*, 35.

puderem ser realizadas para iluminá-lo indiretamente, como que pela margem. E uma primeira vertente se apresenta: insisti bastante no fato de que Don Juan introduz algo na experiência das mulheres com quem *amoreggia* e, por essa via, inicia-as em um possível delas mesmas que permanecia oculto ou ignorado. Nessa perspectiva, podemos dizer que a sedução não é tanto traumática (como quer Catherine Clément: Don Juan estuprador e inábil na cama), mas antes estruturadora, na medida em que suscita um trabalho de "ligação" disto - um significante enigmático - que acaba de adentrar seu universo psíquico. O mais claro exemplo desse trabalho ocorre com Zerlina, talvez justamente porque ela não dormiu com Don Juan, limitando a sedução aos jogos preliminares. Para essa jovem camponesa, a atração de Don Juan está em que o fidalgo lhe fala como nunca ninguém lhe falara antes; há uma vibração que perpassa sua voz e que se comunica a ela quando lhe toma as mãos nas suas ("Là cidarem la mano"). Na música, isso é claramente perceptível: Zerlina retoma, no mesmo tom de lá maior, o tema proposto por Don Giovanni ("Vorrei e non vorrei"), e *desenvolve-o*, acrescentando mais algumas notas... Da mesma forma, na cena do baile, é ela quem sugere o motivo musical ("Ah, lasciatemi andar via"), que Don Juan retoma na mesma tonalidade de fá maior ("No, no, resta gioia mia"). E todo o erotismo que ela passa a respirar vem à tona na "ária do farmacêutico", quando propõe a Masetto o remédio do amor em frases de extrema suavidade.[12] Algo transitou para ela, ou nela se desvendou, ao contato com Don Juan, que claramente vai além do que existia na primeira cena em que aparece.

---

12 Douault, A. (1979). Les circulations du désir. In *L'Avant-Scène Opéra* (p. 140), n. 24. Trata-se de um comentário dos mais instigantes, justamente porque o manejo da interpretação psicanalítica se ancora na cerrada análise dos motivos musicais.

Outro tema que pode ser ilustrado pela ópera é o de temporalidade bifásica, agora com Donna Anna. Há, na sua trajetória, dois momentos-chave: o do quarto, quando Don Juan entra disfarçado e ela grita; e o do reconhecimento, quando percebe que seu amigo e o vulto noturno são uma só e mesma pessoa. A segunda cena é, como quer Freud, anódina (trata-se de um encontro casual) e tem um traço de analogia com a primeira: a perturbação que se apodera de Donna Anna quando ouve a história de Donna Elvira. Isso no nível manifesto; mas o essencial está em outro lugar. O elemento decisivo de isomorfismo com a primeira cena é a voz de Don Juan, que a faz remeter-se ao episódio do quarto e conferir-lhe uma nova significação. Que pode ser tal significação? Obviamente, não a de um atentado sexual, já que este era ineludível na cena noturna. Eu subscreveria a hipótese de E. T. Hoffmann, segundo a qual, "quando Don Juan a abandonara, tudo já estava feito, o fogo do desejo sobre-humano, o ardor saído do inferno havia invadido a jovem, tornando impossível qualquer resistência".[13] O que, penso, Donna Anna descobre na voz de Don Juan é algo que a aterroriza porque se choca com seu senso moral e com o dever de vingar o pai morto: ela descobre que o deseja. E essa descoberta é imediatamente reprimida; a violência e o frêmito que a acompanham passarão pela música, em frases largas e apoiadas nos agudos, com as notas longas exatamente nas palavras... "cor", "seno" e "furor". Ah, a ambiguidade de Mozart!

Mas o aspecto crucial da sedução, segundo Laplanche, é que ela veicula significações inconscientes para o próprio sedutor, significações estas que imporão ao seduzido um trabalho de simbolização e de repressão. Ora, não é o que ocorre com Don Juan, que acredita amar as mulheres, quando, na verdade, ama apenas

13 Hoffmann, E. T. A. (1985). Don Juan. In *O castelo mal-assombrado* (Ary Quintella, trad.; p. 46). Global. (Trabalho original publicado em 1807).

a si mesmo? Há uma significação narcísica inconsciente - o amor da lista virtual - que transita com as manobras galantes de Don Juan, com essas promessas feitas para não serem cumpridas. Ora, é essa mesma significação, a meu ver, que transfigura as mulheres das quais se aproxima o sedutor: como diz Kierkegaard, ele as idealiza e elogia de tal forma que sua própria paixão já é um gesto de narcisização. Estamos diante de um momento de enorme concentração pulsional, em que o objeto narcísico é projetado sobre o objeto externo, e no qual esse objeto externo se identifica com o objeto narcísico que cintila à sua frente. Essa constelação específica é bem ilustrada por Donna Elvira, que acreditou na promessa e assumiu para sempre o papel de deusa que lhe fora destinado por Don Juan - mas por três noites apenas. O personagem de Donna Elvira é o mais trágico desta galeria, porque nele se concentram todas as paixões, do ódio mais atroz ao amor mais sublime, passando pela raiva, pelos ciúmes, pelo "contrasto d'affetti" mais sutil e mais intenso. Que se passou com Donna Elvira? O desejo de Don Juan, em sua visada narcísica, a imantou; ele lhe disse certamente que era a mais bela, a única, etc. No discurso de Don Juan, ela aparecia como aquilo que o preencheria totalmente, e seu engano foi acreditar nisso. Donna Elvira passa a se ver como a preenchedora/preenchida, sem falhas e capaz de obturar a falha desejante do outro - a dupla que forma com Don Juan, nas noites em que se amaram loucamente em Burgos, reproduz a díade narcísica mãe/filho. E Donna Elvira identifica-se com a imagem que dela sugere Don Juan; essa identificação especular será alienante e tenaz a ponto de sobreviver a quaisquer desmentidos da realidade, desmentidos que aparecem com extrema violência sob a forma das humilhações repetidas a partir da ária do catálogo.

Ora, como ocorre muitas vezes, a imagem da completude narcísica - cuja ilustração pictórica mais conhecida é o "sorriso leonardesco" - mascara uma angústia muito arcaica e extremamente dilaceradora: a do abandono, da *Hilflosigkeit* própria à criança.[14] E essa angústia é aquilo que move tanto Donna Elvira como Don Juan. Donna Elvira: ela não suporta a solidão e a quebra da promessa e, desde sua primeira ária, o *leitmotiv* está lançado: "*Ah, se ritrovo l'empio...*". Na maravilhosa ária acrescentada para a estreia em Viena, as palavras dizem: "mas traída, abandonada, ainda sinto piedade por ele...". E a música se faz cúmplice do olhar: "se *olho* seu rosto, meu coração palpita". Essa persistência na busca de algo que, para ela, ficou situado no rosto de Don Juan sugere que alguma falta muito profunda está sendo ou será obturada pela posse definitiva do homem amado; posse imaginária, entenda-se, e na medida da angústia que a domina. Angústia de quê? Se nos fiamos na música, parece-me que se trata de uma angústia de fragmentação e de despedaçamento. Donna Elvira perdeu uma parte de si mesma em Don Juan e quer recuperá-la a todo custo, mesmo que o preço seja muito alto. A prova de que se trata de uma parte dela mesma? É Douault quem a fornece, em seu comentário já mencionado: basta comparar a melodia de Elvira com a melodia de Don Juan, no momento decisivo em que ela vai até o palácio implorar-lhe que mude de vida e cruza com a estátua do Comandante que vem buscar o "ímpio": é exatamente o mesmo canto, embora as palavras de Elvira sejam uma imprecação contra o amante que a frustra ("Restati barbaro/ nel lezzo immondo") e as de Don Juan, uma exaltação do prazer sem limites ("Vivan le femmine/ Viva il buon vino").

E Don Juan? Muitos notaram que seu ritmo dionisíaco, infernal, é tanto uma corrida *para* como uma fuga *de*. Kierkegaard percebeu que, se o que move os demais personagens é a libido de Don Juan, o que move Don Juan é a angústia:

---

14 Bertrand, M. (1986). La séduction dans la théorie psychanalytique. *Études Freudiennes, 27*, 142 ss.

> *A angústia o habita, mas esta angústia é sua energia. A angústia que há nele não é uma angústia reflexiva, subjetiva, mas uma angústia substancial. . . . A vida de Don Juan não é desespero, mas a força íntegra da sensualidade, nascida em meio à angústia. O próprio Don Juan é esta angústia, e esta angústia é cabalmente a demoníaca jovialidade vital.*[15]

Não é preciso forçar a interpretação do termo "angústia" num sentido psicanalítico, que obviamente não coincide com o de Kierkegaard, para perceber que o psicanalista pode perfeitamente ler a observação do filósofo em seu próprio referencial. A angústia, em Freud e na versão que me parece a mais sugestiva, é o resultado subjetivo da presença de um excesso não controlado de energia libidinal, o que é precisamente o traço dominante em Don Juan. Um kleiniano veria nesta sensualidade transbordante e no uso que dela faz o personagem uma defesa contra uma angústia igualmente intensa, que poderia ser avaliada em seu potencial desagregador exatamente pela fúria com que o fidalgo evita tomar consciência dela. Mais do que especular sobre os arcanos de seu complexo de Édipo, porém, não seria mais sugestivo – como hipótese de trabalho – pensar que Don Juan busca ligar essa energia transbordante, que renasce sem cessar (seja qual for o mecanismo de sua produção), e que renasce porque ele próprio é seduzido por aquelas a quem seduz? Em outros termos, a identificação narcísica funcionaria em ambos os sentidos, e a "pilha de desejo" que é Don Juan se recarrega o tempo todo no desejo daquelas a quem ele imanta. Pois, assim como na física, também em psicanálise o moto-perpétuo é impossível. Don Juan quer realizar o desejo das mulheres que cobiça e realizar-se na realização desse desejo, a fim

---

15 Kierkegaard, 1969, p. 223.

de cumprir seus fins inconscientes e poder manter um mínimo de equilíbrio narcísico.

Mas, como nota com muita razão Michèle Bertrand, essa visada de realização integral do desejo seu e alheio

> *. . . está inevitavelmente fadada ao fracasso, poderíamos dizer por impossibilidade constitucional. Essa impossibilidade faz com que a promessa inerente a toda sedução não possa ser cumprida; ela conduz assim, fatalmente, à decepção. É este último aspecto que a literatura romanesca parece ter ressaltado na figura do sedutor ou da sedutora. Don Juan promete o casamento a todas as mulheres que pretende conquistar, mas evita com cuidado cumprir suas promessas. A sedutora parece, ao contrário, oferecer-se ao desejo do outro, mas se limita ao parecer: expondo-se ao olhar do outro, ela só oferece uma forma vazia . . .*[16]

Há, sem dúvida, um traço histérico na sedução; mas a ideia profunda de Michèle Bertrand está em que o engano intencional do sedutor literário não é mais do que um pálido reflexo de uma experiência mais radical, que é a ruptura da mônada narcísica pelo advento da sexualidade. A essa primeira sedução, sedução originária nos termos de Laplanche, a segunda parece poder opor uma *reparação* definitiva, restaurando a completude pela promessa de ser tudo para o outro e de que o outro será tudo para o sedutor. Mas tal reparação é impossível, de um lado como de outro. E isso porque aquilo que está em jogo na sedução "adulta" não é mais o suscitar do desejo do outro (como nas diferentes

16 Bertrand, M., 1986, p. 143.

versões da sexualização da criança com os adultos), mas a sua *captura*, por meio do auto-oferecimento como único e impossível objeto. Eis por que, ao cabo do nosso percurso pela semântica da sedução, nos detivemos nas conotações do termo "fascinar": a problemática do domínio e do controle percorre a sedução de uma ponta a outra. A diferença entre a abordagem psicanalítica e a abordagem usual, depositada na língua, reside simplesmente em que a psicanálise não avalia a sedução em termos morais; não se fala aqui de *mentira*, traço inescapável das diversas acepções do termo na linguagem corrente, mas se descreve um movimento psíquico. Mas há uma razão ainda mais forte para essa neutralidade da psicanálise diante da sedução, mesmo que a entendamos como domínio e como subjugação.

Pois esse domínio é agora um objeto de desejo, não uma realidade. Ilusão de domínio, ele vale como representante da onipotência perdida, e nisso reside seu fracasso necessário. É por isso que, seja como reparação da ferida originária, seja como domínio imaginário, a sedução não encontra repouso e sempre precisa recomeçar *da capo*. Nessa vertente sombria, o sedutor busca, no subjugar o seduzido, a sua própria alma, mas de modo tal que perde a sua e a do outro. Michèle Bertrand, neste texto que nos acompanha, o exprime com admirável clareza:

> *Tudo se passa como se, em um propósito narcísico de onipotência, a sedução só pudesse proceder a uma destruição do desejo, desejo que está em si e desejo que está no outro. . . . Seduzir é tornar-se senhor do desejo do outro, para proibir de ser desejante, e proibir-se a si próprio o desejo, porque este desejo seria uma falha. Ser seduzido é deixar-se escravizar ao desejo do outro, para não precisar desejar mais nada. Mas também é*

> *proibir ao senhor qualquer outro desejo, além das exigências que pode formular ao seu escravo . . .*[17]

É, portanto, um desejo de imobilizar, e de se imobilizar também, que sustenta essa dimensão da sedução: e é do lado da pulsão de morte que devemos buscar seu sentido. Compreendemos, assim, por que o Comandante tem um papel tão decisivo no destino de Don Juan e admiramos a fineza de Mozart, cuja ópera começa com os acordes marmóreos da morte, num tenebroso tom de ré menor, para, em seguida a uma pausa a que Lorin Maazel chama "no man's land", introduzir os dois temas (em ré maior e na dominante, lá maior) que caracterizam o *allegro* de Don Juan. E, num esboço para a encenação de *Don Giovanni* em Genebra, Maurice Béjart teve a ideia de fazer com que a estátua do Comandante seja o próprio monumento funerário de Don Juan, que vem buscá-lo, que vem se buscar: "ele sabe que caminhada para a morte, e que sua marcha acabou, marcha que não foi outra coisa senão uma implacável caminhada para a morte. Não um suicídio, seria simples demais, porém o desenrolar de um destino".[18]

Com a identificação narcísica e com a angústia, com a pulsão de morte e com a vontade de cadaverizar o desejo, teremos completado o circuito da sedução? Esta insistente duplicidade que a caracteriza – dimensões ética e estética na descrição fenomenológica, funções traumática e estruturante no registro metapsicológico, e agora aspectos de sexualidade e de morte na origem pulsional – não se resolverá numa unidade final? Ou esta configuração diádica da *Abertura* de Mozart ressoará como os passos do Comandante, como uma irredutibilidade na coisa mesma encarnada nos sons

---

17 Bertrand, M., 1986, pp. 144-145.

18 Béjart, M. (1979). Esquisse pour une mise-en-scéne. In *L'Avant-Scéne Opéra* (p. 152), n. 24.

da orquestra? Há um aspecto da sedução em psicanálise que ainda não abordamos porque é o mais complexo e porque era necessário familiarizar-nos com as principais modulações do tema para o ouvido do psicanalista. Esse aspecto é o da sedução agida ou fantasiada durante o tratamento, não mais na reconstituição teórica da infância de todos nós, mas no calor da transferência e na dimensão candente da singularidade dos dois parceiros em presença.

A sedução na situação analítica

Por que as pacientes de Freud insistiam tanto na *realidade* das cenas de sedução que lhes vinham ao espírito durante as sessões? A primeira resposta foi: porque tais cenas tinham ocorrido na realidade exterior e no passado da infância. Quando Freud renuncia à sua *neurotica*, a resposta passou a ser: porque elas tinham ocorrido na fantasia edipiana e no passado da infância. Tanto uma como outra dessas respostas deixam em aberto uma questão mais perturbadora: e por que as histéricas se lembravam disso *ali*, naquelas sessões com Freud? Muito simples: em virtude da transferência, da "falsa ligação" estabelecida pelas pacientes, a pessoa de Freud vinha substituir o destinatário efetivo da demanda de sedução... Resposta verdadeira, mas que inocenta o psicanalista de qualquer responsabilidade na provocação destes afetos e na emergência destas representações; resposta, portanto, que ignora a tensão erótica inerente à situação analítica e que faz tábula rasa de um importante detalhe: tal situação é instaurada pelas coordenadas que o analista impõe ao encontro. De alguma forma, então, ele está implicado nas histórias que ali virão à luz...

Pois há uma sedução da análise e uma sedução do analista, que convém estudar separadamente. A sedução da análise diz respeito a uma promessa que ela contém: a de que um sentido será descoberto, que se afastará um sofrimento, e não é por outro motivo que alguém procura um psicanalista. Esperança infundada? O fato é que o psicanalista, embora não prometa nada explicitamente, de certo modo ratifica essa esperança, pelo simples fato de estar ali, de escutar, de tomar parte nessa aventura que agora se inicia. O analista vai se fazer, aliás, advogado das forças da libido contra as forças da repressão, vai procurar contribuir para que as primeiras se liberem das amarras que a neurose lhes impõe; e nada há de espantoso em que essas forças, desencadeadas na e pela situação analítica, venham a investir precisamente o aprendiz de feiticeiro que a organizou. É Freud quem o diz, no artigo sobre o amor de transferência: este amor é real e, ao mesmo tempo, é integralmente provocado pelas condições da análise. Seria, portanto, indigno que o analista procurasse atribuí-lo aos encantos de sua pessoa. A transferência é uma ilusão necessária; e é nessa ilusão necessária que reside a sedução própria da situação analítica, no sentido muito preciso de que, sem uma promessa velada, ela não se instauraria nem se tornaria operante. E, sem o investimento dessa promessa por parte do paciente, que motivo ele teria para persistir num trabalho que constantemente reabre velhas feridas, que retoma os traumatismos do passado por intermédio de sua presentificação no *hic et nunc* da sessão e, ao mesmo tempo, não pretende fechar essas feridas nem aplacar a dor do trauma por meios diretos, isto é, por meio de uma ação específica do psicanalista?

Não é fácil, contudo, manter essa posição. A análise tem em comum com a sedução clássica o ato de convidar, e, porque esse convite é tão indeterminado, seu efeito é dos mais sedutores. O analista pode abusar dessa situação? Pode, essa é a verdade. Basta para isso identificar-se com a promessa que, implicitamente, subscreveu e imaginar que está em seu poder satisfazer as esperanças de amor do paciente, aceitando o papel que este último lhe atribui. Basta considerar que está em seu poder desfazer o passado e que, se não o faz, é por mero respeito às condições da análise. Essa identificação com o sedutor onipotente o aparentaria a Don Juan, que, deliberadamente, trai as promessas feitas a cada uma de suas noivas por amor a todas as outras mulheres, segundo explica a Leporello (ato II, cena 1).

A sedução da análise começa com a regra fundamental de dizer tudo, observa Olivier Flournoy.[19] Isso porque, ao impô-la, o analista se oferece como destinatário virtual de todas as fantasias transferenciais, isto é, como aquele que poderia pôr fim à demanda de amor insatisfeita e insaciável que lançou na neurose aquele que vem se deitar em seu divã. Todo o trabalho da análise consiste, de certo modo, em manter aberta essa demanda e em remetê-la para suas condições de origem, que, por serem reproduzidas na situação analítica, podem em alguma medida ser modificadas. O paciente, por sua vez, busca seduzir o psicanalista, oferecendo-lhe o galardão de parceiro na cena edipiana. Quer, assim, se assegurar de que é amado, e amado incondicionalmente. Quando o analista se recusa a viver esse papel e, ao contrário, enuncia-o em palavras, não é de admirar que a interpretação seja vivida como uma reiteração da castração. Mas também é verdade que algo muda, pois, se assim não fosse, a análise seria pura reedição da neurose infantil. Talvez possamos dizer que o que muda é precisamente algo do lado da sedução. Pois esta comporta, como vimos, uma exigência de submissão integral do outro ao desejo do sedutor. E essa fantasia, se está presente de um modo ou de outro em toda análise, não pode sair intacta do trabalho das sessões. A análise abre ao desejo um espaço no qual ele será fantasiado e frequentemente agido, porém não efetivado: a isso se opõe à regra da abstinência. Lentamente, o paciente vai percebendo a desmesura de seu intento, a imensidão daquilo que imaginara poder realizar na análise: nada menos do

---

19 Flournoy, O. (1986). La passion de l'enfant oedipien. *Études Freudiennes, 27*, 84 ss.

que a recuperação da onipotência perdida, segundo certas observações de Conrad Stein. É um momento de grande decepção, de acusações amargas ao psicanalista, a quem se supõe - mais uma vez - capaz de, com um gesto *que dependeria apenas dele*, impedir que tal frustração deva ser vivida. E boa parte do trabalho do psicanalista consiste em reconhecer esse desejo sem ceder a ele, pois ceder significaria perpetuar o paciente na posição de sedutor/seduzido. Nessas condições, a sedução exercida pelo analista permanece virtual, como promessa de algo que não é a mesma coisa esperada pelo paciente - e é nessa brecha, entre o desejado por um e o desejado por outro, que se instala a possibilidade de uma mudança. Isso me parece de extrema importância, já que, na situação da sedução efetivada, o espelhamento dos dois protagonistas é o elemento indispensável; tal espelhamento pode parecer contraditório com a ideia de que o sedutor não se altera por seduzir, enquanto o seduzido ganha uma dimensão nova de sua experiência, mas tal contradição é apenas aparente: a questão não reside em quem ganha e quem perde, mas no fato essencial de que a consciência não basta para alcançar o mecanismo posto em marcha. Do ponto de vista do movimento inconsciente, a fachada de imutabilidade ostentada pelo sedutor não passa de uma defesa frágil, já que a angústia que o habita nada fica a dever à do seduzido. Ora, se na situação analítica esse espelhamento se reproduzisse tal e qual, não haveria análise alguma, mas simples violência de lado a lado. O paciente deseja não sofrer mais e imagina poder aprender com o psicanalista - suposto livre do sofrimento, porque a idealização assim o retrata - o caminho que conduz ao Paraíso. O analista não assume essa posição, mas tampouco recusa o roteiro transferencial do paciente; simplesmente, propõe outra coisa. Não que não existam encanto e sedução daqui e dali; mas esse encanto e essa sedução não podem estar no mesmo plano de simetria, ou, repito, não haveria análise possível, mas captura especular e perpetuação da alienação.

Seduzir significa, vimos, simultaneamente *apartar* e *atrair*. O analista também aparta e atrai. Seu trabalho visa contribuir para apartar o paciente de uma vinculação demasiado intensa com o casal edipiano de sua infância e, para obter tal resultado, necessita atraí-lo, já que somente uma promessa de prazer pode fazer alguém se mover de uma posição libidinal. E seu trabalho visa também impedir que o paciente o substitua definitivamente e sem mais por aqueles objetos primários do seu amor; visa apartar o paciente de si e, por assim dizer, na bela expressão de Olivier Flournoy, atraí-lo para a vida, tornando-a mais sedutora do que a análise. Tocamos aqui em outro aspecto da sedução, porém visto de um ângulo específico: a questão dos tempos. O sedutor promete um prazer futuro, mas o verdadeiro prazer está na satisfação narcísica de lado a lado proporcionada pela empresa de sedução. Também na análise, a sedução fantasiada pode ser redobrada por uma sedução presente; e talvez deva *necessariamente* ser redobrada por uma sedução presente, se refletirmos que o investimento do processo analítico depende em grande medida da expectativa de prazer e do prazer efetivo que o analista e o paciente podem encontrar nesta atividade, independentemente dos momentos de pena e de dor que inevitavelmente estarão presentes. Ora, as finalidades do analista não podem ser obtidas por sugestão, pois, ao proceder assim, ele continuaria a se oferecer como modelo e como objeto de amor, sem se evidenciar como a troca do seu sistema de defesas pelo sistema de defesas do psicanalista poderia beneficiar o paciente. A análise serve para que este descubra que sua capacidade de amar não precisa ficar sujeita às artimanhas da sedução. E, para isso, o psicanalista também precisa ser seduzido, isto é, precisa encontrar algum tipo de satisfação libidinal e narcísica no trabalho com *esta* pessoa, algum tipo de prazer que sustente o investimento a ser feito sobre *este* tratamento e sobre *este* paciente, para além das projeções contratransferenciais e do simples mirar-se no amor do outro.

Pois, se o amor de transferência surge das coordenadas da situação, seu paradoxo consiste precisamente em ser amor e em ser transferência. Na qualidade de transferência, pode ser contabilizado sob a rubrica "análise"; mas, na qualidade de amor, parece estender ao analista um laço inescapável. Freud diz, em "Observações sobre o amor de transferência": "De uma nobre criatura que confessa sua paixão, emana um fascínio incomparável". Nessa vertente, o analista é solicitado em sua própria pessoa, e se – apoiado na verdade parcial da transferência – ele recusar sua presença na paralela do desejo do paciente, a ilusão se desfará, a sua interpretação não poderá ser ouvida porque soará como desmentido ao direito do outro de desejar. O paradoxo consiste aqui em que, arvorando-se em intérprete da "verdadeira verdade", o analista cederia ao desejo – sedutor – de privar o outro de sua liberdade de sonhar. Na terapia analítica, é preciso ceder à sedução para poder dela se afastar: atração e separação, ilusão e promessa, refinamento da sensibilidade de cada um dos dois parceiros.

Os três tipos de sedução estudados por Laplanche se encontram na situação psicanalítica. A sedução infantil é frequentemente fantasiada pelo paciente, tanto sob o aspecto de contato sexual quanto sob o aspecto de uma violência traumática que procederia do analista. A sedução precoce aparece sob a forma dos cuidados psíquicos dispensados ao paciente, análogos aos cuidados maternos e igualmente necessitados de uma tradução/elaboração por parte dele. E a sedução originária? Esta, como introdução de "significantes enigmáticos" portadores de significações sexuais inconscientes, tem como efeito o surgimento de um sujeito psíquico por intermédio do enigma a ser decifrado. O analista não vai tão longe, mas não é descabido sugerir que a interpretação tenha algo desse "significante enigmático": ela certamente veicula sentidos sexuais inconscientes, tem sempre um quê de traumático (aveludadamente, por certo, mas não será condição de sua eficiência a capacidade de alterar o equilíbrio defensivo em um momento inopinado?), e exige, para ser integrada, um trabalho de elaboração que, por definição, é interminável: há um efeito imediato e um efeito diferido da interpretação, mas este é outro problema de que não podemos tratar neste contexto.

A sedução aparece assim, como sempre, em sua dupla face: é um fenômeno dinâmico e suscitador e, por isso mesmo, risco de captura do desejo do outro. Se, no personagem de Don Juan, o que sobreleva é a dimensão narcísica, haveria salvação em outro personagem, o Sedutor do "Diário de um Sedutor"? À primeira vista, sim: Kierkegaard o faz cortejar as mulheres, mas não para se deitar com elas – para despertar nelas a sua feminilidade ou, como poderíamos dizer, para despertá-las à sua feminilidade. E, quando isso acontece, o Sedutor sai de cena. Não é o que faz o analista? Bem, não é bem assim. O Sedutor de Kierkegaard não hesita em *completar* as mulheres munido de sua identificação ativa com a fantasia delas (por exemplo, como "príncipe encantado"). O psicanalista, embora a transferência o possa colocar nesta posição, não faz o mesmo; ao contrário, procura analisar a dita fantasia, e, ao fazer isso, contribui para desprender a si mesmo e ao outro do ponto fixo em que os situaria a sedução realizada.

Não há psicanálise sem risco, e o risco da sedução precisa entrar nela, muito embora seja um dos mais sérios neste empreendimento. Mas é possível aceitá-lo sem fugir dele, ao contrário de Don Juan, que incendiava o coração das belas para safar-se na manhã seguinte. O analista contribui, com toda a certeza, com sua pessoa e com sua posição na situação analítica, para desencadear fenômenos da ordem da sedução, e isso tanto no paciente como nele mesmo. Toda a gama desses fenômenos desfilará entre o divã e a poltrona: fantasia por parte do paciente de seduzir o analista, sedução por parte do analista ao ofertar ao paciente sua atenção exclusiva no decorrer da sessão; segredos e trejeitos por parte do paciente, interpretação gratificante por parte do analista – e gratificante, por vezes, *apesar* do conteúdo manifesto do seu enunciado; busca do domínio do desejo do analista por parte do paciente, que quer sair da situação analítica e realizar suas fantasias na "realidade exterior"; autossatisfação envaidecida do analista por ter obtido este ou aquele resultado com uma interpretação; docilidade aparente do analista, que suprime a manifestação de suas emoções em nome de uma neutralidade *a priori* benevolente... Mas, se a análise é a análise da transferência – e a análise silenciosa da transferência do analista sobre seu paciente se inclui aí –, o analista não abandonará a partida, nem se servirá do poder da sedução para assujeitar o desejo do outro. Movido pela sedução, ele pode contorná-la ou entrar nela, jogando uma de suas facetas contra a outra – carícia e trauma, pode fazê-la funcionar de várias maneiras no delicado jogo da interpretação. Mas é certo que o analista não é senhor da sedução, nem da sua, nem daquela que sobre ele é exercida.

Se tiver sorte, o psicanalista pode ajudar seu paciente a descobrir que ninguém é indispensável para que o outro possa viver, que ninguém é indispensável como objeto de amor, a começar por ele mesmo e a terminar pela pessoa do paciente.[20] E assim se explica algo que o leitor deve ter notado: que, ao falarmos da sedução na situação analítica, afastamo-nos um pouco da ópera de Mozart. Dela, a cena que mais lhe conviria é aquela em que Donna Elvira, resolutamente convicta de que está falando com seu amado Don Giovanni, faz as mais ardentes declarações de amor a Leporello; figuração plástica da grandeza e da miséria da transferência. Um pouco de interpretação selvagem: não estaria eu, apesar dos grandes elogios ou talvez por causa deles, procurando afastar o personagem do analista do personagem de Don Juan? Pois não resta

20 Le Guen, C. (1987). Intervenção nas jornadas de Études Freudiennes sobre a sedução. *Études Freudiennes, 29*, 139.

dúvida que, embora Mozart o tenha transformado em um símbolo pregnante, o cavalheiro andaluz continua a exalar certo perfume de enxofre... É possível; e seria ainda mais sedutor, porque implicaria vocês – ouvintes e leitores desta conferência – numa manobra de reconforto narcísico perfeitamente don-juanesca: nós aqui e ele lá. Não deixa de ser atraente atribuir ao psicanalista o papel de um Don Juan menos brutal e menos autoritário, imaginando que a faísca que ele transmite às virgens que seduz encontre algum paralelo no movimento da análise. Não é por coqueteria nem por receio de denegrir a psicanálise que o paralelo não será feito: é preciso saber, como dizem os franceses, "jusqu'où aller trop loin", até onde se pode ir longe demais. O analista que, complacente com seu próprio narcisismo, se identificasse com o fidalgo a ponto de esquecer que deve unicamente à troca transferencial das capas e dos chapéus a aura com que o cinge seu paciente/Elvira – este analista faria bem em reler uma nota que o Comandante incluiu em *O ego e o id*:

> *(o êxito da terapia) talvez dependa também da medida em que a pessoa do analista possibilita que o paciente o coloque na posição de seu ideal do ego, o que acarreta a tentação de desempenhar junto ao paciente o papel de profeta, salvador da sua alma ou redentor. Mas como as regras da análise repelem decididamente tal utilização da personalidade do médico, é honrado confessar que aqui deparamos com uma nova limitação para a eficácia da análise. Esta não deve tornar impossíveis quaisquer reações patológicas, mas criar para o Eu do paciente a liberdade de decidir-se assim ou de outra maneira.*[21]

E é nessa singela diferença que a análise se separa da sedução.

---

21 Freud, S. (1975). Das Ich und das Es (O ego e o id). In *Studienausgabe III* (p. 317). Fischer Verlag. (Trabalho original publicado em 1923).

2. Esquecer? Não: *In-quecer*

Num discurso proferido há alguns anos, por ocasião de uma cerimônia para honrar a memória de determinados grupos que, na Alemanha mesma, resistiram à barbárie nazista, o filósofo Jürgen Habermas menciona por duas vezes a figura do psicanalista. A primeira referência evoca a necessidade de promover um "entendimento cicatrizante", isto é, a retomada dos fatos ocorridos na época sob uma luz desapaixonada, capaz de serenar as emoções e permitir uma visão histórica "objetiva" desse período. A ideia não é de Habermas; ele a cita como uma das formas possíveis de solicitar o auxílio de um psicanalista, mas a sequência do texto afasta qualquer suspeita de concordância por sua parte. A segunda referência atribui ao psicanalista a função inversa: "o domínio de um passado, retornando na forma de pesadelo sobre o presente não redimido, só poderia ser rompido pela força analítica de uma recordação que não compre a presentificação histórica permitida ao acontecimento com uma neutralização moral". Em lugar de um gesto que sutura as bordas da ferida, visando restaurar a continuidade lisa da epiderme e com isso criar condições para uma reflexão da qual a dor estaria banida, o psicanalista é aqui convocado para efetuar um ato que soa como paradoxal: *romper* um campo de forças que bem ou mal atingiu seu equilíbrio, aprofundar a incisão, agir no sentido oposto ao de quem aplica um bálsamo. Seu bisturi se chama: a recordação que não neutraliza o efeito do recordado, que o presentifica, ao contrário, com intensidade e com vigor.

Neutralização "moral", diz Habermas. Para os alemães que viveram a Guerra e para seus descendentes, para as vítimas da barbárie nazista – judeus e não judeus –, há uma questão moral, que diz respeito à culpa, à expiação, ao perdão ou à reparação. Pois o "acontecimento" cuja presentificação está em jogo resultou em morte e destruição para milhões de pessoas, como resultado do exercício do poder indiscriminado por um Estado enlouquecido e por uma população mais do que complacente. Isso é verdade; também é verdade que não compete ao psicanalista, enquanto psicanalista, se pronunciar sobre essa questão. Não porque ele seja destituído de princípios éticos à luz dos quais o nazismo e tudo o que se lhe assemelha representam coisas absolutamente condenáveis; não porque venha buscar refúgio na "neutralidade benevolente" que, aqui, apenas mascararia um conformismo cúmplice e reacionário. Mas porque, ao tomar posição neste terreno, o faz como sujeito moral e como sujeito político, age em oposição a um estado de coisas, resiste passiva ou ativamente ao terror institucionalizado. Não existe incompatibilidade alguma entre ser cidadão e ser psicanalista. Há, sim, impossibilidade de ser cidadão *na posição de analista*, porque cidadania implica ação na esfera pública, aliança e conflito, compromisso e defesa das próprias posições diante de outras; o cidadão visa realizar os fins que considera adequados para a cidade, por meios que incluem a persuasão e a argumentação, pressões de vários tipos e, por vezes, violência considerada justa. Não é preciso muito para percebermos que nada disso pode ser feito pelo psicanalista enquanto exerce a sua função própria, que não é da ordem da persuasão nem do combate por ideias e projetos determinados, e que exige uma grande contenção de si, para que o outro possa aproximar-se de si próprio.

Neutralização, sim, mas neutralização de outra ordem é aquela sobre a qual o psicanalista pode se pronunciar, colocando entre parênteses a dimensão moral. Trata-se da neutralização afetiva, aquela que conduziria ao "entendimento desapaixonado"; neutralização que se situa no terreno das defesas e que tem por origem aquilo que Freud denominou "mecanismos de evitação das representações intoleráveis". São representações dessa ordem as que, ao surgirem no campo da consciência, provocam desprazer ou dor psíquica, angústia, medo etc. A experiência de viver sob o nazismo engendrou um bloco particularmente denso de representações desse gênero, para todos os envolvidos, agentes ou vítimas do terror hitlerista; e ao psicanalista interessa, enquanto psicanalista, estudar de que modo essas representações são ou não integradas na vida psíquica de seus protagonistas, bem como de seus descendentes.

1.

O problema envolve diferentes aspectos. Num livro editado e comentado por Chaim S. Katz, *Psicanálise e nazismo* (Rio, Taurus, 1985), estão reunidos artigos e depoimentos que focalizam vários deles. A história das relações entre a psicanálise e o regime hitlerista – que via nela um inimigo perigoso, um exemplo da "ciência judaica" a ser extirpado do universo da cultura – é uma das dimensões a serem consideradas. Sabe-se hoje que essas relações foram complexas, indo do apaziguamento *soi-disant* prudente por parte da Associação Psicanalítica Internacional (que estava disposta a ceder os anéis para preservar os dedos, e acabou perdendo muito mais que os dedos) até atitudes corajosas de alguns psicanalistas.

Entre estes, merecem homenagens as de John Rittmeister, fuzilado em 1943 por pertencer à Resistência alemã, e de Bernard Kamm, que renunciou à Sociedade Psicanalítica de Berlim e escolheu o exílio, quando a entidade concordou em excluir seus membros judeus sob pressão das autoridades governamentais. Kamm era "ariano", mas percebeu que o gesto era indigno e retirou-se da associação. Outro aspecto, mais diretamente relacionado ao tema da recordação e do esquecimento, é o silêncio imposto à participação de milhões de alemães na vida do Terceiro Reich, silenciamento que já transparece na expressão "anos obscuros" (*Dunkeljahre*) para designar a época. Muitas crianças nascidas no pós-guerra fizeram ou quiseram fazer a pergunta: "Papai, o que você estava fazendo naquele tempo?"; muitas receberam não respostas, ou respostas enigmáticas, mentirosas ou embaraçadas. Ainda outro aspecto é o da existência cotidiana sob um regime de terror, no qual as cenas diárias e os riscos de morte atualizam de modo sinistro as fantasias mais arcaicas presentes na psique humana, criando condições de extrema tensão psíquica que não deixam de se refletir nos comportamentos e nas atitudes.

Vários autores descrevem, nos capítulos de *Psicanálise e nazismo*, o "muro de silêncio" erigido em torno das atividades de cada qual entre 1933 e 1945. E esse muro do silêncio, construído mediante operações de recalcamento, de censura, de repúdio à realidade psíquica e à realidade histórica, não pôde deixar de produzir consequências na estruturação mental, tanto das pessoas diretamente envolvidas na tragédia como dos seus filhos.[1] Pois, para estes, a travessia do complexo de Édipo terá de ultrapassar um

1 Desde a redação deste capítulo, em 1985, o cinema alemão retornou várias vezes a este tema. Entre outros, podemos citar *Das schreckliche Mädchen* ("Uma cidade sem passado", 1990), dirigido por Michael Verhoeven, com Lena Stolze e Monika Baumgartner, indicado no ano seguinte ao Oscar de melhor filme estrangeiro.

obstáculo muito peculiar: a culpa dos pais, a existência de um branco ou de uma mentira vergonhosa na história familiar, o confronto com figuras edípicas marcadas pela derrota, pela humilhação ou pela pusilanimidade. Isso, é claro, não é um veredicto de psicose; mas é um fator específico que necessita de elaborações específicas. O tabu social que cerca o período nazista corresponde ao que os psicanalistas Alexander e Margarete Mitscherlich denominaram "incapacidade para o luto", isto é, incapacidade para se desprender de um passado intensamente investido, por meio dos procedimentos que todos nós utilizamos nesses casos, e cujo resultado mais evidente é que a figura ou o evento que anteriormente estavam tão carregados de afeto deixam de ter importância para nós, tornando-se relativamente indiferentes. Esse processo não é simples: equivale a um considerável trabalho psíquico que Freud designou precisamente como "trabalho de luto". Ora, o problema do esquecimento e da recordação está diretamente relacionado com a capacidade para realizar esse trabalho, tanto em escala individual como na escala coletiva. Na Alemanha, esse trabalho parece ter sido impedido ou consideravelmente dificultado pelo tabu social vigente até há poucos anos, a despeito dos esforços de um punhado de intelectuais e artistas; a nação parece ter posto em funcionamento técnicas para esquecer, cujo resultado foi o de mergulhar em perplexidade e angústia as gerações atuais.

2.

Mas, como sabemos graças a Freud, o reprimido não está simplesmente ausente: do seu lugar de não dito, ele exerce seu poder sob a forma de repetição. Habermas cunha esta bela imagem, a do "domínio de um passado que retorna sob a forma de pesadelo sobre um presente não redimido"; ele se refere à força inibidora, porque fantasmagórica e silenciosa, de um passado que não passou – algo com que o psicanalista está familiarizado, pois se defronta com isso todos os dias. E, se Habermas o convida a desempenhar um papel no presente, é legítimo que procuremos formar uma ideia da natureza de sua intervenção, ainda que na escala social ela só possa ser imaginada como analogia: não existe "psicanalista do coletivo" porque só o próprio coletivo, mediante práticas e ideias surgidas nele e para ele, pode realizar o que talvez Habermas chamasse de "sua própria redenção". Mas tentemos a analogia: contrastemos as duas situações em que o filósofo vem a falar do "analítico", tanto mais que, à sua maneira, elas recobrem duas figurações opostas do *modus operandi* da psicanálise.

A primeira metáfora é a da cicatrização. Nesta perspectiva, o trabalho psicanalítico consiste em recuperar algo reprimido, trazê-lo à consciência para esvaziá-lo de sua carga traumática, do que resulta o "entendimento desapaixonado". Opõem-se aqui razão e paixão, emoção e conhecimento: a carga afetiva é vista como um obstáculo ao conhecimento claro, de modo que "tomar consciência" significa "tomar distância", poder observar serenamente e sob o modo de visão lúcida. Sujeito e objeto separam-se nitidamente, e sua relação pode ser desapaixonada justamente porque não correm nenhum risco de se confundir. O indivíduo debruça-se sobre seu passado para exorcizá-lo, para expulsá-lo de si, torná-lo *outro que si*; assim, ganhará acesso à plena inteligibilidade daquilo que o torturava. De onde o efeito de cicatrização, como se um espinho fosse finalmente arrancado da carne e se pudesse restaurar a plenitude violada pela sua intrusão. Pouco importa que essa operação precise passar pelo contato com aquilo que dói; é mal menor, momento necessário de um percurso que culmina com o entendimento claro e distinto à luz do meio-dia. Se o sono da razão engendra monstros, seu despertar dissipa as sombras e revela que o monstro era apenas uma sombra na parede.

Mas essa perspectiva é falsa, e falsa porque começa por esquecer sua própria origem. Um entendimento desapaixonado não é, precisamente, aquele do qual se retirou algo? E retirar esse atributo passional não implica reconhecer que, no fundo, ele era ilegítimo, artificial, secundário em relação ao conhecimento, este sendo dado como, por essência, heterogêneo à paixão? Nessa óptica, o erro teria sido permitir que se misturassem vertentes umbilicalmente incompatíveis, e a análise seria a dissolução desse laço bastardo, a fim de liberar o universo das representações das cadeias efetivas impostas a ele pelo trauma. Parte-se, pois, de uma premissa segundo a qual a dimensão emocional seria somente *a posteriori* acrescentada ao dito universo de representações, surgindo esse acréscimo de um desconhecimento ou de uma carência, da intromissão no terreno do pensamento de algo estranho a ele. Só que essa visão das coisas inverte a ordem das causas e dos efeitos: a dimensão emocional não é *acrescentada* a uma cadeia de ideias originalmente assépticas, puramente intelectual etc. Ela é *constitutiva* do nosso universo de representações, e a imagem de um pensamento "puro" só pode ser construída pela *supressão* do colorido emocional que acompanha pelo lado de dentro qualquer representação. Por esse motivo, o entendimento "des-apaixonado" é isto mesmo, um "a menos" e não um "a mais"; e, embora nem sempre seja este o processo que o produz, o psicanalista não deixa de se perguntar se o entendimento dessa ordem resulta de operações defensivas, de recobrimentos e de deformações, cuja finalidade é exatamente a de esvaziar o conteúdo afetivo de determinadas representações, tornando-as toleráveis ou mesmo indiferentes.

Quando Freud descreve o efeito da revelação do reprimido, reprimido que, embora desconhecido, não havia deixado de produzir efeitos, emprega termos muito precisos: fala de *Annahme* ou de *Aufnahme*, que designam um movimento exatamente oposto ao que conduz até o "entendimento desapaixonado". Num artigo intitulado "Affect et langage dans les premiers écrits de Freud", a psicanalista francesa Monique Schneider observa a esse respeito:

> Annehmen *não significa ver, objetivar, mas, ao contrário, admitir, adotar, assimilar; em outras palavras, fazer seu movimento que implica o ser em vez de desimplicá-lo. . . . Não se trata apenas de constatar um processo, mas de esposá-lo, de acolhê-lo em si, de abrir espaço para ele. E quando se trata de representações intoleráveis, este movimento de admissão evoca mais a ideia de uma abdicação do que a de uma tomada de poder.*[2]

O indivíduo abdica aqui de uma falsa superioridade; não se separa do objeto; ao contrário, acolhe-o porque descobre que esse objeto (uma lembrança, um desejo etc.) já era parte de si que havia sido clivada e mantida como exterior a si. Não é o objeto psíquico que se torna outro, "neutro", para ser examinado *sine ira et studio*, e sim o sujeito que se torna outro, que propriamente se altera ao receber dentro de si algo até então temido e por isso negado. Para tanto, é necessário que sejam desfeitos os movimentos defensivos de recusa, de negação ou de repressão, movimentos que têm em comum precisamente a instauração de um intervalo insanável entre as representações e os afetos. É dessa instauração que resulta o isolamento de uns e de outros, isolamento que na consciência se manifesta como ausência, como silêncio ou como mentira. O desapaixonar não é, assim, o efeito de uma depuração benéfica das escórias emotivas, mas um procedimento por excelência defensivo e que precisa ser reiterado constantemente, a fim de que o separado não se torne a juntar.

---

2 Revista *Topique*, 11/12, 1973 (trad. bras. *Afeto e linguagem nos primeiros escritos de Freud*, Editora Escuta, 1994).

3.

Esse movimento se aplica especialmente à região das lembranças e constitui o cerne do que chamamos "esquecimento". A ideia mais difundida a respeito do esquecimento tem por base a imagem da erosão: a usura do tempo, ao se exercer sobre as experiências, acabaria por limar suas arestas, ou melhor, as arestas das lembranças correspondentes a essas experiências. Nessa perspectiva, a cada vivência corresponde uma lembrança, sob a forma de um registro comparável a um sulco na superfície da memória; e o resultado do nivelamento desses sulcos seria um índice de indiferença, que passa a afetar a lembrança em questão. Tal nivelamento ocorreria paralelamente na vertente afetiva (produzindo a indiferença) e na vertente ideacional (produzindo o apagamento da própria ideia), assim como desaparece o relevo das moedas que passaram por muitas mãos: ao final, já não se pode mais distinguir a efígie do plano no qual foi gravada.

Basta, porém, um instante de reflexão para percebermos quão falsa é essa teoria. Esquecer não é um fenômeno passivo, mas uma atividade psíquica como outra qualquer; e o fator ativo transparece no próprio vocábulo que designa o processo. Esquecer provém de *ex-cadere*, "cair para fora". Esquecer é sempre *ex-pulsar*, *ex-teriorizar* um conteúdo, *ex-ilá-lo* para fora do espaço da consciência. Há, portanto, uma força ou tendência que repudia esse conteúdo, que se opõe à sua inclusão na continuidade do nosso universo mental. Segundo a psicanálise, como já mencionei anteriormente, tal repúdio se dá em virtude do caráter doloroso ou desprazeroso do elemento psíquico de que se trata, seja um desejo, uma fantasia, uma lembrança, uma ideia, etc. Uma coisa esquecida não é, desse modo, idêntica a uma coisa indiferente; ou melhor, algo não é esquecido por ser de pouca monta ou irrelevante; ao contrário, torna-se irrelevante por causa do esquecimento. Convém mesmo distinguir duas formas do "indiferente", o que ficará claro se considerarmos brevemente o funcionamento da memória.

É um engano acreditar que a memória trabalhe linearmente, como poderia parecer à primeira vista, e como sugere o modelo do computador. Neste, uma vez registrada a informação, esta permanece "armazenada", à espera de que seja acionado o código que permite recuperá-la: é o que sucede, por exemplo, quando digitamos nossa senha num caixa automático para saber qual o nosso saldo no banco. A memória, porém, é mais complexa. Podemos dar uma ideia dessa complexidade se levarmos em conta que o registrado por ela já é, em si mesmo, extremamente complexo: qualquer registro mnêmico – por exemplo, o que você, leitor, acaba de ler no parágrafo anterior – é constituído por numerosas impressões sensoriais (visuais, tácteis, etc.) e revela-se multifacetado do ponto de vista da organização do sentido. O café que acabo de tomar não é *um* "registro", mas inúmeros, e por esse motivo vincula-se a inúmeras cadeias de representações, quer seja por analogia com um dos seus elementos, quer seja por contiguidade temporal ou espacial, quer seja porque um detalhe acessório da vivência de tomá-lo se engancha nesta ou naquela trama de sentidos. Em virtude disso, qualquer experiência pela qual passe um indivíduo se inscreve de múltiplas maneiras e em variados contextos, podendo, pois, ser "recuperada" por meio de todos esses caminhos. A isso se agrega o fato, indiscutível à luz da psicanálise, de que cada uma dessas inscrições é constantemente remanejada pelos processos conhecidos como *condensação* e *deslocamento*, cujos produtos, por sua vez, podem ser objeto de defesa, de novas inscrições, e assim por diante. Desse modo, quando nos recordamos de alguma coisa, tal recordação é tudo menos uma reprodução fiel, apresentando-se trabalhada pela fragmentação, pela conexão com outras lembranças e pelas sucessivas sobreposições e recortes que ocorrem a cada instante.

Mas, dirá o leitor, quando quero telefonar para um amigo e lembro perfeitamente o número, como explicar que minha lembrança corresponde ao número correto? Muito simples; o número recordado (verdadeiro ou falso, tanto faz) corresponde ao conteúdo manifesto da lembrança, mas isso não diz nada sobre o *sentido latente* desse ato psíquico. E é esse sentido latente que interessa à psicanálise porque é ele que abre caminho para todas essas cadeias de representações e de afetos no interior das quais o ato de recordar o número de telefone ganha sentido. Freud costumava dizer que não temos recordações *da* infância, mas recordações *sobre* a infância, lembranças que na verdade são recordações encobridoras. Mas disso não se deve concluir que um cuidadoso trabalho de desvelamento acabaria por desenterrar a primeira lembrança, base de todas as outras; isso não é possível porque essa "primeira" lembrança sempre é ponto de partida para outras associações e outras lembranças, em virtude do processo de deslizamento do sentido que é constitutivo do inconsciente.

No seu início histórico, o trabalho analítico não tomava ainda em consideração esse aspecto do funcionamento da memória; na época dos *Estudos sobre a histeria*, ou pelo menos nos casos ali descritos (1889-93), Freud acreditava que os sintomas neuróticos eram provocados por uma experiência dita traumática, consistindo o caráter traumático de uma experiência precisamente na impossibilidade de elaborá-la, isto é, de incluí-la no contexto associativo da vida psíquica. Em consequência disso, tal experiência – ou melhor, sua inscrição psíquica – permaneceria como um "corpo estranho", impossível de ser trazido à consciência, porém de modo algum inerte: expulsa da consciência, tal recordação ficava também imune ao trabalho de fragmentação e de recombinação que atinge os conteúdos conscientes. De modo que, numa metáfora famosa, é como se a recordação sobrevivesse como Pompeia, inacessível, porém intacta, intacta *porque* inacessível. A ideia de

Freud consistiu em supor que, mesmo assim, essa representação mnêmica não era neutralizada, e sim formava uma série paralela de associações a partir dela mesma, série cuja característica principal era a de ser inconsciente. Supôs, assim, a existência não de um, mas de dois grandes sistemas de representações, o consciente e o inconsciente, e passou a estudar as interferências do segundo no primeiro, as quais julgou responsáveis pelo caráter aparentemente ilógico e absurdo dos sintomas de que se queixavam seus pacientes. Os sintomas nada mais seriam do que resultados desses complicados processos, cujo efeito geral era o de suprimir suas próprias premissas, deixando aparecer apenas pés sem cabeças.

Podemos agora retornar aos dois tipos de "indiferença" a que me referi anteriormente. Um primeiro tipo resulta da inclusão da lembrança em múltiplos contextos associativos: aqui, o esquecimento é o efeito desta assimilação que recorta, mói e compacta os fragmentos da lembrança até torná-la irreconhecível ou, então, conserva dela apenas a fachada, como a ponta de um iceberg, cuja parte submersa continuasse a ser trabalhada por poderosas forças de pressão. Esses processos não são defensivos, como os que intervêm para produzir o segundo tipo de "indiferença", no qual o traço mnêmico é objeto de um repúdio. Esse repúdio acarreta duas séries de consequências. Na primeira série, a mais superficial, o repudiado dá a impressão de ter desaparecido, seja sob a forma da imagem visual, seja sob a forma do sentido emocional, seja sob a forma do conteúdo ideativo. Simplesmente não pensamos mais no assunto, esquecêmo-lo, ou o recordamos como algo sem a menor importância.

Mas essa aparência de tranquilidade é enganosa. Na segunda série de consequências, a lembrança é ao mesmo tempo preservada (o "corpo estranho") e submetida ao processo primário, exatamente como as ruínas de Pompeia. Pois tal movimento não conduz à destruição do repudiado, e sim à sua perenidade; mais precisamente, conduz a um tipo de tratamento dele que, por estabelecer um "privilégio de extraterritorialidade", o mantém inalterável e simultaneamente prolifera em numerosas conexões, cujos ecos chegam à consciência como se amortecidos e incompreensíveis. Este paradoxo – que algo sobreviva repudiado e ao mesmo tempo engendre uma fieira de "filhotes" – é o próprio paradoxo do inconsciente, que ignora as categorias da temporalidade, da negação e da contradição.

Assim, somos agidos por motivos que ignoramos, e essa ignorância é camuflada por elaborações secundárias, bem como por outros mecanismos, cujo efeito é o conferir às nossas ações e aos nossos pensamentos uma fachada de coerência e de sensatez. Diante disso, como procede a análise? Por meio da regra da livre associação, ela suspende a vigência das regras lógicas que, na vida diária, nos protegem do absurdo. Esse processo põe em evidência as resistências e permite construir, por inferência, análogos conscientes das fantasias inconscientes que se ocultam atrás delas; isso permite um acesso oblíquo àquilo que foi repudiado ou, ao menos, a certas facetas dele. E isso graças a uma propriedade dos processos inconscientes que os torna em parte visíveis e compreensíveis: a repetição. Aquilo que foi excluído não desaparece por ter sido excluído, como espero que seja claro a esta altura do nosso trajeto. Retorna sob a forma de repetição, desencadeando os movimentos transferenciais que ritmam a análise. É por meio da análise da transferência, dos seus padrões típicos em cada pessoa, dos desejos que nelas se atualizam, das defesas que ela mobiliza e que se revelam por meio dela, que o psicanalista pode formar uma ideia aproximada daquilo que foi reprimido, e cujo aspecto "exterior" é estar em regime de esquecimento. Por exemplo: o paciente não se lembra de ter sentido ódio e cólera diante de sua mãe, mas se comporta de modo insuportável durante suas sessões, exigindo uma atitude de total disponibilidade por parte do analista. A própria reiteração das situações desse gênero e a sua interpretação abrem caminho, por intermédio de resistências muito intensas, para que acedam à consciência os impulsos e fantasias reprimidos ou, pelo menos, o que deles puder ser resgatado, após todas as transposições e deformações pelas quais passaram no inconsciente. E isso nos permite compreender que tais impulsos e fantasias não estão "no passado", mas "no presente", tanto que podem se manifestar de diferentes formas, como o polo para o qual tendem numerosas atitudes e associações do paciente. Isso modifica radicalmente a ideia usual do que seja o "passado": não é o que aconteceu de ontem para trás, já que o "acontecido" e o resultado de sua inscrição psíquica continuam a produzir efeitos muitíssimo atuais, extremamente visíveis e frequentemente dolorosos.

De modo que o contrário de *esquecer* não é sempre, talvez nem mesmo o mais das vezes, o *recordar*, se entendermos por recordar o surgimento de uma cópia autenticada daquilo que havia sido esquecido. Permitam-me cunhar o neologismo *in-quecer* para designar o que ocorre: em vez de "cair para fora", "cair para dentro". Mas atenção: não é a lembrança que "cai para dentro" da consciência, num movimento oposto ao que havia resultado em seu "cair para fora" dela. A imagem mais adequada seria a inversa disso: o sujeito é que "cai para dentro" da sua lembrança, molha-se nela, abre-se para ela, pois já não pode ser tido como soberano nesse processo, ele que defendia com todas as suas forças sua ilusória autonomia diante do esquecido. *Annehmen*, aceitar, admitir, adotar – e não colocar diante de si, à maneira de um quadro na parede, pois isso seria simplesmente uma expulsão mais sutil.

Se, como sugere Habermas, o psicanalista pudesse ser convocado para auxiliar a nação alemã nesse processo, sua ação tomaria a forma de não impedir a *Annahme*, a aceitação/admissão dentro de si, por mais que tal aceitação implicasse um momento ou um período doloroso, pois só mediante o *inquecimento* do silenciado é que os fantasmas podem encontrar repouso: é reinvestindo-os pelo trabalho do luto, inumando-os por meio de sua circulação pela psique, e não os colocando a distância por meio de um "pseudo-entendimento desapaixonado" – é só assim que lhes permitimos morrerem em paz.

3. Existem paradigmas na psicanálise?[1]

A existência de diferentes maneiras de praticar e conceber a psicanálise deixou de ser, já há algum tempo, considerada um fenômeno marginal no nosso campo. Ao contrário, tornou-se um tema que vem atraindo a atenção de diversos estudiosos, os quais, segundo suas perspectivas específicas, procuram abordá-lo evitando a saída mais fácil: a de negar que o problema existe, já que apenas uma tendência – a sua própria – seria *a* ou *a verdadeira* psicanálise, todas as demais consistindo em deturpações ou desvios sem maior significado. Entre os escritos desses autores, os do psicanalista uruguaio Ricardo Bernardi destacam-se como especialmente ricos em sugestões e argumentos; um de seus textos, recentemente publicado no *International Journal of Psychoanalysis*, pode nos servir como ponto de partida para refletirmos sobre a questão.

1 Este capítulo contém uma primeira abordagem da questão dos paradigmas em nossa disciplina. A análise do artigo de R. Bernardi permanece, acredito, ainda válida; já a conclusão foi objeto de uma reconsideração em *O Tronco e os Ramos* (2014), atualmente no catálogo da Editora Blucher. Mesmo assim, mantive aqui a formulação original. Ética intelectual não admite entorses.

Teorias incomensuráveis

Bernardi propõe utilizar o conceito de *paradigma*, introduzido por Thomas S. Kuhn, para caracterizar as distintas formas de ver e pensar o que nos é trazido pela prática da psicanálise. O trabalho da interpretação do analista é condicionado por certas maneiras de escutar, de selecionar, do material bruto, o que lhe parece relevante, de articular os resultados dessa seleção para compor um quadro dos fenômenos mobilizados nele e em seu paciente pela análise. Essas operações, argumenta Bernardi, são orientadas pelo paradigma ao qual adere o psicanalista. Segundo ele, existem pelo menos três perspectivas teóricas, na psicanálise atual, que preenchem as condições necessárias para que se possa falar em paradigma: as de Freud, Klein e Lacan.

> *Cada uma delas tornou-se um sistema interconectado de hipóteses, internamente autorreguladoras, e vinculadas a práticas psicanalíticas específicas. Assim, dispensam-se de qualquer obrigação de se apoiar em quaisquer outras teorias ou de delas derivar logicamente, não obstante a tendência de Lacan ou de Klein a fazerem Freud dizer o que na verdade está sendo dito por Lacan ou por Klein.*[2]

Dada tal situação, as teorias associadas a esses três nomes tornaram-se incomensuráveis, isto é, deixaram de partilhar uma medida comum, ainda que tal incomensurabilidade possa ser parcial – relativa, por exemplo, a certos setores da teoria, mas não a outros. Não parece a Bernardi e ao grupo de trabalho que anima em

2 Bernardi, R. (1988). The role of paradigmatic determinants in psychoanalytic understanding. *IJP, 70*, 342.

Montevidéu que se trate apenas de diferentes perspectivas sobre um mesmo objeto (o inconsciente, por exemplo). Em favor dessa posição, que acentua a descontinuidade e a ruptura entre as diversas escolas, Bernardi argumenta:

- existem muitos termos comuns a essas três escolas, porém os conceitos designados por esses termos são díspares: instintos, inconsciente, repressão, ego, Édipo, etc.
- há conceitos simplesmente intraduzíveis de uma teoria para outra: significante, outro, nome do pai, posição, continente, elementos alfa e beta, etc.

Para ilustrar essa verificação, o autor procede a uma espécie de *experimentum crucis*: toma um mesmo material – o sonho do Homem dos Lobos – e compara as leituras dele realizadas por Freud (no caso publicado em 1918), por Melanie Klein (no capítulo 9 de *A psicanálise da criança*) e por Leclaire (num artigo de 1958 sobre o episódio psicótico vivido pelo paciente em 1923). Dessa comparação, resultam significativas divergências quanto ao que cada autor "vê" no material, nas hipóteses que constrói para dar conta daquilo que viu, e nas formulações metapsicológicas encarregadas de validar as hipóteses enumeradas no plano da singularidade *deste* paciente. Resumidamente, Freud se interessa pela postura dos lobos, que abre um caminho para a interpretação focalizando a sexualidade infantil e a angústia de castração; Klein interessa-se pela angústia ligada às fantasias de devoração projetadas no animal fóbico; Leclaire interessa-se pelo lugar de falo designado ao menino por sua mãe, e pelo jogo dos significantes na estruturação dos sintomas e do desejo do paciente. A partir dessa constatação, Bernardi se interroga sobre o porquê dessas diferentes leituras; sua resposta é que cada uma delas está determinada pelo paradigma correspondente. É este que prescreve o que deve ser visto e como se deve compreender o que se viu: como indício de que há um fragmento esquecido na história, cuja recuperação é o objetivo da análise e que contém tanto o desejo sexual reprimido como o motivo para a repressão (Freud); como o indício de que fantasias sádicas foram projetadas no lobo e tornaram-no ameaçador, o objetivo da análise sendo, nesse caso, aproximar-se do mundo interno do paciente e fazê-lo vivenciar as emoções básicas cuja inacessibilidade organiza suas fantasias inconscientes (Klein); como indício de que o paciente vive numa relação imaginária com os pais, que só pode ser rompida pelo acesso ao simbólico e pela travessia da problemática da castração (Lacan).

Essa comparação conduz Bernardi à parte final do seu artigo, cujos trechos principais transcrevo a seguir, já que precisaremos discuti-los com cuidado:

> *Alguns dos muitos desenvolvimentos posteriores ao trabalho de Freud estabeleceram-se como sistemas teóricos alternativos. Tanto as teorias de Freud quanto as ulteriores são ao mesmo tempo de natureza parcial e total:* parcial, *na medida em que cada teoria parte de uma dada perspectiva;* total, *porque cada uma delas reformula todo o campo psicanalítico e tem uma grande capacidade de expansão. . . .*
>
> *No tocante à* unidade *e à* diversidade *do nosso campo, procuramos mostrar que estes diferentes paradigmas são irredutíveis uns aos outros, pois não há acordo entre eles nem quanto às premissas gerais (que não partilham), nem quanto à experiência (que não veem do mesmo modo). . . .*
>
> *Tal situação de incomensurabilidade coloca questões interessantes, embora também preocupantes. Devemos considerar cada passo adiante como um desenvolvi-*

> *mento das ideias de Freud? O estudo aprofundado da perspectiva freudiana realmente ajuda o analista lacaniano ou kleiniano a desenvolver seu próprio ponto de vista? Qual é o lugar e a função das origens?...*
>
> *Será que isto significa que a unidade da psicanálise está perdida? Penso que não: nossa unidade reside no campo partilhado de problemas e não nas respostas que damos a eles. Mas permanece o problema da verdade. Kuhn o coloca bastante bem quando diz que só podemos falar a verdade ou falsidade no referencial de uma teoria cujos pressupostos são aceitos. No contexto da discussão interteórica, só podemos falar de preferências ou de critérios mais ou menos produtivos, profundos etc. (p. 353-354)*

Bem, até aqui apresentei o que me parece essencial no artigo de Bernardi. É evidente que o leitor que puder obter o artigo original terá melhores condições de avaliar tanto a fidelidade deste resumo quanto a pertinência dos comentários que farei a seguir. Esses comentários serão de dois tipos: em primeiro lugar, examinarei algumas afirmações de Bernardi que me parecem particularmente problemáticas; em segundo, retomando o livro de Thomas Kuhn ao qual remete como pano de fundo da sua discussão (*A estrutura das revoluções científicas*), procurarei discutir a validade de aplicar-se a noção de *paradigma* em psicanálise.

O sonho dos lobos

A ideia de comparar um mesmo material sob vários pontos de vista soa, a princípio, interessante. O caso do Homem dos Lobos parece prestar-se bem a esse trabalho, em parte porque é conhecido de todos e em parte porque existem comentários sobre ele de todas as perspectivas analíticas. Além disso, a interpretação dos sonhos – atividade comum na análise – mobiliza operações para as quais é requisitada a teoria do funcionamento psíquico em seu conjunto. Dada essa circunstância, examinar como os lobos são "vistos" – ou melhor, construídos – por cada intérprete, e de que modo os pressupostos teóricos determinam a modalidade dessa construção, é um ponto de partida sugestivo. Contudo, o tratamento dessa questão por Bernardi não é equivalente nos três casos que se propõe a estudar.

O raciocínio de Freud é seguido passo a passo e de modo extremamente minucioso, reportando-se sempre ao estado da teoria no momento em que o caso é redigido. De Melanie Klein, transcreve-se um curto parágrafo, no Capítulo 9, de *A psicanálise da criança*, no qual ela afirma que o medo do menino de ser devorado pelo lobo não é um substituto regressivo da angústia de castração (como pensa Freud), mas a expressão de uma angústia primária, que persiste lado a lado com suas versões ulteriores e modificadas. A partir desse fragmento, Bernardi conclui que Klein segue o fio condutor da angústia e cita um trecho de *Inveja e gratidão*, referindo-se à análise da transferência e, em seguida, à identificação projetiva. Compreende-se que Bernardi tenta imaginar como seria escutado Sergei Pankejeff se sua analista fosse Mrs. Klein; porém *qual* Mrs. Klein? A que escreveu *A psicanálise da criança* em 1932, a que introduziu a noção de identificação projetiva em 1946, ou a que falava, em 1957, da importância de reexperienciar as emoções básicas no decurso da análise? Esse ponto é fundamental, porque – optando por tomar a teoria como um dispositivo contemporâneo de si mesmo a ser manipulado pelo psicanalista –, Bernardi negligencia toda a evolução interna própria ao trabalho de pensamento, operando com os resultados desse trabalho como aparecem nos "conceitos finais", isto é, aqueles que são a expressão mais concentrada – porém, ao mesmo tempo, mais telegráfica e mais esquemática – do esforço de reflexão.

Neste caso específico, parece-me bastante discutível utilizar, para compreender a análise feita em 1932 da história (e não do sonho, note-se bem) do Homem dos Lobos, conceitos como a identificação projetiva ou a "lembrança-em-sentimentos", que não fazem parte do arsenal teórico empregado por Klein para dar sua versão do que significam os lobos. Esse é um inconveniente do uso por Bernardi da noção de paradigma, elaborada para dar conta de uma atividade sem grande interesse na psicanálise clínica, embora absolutamente regular no caso das ciências naturais: a aplicação de um arsenal de conceitos e métodos a um problema que lhe serve de matéria-prima. A maneira pela qual o conhecimento que o psicanalista possui da teoria psicanalítica contribui para informar sua interpretação difere em gênero e número e grau da aplicação que um físico pode fazer das leis de Newton sobre o movimento para resolver um problema em seu campo de estudos: sobre esse ponto, terei oportunidade de fazer algumas considerações mais adiante.

Uma consulta ao Capítulo 9 de *A psicanálise da criança* revela algo um pouco diferente do que afirma Bernardi. Trata-se de um ensaio sobre a neurose obsessiva e sobre os primeiros estágios da formação do superego, ensaio organizado internamente pela ideia de "fase de apogeu do sadismo" e que estuda as precondições para a formação de diversas organizações patológicas (psicose, neurose obsessiva, fobias, homossexualidade etc.). A tese de Melanie Klein é conhecida: cada uma dessas estruturas tem como núcleo a fixação em certos objetos parciais na sequência evolutiva das relações objetais, fixação esta determinada pelo jogo dos impulsos amorosos e destrutivos. A categoria operacional básica dessa análise é a interação das pulsões, que determina as fantasias e as violentas defesas mobilizadas para neutralizá-las. As fobias infantis são um caso particular dessa constelação. Mas o ponto central de divergência com Freud – como nota Bernardi à página 346 do seu artigo – reside na seguinte questão: se o medo de ser devorado é um substantivo regressivo em linguagem oral da angústia de castração ou se, "além e acima de tudo, é o resquício de um estágio muito precoce do desenvolvimento",[3] de uma angústia que persistiu inalterada e contribuiu decisivamente para moldar o desenvolvimento anormal dessa criança. Tal medo teria sua origem no "intenso desejo de introjetar o pênis do pai" e na "intensa agressividade oral-sádica" da criança; como as tendências destrutivas eram muito fortes, a libido não conseguiu neutralizá-las e o resultado foi um complexo de Édipo invertido.

Ou seja: se deixarmos de lado o que conhecemos sobre a teorização posterior de Klein e nos ativermos ao que é dito no texto em que examina a fobia do Homem dos Lobos, procedimento que me parece prudente e epistemologicamente adequado, fica muito difícil falar em "incomensurabilidade" e "intradutibilidade" entre as teorias de Freud e de Melanie Klein. A rigor, não é exato sequer falar de *teorias* diferentes. Klein opera com os mesmos elementos que Freud, com uma diferença importante que mencionarei a seguir. O diagnóstico é idêntico (fobia infantil), o animal representa o pai ou um aspecto dele, nesse animal estão figuradas e exteriorizadas as pulsões e seu interjogo, o contexto dessa fobia é o complexo de Édipo, o sentido dos lobos tornou-se inconsciente para o menino, a fobia é ao mesmo tempo expressão de angústia e construção defensiva contra sua irrupção... a lista poderia continuar. Não estou sugerindo, é óbvio, que inexista uma teoria kleiniana independente; o que afirmo é que a análise citada por Bernardi não é *suficiente* para convencer o leitor da alegada irredutibilidade entre os pontos de vista de Klein e de Freud. Digamo-lo de outro

3 Klein, M. (1970). *A psicanálise da criança* (p. 215). Mestre Jou. Trabalho original publicado em 1932.

modo: se *A psicanálise da criança* fosse a última obra de Melanie Klein, a discrepância jamais seria suficiente para falar-se em outro paradigma.

Há um ponto que, entretanto, deixa prenunciar o desenvolvimento de outro sistema; mas ele não se situa no lugar apontado por Bernardi. Para este, a diferença fundamental está em que o lobo freudiano é um lobo "sexual", e o lobo kleiniano é um lobo "ameaçador/angustiante" (p. 347: "*A sexual gesture, a threatening gesture...*"). Ora, essa é uma descrição demasiado superficial. O lobo de Freud é uma figura que polariza a angústia e o desejo do menino, exatamente como o lobo kleiniano ("intenso desejo de introjetar o pênis do pai"). Nem Freud é tão insensível à questão da angústia, nem Klein tão insensível à dimensão sexual: afinal, a oralidade faz parte da sexualidade infantil desde os *Três ensaios*, e a neutralização progressiva da destrutividade *pela libido* é o eixo do desenvolvimento "normal" segundo *A psicanálise da criança*. O ponto essencial não está aí, embora, é claro, a ponderação nesses fatores não seja idêntica em Freud e em Klein. O ponto essencial está onde Klein o localiza: na concepção da temporalidade psíquica. Para ela, a angústia do menino é uma angústia primária que persiste inalterada ao lado de versões modificadas, enquanto para Freud ela é a expressão regressiva de um desejo sexual passivo de satisfação pelo pai. O que separa os dois autores é um profundo fosso na concepção do que seja o infantil, porque ambos concebem a temporalidade psíquica de forma diversa. Klein sustenta que o infantil persiste inalterado e conforma a fobia, na medida em que a destrutividade não pôde ser contida pelas pulsões libidinais; portanto, o superego incrementa sua crueldade originária e torna-se preciso efetuar uma projeção maciça, a fim de proteger o ego da angústia persecutória. Para Freud, o sonho famoso é uma atualização de fantasias modeladas por uma matriz produtora de significações, matriz cujo foco gerador se situa numa experiência compreendida apenas *a posteriori* (a cena primitiva). Essa diferença está longe de ser negligenciável, pois condiciona a compreensão do funcionamento psíquico em sua totalidade e, mais tarde, determinará o manejo kleiniano da transferência a partir de uma compreensão *sui generis* do "aqui e agora". Meltzer, citado por Bernardi, poderá assim falar de "imediatez da vida infantil", algo que dificilmente seria formulado nos mesmos termos por um analista freudiano.

Resumindo: se as teorias de Klein e de Freud constituem paradigmas incomensuráveis, não é a comparação do tema dos lobos, nos termos em que cada autor o expõe, que pode provar tal afirmação. Seria necessário buscar, na evolução interna do pensamento de cada um, os elementos para substanciar essa asserção, e Bernardi sugere, em seu texto, vários caminhos para fazer isso, embora não os explore mais a fundo (ao menos no artigo que estamos examinando). Um deles é a ideia extremamente interessante de que o *ideal de compreensão* do material clínico não é o mesmo nas duas teorias; outro é a via que parte da noção central do kleinismo maduro – a identificação projetiva – e a compara, em termos virtuais, com o conceito central do freudismo – a repressão. Mas não nos cabe refazer o artigo de Bernardi no lugar do autor; passemos a outro tópico, o que focaliza a leitura lacaniana do tema dos lobos.

A discussão desse ponto é, a meu ver, pouco esclarecedora. Em primeiro lugar, o texto de referência não é um texto de Lacan, mas um artigo de Serge Leclaire, pois o autor julga que é possível "deixar de lado as variações intrateóricas entre ambos" (p. 346). Esse procedimento é surpreendente, já que se trata de compreender como são vistos os lobos por Lacan, e o fato de que Lacan *não* fale de lobos, e sim de um processo de ressignificação da própria história, já é em si mesmo um dado relevante. Mas talvez, na perspectiva dos paradigmas, esse fato não seja relevante, já que o paradigma fornece uma gama de aplicações e, desse ponto de vista, tanto faz que quem aplique seja o inventor dele ou um seu confrade. Contudo, permanece o problema: por que o lobo, enquanto material proporcionado pelo paciente, *não* é o objeto de interpretação? Lacan talvez respondesse que ele pertence ao registro do imaginário, e a interpretação deveria abrir um caminho para o simbólico. Se assim for, já não é possível falar de aplicação dos paradigmas a um *mesmo* material (no caso, a imagem e a significação do "lobo"). Além disso, no tratamento dado por Bernardi ao artigo de Leclaire ("Sobre o episódio psicótico vivido pelo homem dos lobos"), só permanecem os traços mais imediatos da interpretação: rapidamente, esse material escasso dá lugar a uma recapitulação sumária dos princípios da psicanálise lacaniana, e é a partir dessa enumeração abstrata que prossegue o artigo. Fica a impressão de que a distância entre Freud e Lacan é maior do que entre Freud e Klein, o que é confirmado por uma passagem da página 350: "enquanto o paradigma de Freud concerne à reintegração da história, e o paradigma kleiniano concerne à reintegração de uma experiência emocional básica, o de Lacan concerne àquilo que não pode ser reintegrado". É uma boa maneira de dizer as coisas, porém mais uma vez sem que tal afirmação (a meu ver, correta quanto ao fundamental) seja adequadamente derivada do exame *do tema dos lobos*. Em outras palavras, admitindo-se que o lobo freudiano seja um lobo sexual e o lobo kleiniano um lobo sádico-oral – o que exige ressalvas, como disse anteriormente –, ambos os lobos são produtos das fantasias e desejos do menino: já o "lobo-enquanto-significante" de Leclaire – do qual o núcleo significante é a boca aberta em forma de "V" – não remete a um conteúdo ou a uma representação, mas a uma marca inscrita no inconsciente de Sergei pelo desejo do Outro. A concepção do que é um sujeito e do papel das identificações na sua constituição abre o caminho para uma maneira de conceber e de praticar a psicanálise que talvez tenha por base pressupostos inconciliáveis com os de Freud e de Klein; é um tema complexo, que, no presente trabalho, deixarei de lado por razões de espaço.

Antes de passar ao segundo conjunto de comentários, gostaria de precisar um ponto. O artigo de Bernardi está constituído como uma demonstração indutiva, como se a comparação das interpretações do lobo colocasse problemas que, em seguida, reverberariam para um plano mais propriamente teórico (a seção intitulada "Paradigmas como maneira de pensar sobre o material"), para culminar com o estudo das metapsicologias implícitas em cada uma das três interpretações. Que essa comparação não produza o efeito anunciado – pois a partir *deste* exemplo é difícil, como procurarei mostrar, evidenciar os paradigmas – não invalida o problema central que preocupa Bernardi: existem maneiras diferentes de praticar e de pensar a psicanálise, e esse fato exige reflexão. A solução proposta por ele, por meio do recurso à noção do paradigma introduzida por Kuhn, precisa agora ser examinada, a fim de verificarmos se ela realmente dá conta do problema para o qual é convocada. Para isso, convém expor brevemente o que Thomas Kuhn entende por "paradigma".

O paradigma segundo Kuhn

A tese de Kuhn é exposta em *A estrutura das revoluções científicas* (tradução brasileira pela Perspectiva, São Paulo, 1980). Em síntese, ela contesta a ideia de que a ciência progride por acumulação de descobertas individuais; sustenta que tais descobertas só são possíveis no contexto de um conjunto de pressupostos compartilhados pela comunidade de praticantes de uma ciência, conjunto que determina quais fenômenos são relevantes, quais os métodos para abordá-los, quais os critérios para deduzir conclusões das observações realizadas etc. A esse conjunto o autor denomina "paradigma", e a história de uma ciência seria constituída pela sucessão dos paradigmas assim definidos. A grande questão é, naturalmente, como se forma, como se desenvolve e como se abandona um paradigma: a esse problema Kuhn dedica o essencial de seu ensaio. Do ponto de vista que aqui nos interessa, basta evocar a distinção proposta por ele entre "ciência normal" e "ciência em crise". Esquematicamente, a ciência normal – ou a prática normal de uma disciplina científica – consiste em atividades que expandem, refinam ou adensam um paradigma já constituído: é isso que a maior parte dos cientistas faz durante a maior parte do tempo. Quando surge uma "anomalia" – algo que não pode ser explicado pelo paradigma –, o comportamento típico dos cientistas não é, de modo algum, o abandono do paradigma até então vigente: procura-se rearticulá-lo de forma que ele dê conta do fenômeno rebelde, e muitas vezes isso é conseguido, do que se segue uma floração de novas hipóteses, experimentos etc. Quando, porém, esse fenômeno não somente permanece incompreensível, mas ainda se desdobra em outros fenômenos do mesmo tipo, que suscitam hipóteses cada vez mais incompatíveis com o paradigma aceito, instala-se a crise e surge a necessidade de um novo paradigma, que pode levar décadas para ser formulado e aceito. O livro de Kuhn oferece inúmeros exemplos de como isso ocorreu na Física, na Química, na Astronomia e em outras ciências da natureza.

Duas das teses de Kuhn interessam-nos mais de perto. A primeira afirma a *unicidade* do paradigma durante o período em que vigora. Dada a definição de paradigma proposta por ele – "considero paradigmas as realizações científicas universalmente reconhecidas que, durante algum tempo, fornecem problemas e soluções modelares para os praticantes de uma ciência"[4] –, que, apesar de sucessivos refinamentos, permanece substancialmente idêntica ao longo do livro, não convém utilizar o termo para qualquer teoria importante num campo científico, mas apenas para aquelas que,

4 Kuhn, T. S. (1980). *A estrutura das revoluções científicas* (p. 13). Perspectiva.

entre outras condições, satisfazem a de ter obtido assentimento geral por parte dos cientistas da área correspondente. Na Química, por exemplo, o paradigma ligado aos nomes de Lavoisier e de Dalton deslocou para o esquecimento o paradigma anterior (a doutrina do "flogisto"); o mesmo ocorreu com a teoria galileana do movimento diante da concepção aristotélica. Escreve Kuhn:

> *A transição de um paradigma em crise para um outro . . . é antes uma reconstrução da área de estudos a partir de novos princípios, reconstrução que altera algumas das generalizações teóricas mais fundamentais do paradigma, bem como muitos dos seus métodos e aplicações. Durante o período de transição, haverá muitos problemas que podem ser resolvidos pelo antigo paradigma e pelo novo. Haverá igualmente uma diferença decisiva no tocante aos modos de resolver os problemas. Completada a transição, os cientistas terão modificado sua concepção de sua área de estudos, de seus métodos e objetivos.*[5]

Bernardi apoia-se nessa conceituação para caracterizar as diferentes escolas psicanalíticas: no trecho de sua conclusão que citei anteriormente, a ênfase é colocada na incompatibilidade das perspectivas de Freud, Klein e Lacan, ainda que essa incompatibilidade possa ser "parcial". Para recordar:

> *cada uma delas reformula todo o campo psicanalítico . . . no tocante à unidade e à diversidade do nosso campo, procuramos demonstrar que estes diferentes paradigmas são irredutíveis uns aos outros, porque não há acordo*

5 Kuhn, T. S. (1980). *A estrutura das revoluções científicas* (p. 116). Perspectiva.

entre eles nem quanto às premissas nem quanto à experiência...

É evidente que o interesse da noção de paradigma reside precisamente na possibilidade de explicar a relação de uniformidade e de dessemelhança *simultâneas* entre as teorias examinadas, bem como a impressão justificada de que, apesar de suas diferenças, Lacan e Klein não são tão distantes quanto Lacan e Rogers.

Mas será mesmo adequado falar em paradigmas, *no sentido de Kuhn*, para descrever a situação atual da psicanálise? O problema está longe de ser simplesmente semântico, e falar de "ciência com múltiplos paradigmas" não me parece satisfatório. Não é um problema puramente semântico porque o que está em jogo é a categoria central da análise: como o paradigma é o gerador da "ciência normal", que é o conjunto de suas aplicações e problematizações, é a própria concepção do que significa conhecer que depende dessa definição. Kuhn chega a sustentar que cientistas cujos paradigmas são incompatíveis "vivem" em mundos diferentes, o que é bastante enfático. Ora, na psicanálise, nenhuma das tendências examinadas por Bernardi chegou a suplantar suas rivais de modo tão completo quanto Copérnico suplantou Ptolomeu; não houve crises no sentido definido por Kuhn, e Bernardi chega a sugerir que seria útil que elas ocorressem (prova de que ainda não ocorreram). Quanto à afirmação de que uma teoria poderia ser um caso particular de outra mais geral, Kuhn a demole numa seção particularmente brilhante e conveniente do seu livro, examinando a ideia difundida segundo a qual a dinâmica de Newton seria um caso particular da dinâmica de Einstein (p. 134-5 da edição brasileira).

Mas as dificuldades não terminam aí. No trecho que citei, Bernardi propõe que a unidade da psicanálise não fica comprometida pela pluralidade de paradigmas, já que existe um campo compartilhado de *problemas*, e as divergências residem apenas nas respostas para esses problemas. É uma ideia que seduz pela elegância, e eu mesmo tive oportunidade de dizer algo semelhante em ocasiões anteriores.[6] Mas, refletindo melhor, vemos que ela é contraditória quanto à noção de paradigma como a define Thomas Kuhn. Com efeito – e esta é a segunda tese que nos interessa –, o paradigma determina não só o "modo de ver" o mundo, mas ainda quais são os problemas pertinentes, sendo esta mesma sua função principal. Ora, das duas uma: ou os problemas pertinentes são *comuns* – e, nesse caso, há apenas *um* paradigma que os define como tais –, ou existem *vários* paradigmas, incompatíveis entre si, sendo, portanto, igualmente incompatíveis, incomensuráveis e intraduzíveis os *problemas definidos por cada um deles*. O exemplo das leis de Newton retraduzidas no paradigma da teoria da relatividade demonstra cabalmente que já não se trata das mesmas entidades, embora os nomes dessas entidades possam ser os mesmos (por exemplo força, massa etc.). O texto de Bernardi oscila entre dois polos extremos, e, embora no decorrer dele a ênfase seja colocada nas divergências e na incomensurabilidade, a conclusão aponta para a direção oposta. No próprio andamento da argumentação, existem indícios dessa tensão – a começar pelo fato de que Lacan e Klein sejam convocados para reinterpretar o sonho dos lobos, o que sugere que esse sonho é um problema para os três "paradigmas", atraídos um pelo outro de maneira muito mais intensa do que se os protagonistas do diálogo fossem Reich, Koffka e Skinner. Examinando a possível interpretação do lobo por Melanie Klein, Bernardi chega a imaginar o que seria a "cena primitiva" reconstruída por ela – coisa impossível de ser sequer enunciada, se não existisse uma comunidade não trivial de problemáticas entre sua abordagem e a de Freud.

---

6 Mezan, R. (2002). Para além dos monólogos cruzados: Klein, Lacan. In *A vingança da esfinge* (3a ed.). Casa do Psicólogo.

Contudo, essa tensão sugere que a própria noção de paradigma talvez seja pouco apropriada para pensar a diversidade/unidade do campo psicanalítico. Repito que não se trata de uma implicância lexical: um conceito tem um campo de abrangência específico, e o conceito de paradigma, ao incluir certos aspectos e predicados, exclui necessariamente outros. No posfácio que redigiu para a tradução japonesa de seu livro, Kuhn reconsidera esse conceito central e refina-o em termos que tornam ainda mais clara a sua concepção. Diz ele que, ao longo da obra, empregou o termo "paradigma" em dois sentidos diferentes: para designar *toda* a constelação de crenças, valores, técnicas etc., partilhada pelos membros de uma dada comunidade científica em período determinado, e para designar *somente um tipo* de elemento dessa constelação, a saber, as soluções concretas de quebra-cabeças empregadas como modelos ou exemplos para a resolução de problemas pela ciência normal (p. 218). Indubitavelmente, é essa segunda acepção que contém o essencial do seu pensamento. Sugere mesmo que existam escolas (o termo é dele) que abordam o mesmo objeto científico a partir de pontos de vista incompatíveis – é caso raro nas ciências naturais, mas não será frequente nas disciplinas humanas e sociais? Ocorre que Bernardi rejeita explicitamente, no início do seu artigo, essa possibilidade, e por isso mesmo é levado a falar em diversos paradigmas psicanalíticos.

Tudo parece indicar que a situação atual da psicanálise é mais complexa do que se depreende do artigo de Bernardi, e que, para esboçar essa complexidade, o emprego do conceito de paradigma não é tão elucidativo quanto pareceria à primeira vista. Por um lado, as divergências teóricas e clínicas são grandes; por outro, a afirmação de que a psicanálise é uma só se enraíza visivelmente em algo mais do que diplomacia e boa vontade. Penso que a argumentação de Bernardi – enfatizando as diferentes maneiras de escutar e de pensar psicanaliticamente – focaliza as coisas de modo bastante sugestivo, embora não concorde com as conclusões que ele extrai dessa argumentação. Para concluir este trabalho, gostaria de indicar brevemente em que direção me parece oportuno prosseguir a pesquisa.

Paradigma ou matriz disciplinar?

Podemos partir de uma ideia básica: não convém colocar a teoria de Freud no mesmo plano que as de Klein e Lacan, pela boa e simples razão de que a primeira é um elemento constitutivo das outras, e isso sem prejulgar que seja mais correta ou mais adequada aos "fatos". Não é apenas constitutiva das teorias de Klein e de Lacan, mas de toda e qualquer teoria psicanalítica imaginável. Cada psicanalista, ao tentar pensar os processos psíquicos que intervêm numa análise, defronta-se com a representação dada a esses processos pela doutrina fundadora do campo; isso ocorre tanto para os que pretendem fundar e legitimar um modo original de praticar/refletir a psicanálise como para aqueles que simplesmente utilizam, num ou noutro registro, os conceitos e esquemas já estabelecidos em algum sistema. Maurice Dayan caracteriza bem essa situação em seu livro *L'arbre des styles*, no qual encontramos diversas ideias estimulantes para fazer avançar nossa discussão. Uma delas é a de que os pensadores que desejaram inovar na psicanálise se encontraram em situação diferente daquela vivida pelos filósofos e cientistas ao tentarem construir um sistema próprio ou desenvolver um pensamento original. Isso porque a psicanálise tem como parâmetros básicos algumas afirmações que não podem ser nem ignoradas nem refutadas pelo autor pós-freudiano, sob pena de se excluír do campo balizado pelo inconsciente. Na filosofia, cada sistema ou doutrina tem por objetivo construir um discurso verdadeiro sobre os objetos de que se ocupa, mas a pretensão de cada sistema/doutrina a ter atingido esse ideal é, em princípio, igual a todos os demais e independente deles.[7] Quando um filósofo cita outro ou debate com ele, essa referência é de natureza completamente diversa do que ocorre quando um psicanalista remete a Freud. Da mesma forma, um grupo de cientistas pode vir a propor uma mudança de paradigma em seu campo e, para fazê-lo, defrontar-se-á com exigências que não são as mesmas, por exemplo, que organizam a discussão entre Klein e Freud acerca da angústia do Homem dos Lobos. Além disso, o estabelecimento de uma nova escola na filosofia ou nas ciências não constitui, em si mesmo, um problema no mesmo sentido em que o estabelecimento de um novo sistema psicanalítico porque o pensamento psicanalítico se encontra balizado por essas duas dimensões ineludíveis que são, por um lado, a obra de Freud e, por outro, a prática psicanalítica. Essas coordenadas instauram os limites do campo psicanalítico, e toda teorização que não os respeitar cairá automaticamente fora da psicanálise. Dayan formula essa ideia de modo bastante claro:

> *No campo da psicanálise, a dissidência toma a forma de uma alteração de princípio, fundamental e metodológica, e conduz para fora da psicanálise; por seu lado, a lealdade sem restrições não é em absoluto compatível com o trabalho teórico. Os fatos de estilo produzem-se entre dois escolhos que eles próprios designam; quando a retomada problemática do discurso fundador . . . cobre um intervalo que se poderia dizer positivo e sem ruptura, determina de novo o objeto da análise, mas reencontrando, dispostos de outra maneira, os predicados principais da "coisa freudiana".*[8]

---

7 Dayan, M. (1984). *L'arbre des styles* (p. 52). Aubier-Montaigne.

8 Dayan, M. (1980). Style et allégation du discours fondateur. In *L'arbre des styles* (p. 53). Aubier-Montaigne.

A noção de "estilo" proposta por Dayan (e que nada tem a ver com a maneira de escrever) não precisa nos deter neste momento. Basta dizer que ela visa conceitualizar exatamente as diferentes maneiras de escutar e de pensar psicanaliticamente. Nesse sentido, são "estilos" os de Klein e de Lacan, mas também os de Kohut, Winnicott ou Piera Aulagnier. O que me parece interessante no parágrafo citado, além da ideia central de limites internos do campo analítico, é a sugestão de que o discurso fundador (Freud) é "retomado problematicamente" e que, nessa retomada, seus predicados fundamentais são reencontrados de modo diverso, o que determina de maneira nova o objeto da psicanálise.

Pois a dificuldade central da tese de Bernardi, a meu ver, é que ela deixa uma latitude excessiva para o que se pode chamar de "paradigmas psicanalíticos", ao sugerir que esses paradigmas – por serem intraduzíveis uns pelos outros – são equivalentes entre si tanto do ponto de vista epistemológico como clínico. Escreve ele: "permanece o problema da verdade. . . . Só podemos falar de verdade ou falsidade no referencial de uma teoria cujos pressupostos são aceitos". Essa concepção da verdade como se referindo à coerência interna de uma teoria mais do que à correspondência entre ela e o segmento do real do qual é teoria (em cujo mérito não é possível entrar no contexto deste trabalho) aparenta os diferentes sistemas psicanalíticos aos diferentes sistemas filosóficos, cada qual possuindo um arcabouço conceitual próprio e comprometido apenas com os objetos que visa pensar. Mas a psicanálise não é isso, e a teoria psicanalítica é coercitivamente determinada por uma prática que não é apenas reflexiva e literária. Em outros termos, o referente da teoria psicanalítica não são os objetos ideais constituídos no e pelo discurso argumentativo (como é o caso da filosofia), mas um conjunto de processos psíquicos mobilizados pela situação analítica e que determinam reciprocamente as coordenadas desta última. Não existe teoria analítica sem o pano de fundo da análise, e não existe análise sem que, do discurso do paciente, possam ser extraídos os indícios do inconsciente, da transferência etc. Ora, esses fenômenos são os mesmos que conduziram Freud a dar sua versão a respeito deles. Por essa razão, qualquer pensamento sobre as coordenadas essenciais da psicanálise necessita haver-se com a versão delas fornecida pela teoria freudiana, de sorte que esta última torna-se, *ipso facto*, momento constitutivo das suas sucessoras ou rivais.

Isso posto, continua de pé o fato de que a prática e a teoria que dela visa dar conta se apresentam, no campo psicanalítico, sob o signo da dispersão. Se a hipótese dos paradigmas parece insuficiente para explicar essa dispersão, que outros conceitos poderiam ser úteis para localizar o cerne do problema? Em primeiro lugar, convém lembrar que nem a obra de Freud nem a prática psicanalítica são entidades monolíticas; ambas são habitadas pelo que Dayan denomina "distâncias internas" (p. 54). No caso de Freud, essas distâncias são conhecidas: quer num corte sincrônico/transversal, quer num corte diacrônico/longitudinal, seus conceitos e hipóteses não se articulam sem resto nem de modo linear. Esse fato permite ao analista que busca construir novos conceitos ou hipóteses teóricas dispor de uma ampla margem de escolha em relação à *qual* Freud lhe servirá de interlocutor. Penso não estar enunciando nenhuma novidade ao afirmar que o Freud de Lacan não é o mesmo que o de Hartmann ou o de Piera Aulagnier; isto é, cada um desses autores seleciona do *corpus* fundador aquelas ideias e modelos que melhor lhe sirvam como ferramentas para pensar.

Essa heterogeneidade é potencializada pelo resultado de duas outras escolhas: *como* será retomado o discurso freudiano e *para quais problemas clínicos* ele será preferencialmente solicitado.

Sob o primeiro aspecto, não é indiferente que o autor pós-freudiano se dê como tarefa uma reinterpretação mais ou menos consistente do texto de Freud, ou que se limite a tomar desse texto esquemas de abordagem do material; que deseje acompanhar o movimento interno do pensamento freudiano ou decida trabalhar com os resultados desse movimento – os conceitos nos quais ele se deposita. Uma ilustração interessante dessas duas possibilidades é dada pela comparação da maneira pela qual André Green e Heinz Kohut pensam o problema das estruturas fronteiriças ou narcísicas: Green articula seu conceito de *état-limite* levando em conta uma série de exigências de metapsicologia clássica das quais Kohut se desfaz sem nenhuma cerimônia, argumentando que essa metapsicologia, por estar voltada para as pulsões, não serve para pensar o território do *self*.[9]

Sob o segundo aspecto, os objetos clínicos aos quais se aplica o esforço de reflexão, no caso dos autores que criaram sistemas próprios, costumam ser diferentes daquele que atraiu preferencialmente a atenção de Freud – o campo das neuroses e da problemática edipiana. É significativo, nesse sentido, que, enquanto Melanie Klein se ocupou essencialmente da neurose obsessiva e das fobias infantis (*grosso modo*, até 1932), sua contribuição, embora original, pudesse aparecer como fundamentalmente derivada da de Freud. Não existe, até 1932, uma *problemática* propriamente kleiniana: os pontos de divergências em relação a Freud giram em torno das questões para as quais este já havia proposto uma primeira elaboração – o complexo de Édipo, o papel da agressividade e da libido, os objetos parciais e totais, o peso maior ou menor a ser concedido a diferentes mecanismos de defesa. Em cada uma dessas questões, Klein dispunha de uma *resposta* própria, mas isso

9 Cf. Green, A. (1988). O conceito do fronteiriço. In *Sobre a loucura pessoal*. Imago. Cf. também Kohut, H. (1977). Prefácio. In *The restoration of the self*. International Universities Press. Uma discussão mais detalhada desses trabalhos pode ser encontrada no artigo "Que significa 'pesquisa' em psicanálise?", neste volume.

não configurava – do ponto de vista que aqui me interessa – *perguntas* independentes ou conflitantes com as de Freud. É somente quando se interessar mais de perto pela depressão e pelas psicoses que virá a elaborar conceitos verdadeiramente heterogêneos aos da teoria clássica – não só o de identificação projetiva, mas, como nota Bernardi, também os pontos de vista "posicional" e "espacial" da sua metapsicologia, sem equivalentes em nenhuma das três ou quatro metapsicologias elaboradas por Freud. O mesmo vale para Lacan com a paranoia,[10] para Kohut com as patologias narcísicas, e assim por diante. Essas modalidades clínicas, julgadas inabordáveis apenas com o legado de Freud, confrontaram os analistas com questões práticas e teóricas que, a meu ver, serviram de poderoso estímulo para a formação dos sistemas atualmente disponíveis. Questões práticas, como o modo de lidar com as resistências, a forma e o conteúdo das interpretações, o manejo da transferência e da contratransferência; questões teóricas como a natureza dos componentes do psiquismo, a relação a ser estabelecida entre eles e entre os resultados de suas operações, o lugar e o papel do infantil, do desejo, da angústia etc.

O que impede, então, de considerar esses sistemas como paradigmas no sentido de Kuhn? A meu ver, três ordens de argumentos:

1. O fato de que eles coexistem no âmbito da psicanálise mundial, ainda que, segundo as áreas culturais e de influência institucional, alguns deles se apresentem como predominantes e outros, como secundários.

---

10 A idéia de que as escolas de Psicanálise tomam por base uma matriz clínica, escolhida entre os modelos metapsicológicos oferecidos por Freud e submetida a uma intensa elaboração conceitual, é central na argumentação de *O Tronco e os Ramos*. Sem usar o termo "matriz clínica", Paul Bercherie apresenta em *Génèse des concepts freudiens* (1986) uma leitura muito fecunda dos modelos metapsicológicos freudianos, na qual me baseei em meu livro, procurando desenvolvê-la até onde me foi possível.

2. O fato de apenas o trabalho de Freud preencher as condições definidas por Kuhn para um paradigma (e, mesmo assim, com ressalvas); até hoje, não se verificou na psicanálise nenhuma "revolução científica", no sentido de Kuhn, que obrigasse a uma mudança radical de paradigma. As escolas, tendências, doutrinas, ou como se quiser chamá-las, são, sem dúvida, heterogêneas entre si, mas todas guardam com a obra de Freud e com seu modo de praticar a psicanálise uma relação de interlocução e de referência sem paralelo nas demais disciplinas. Elementos centrais do paradigma freudiano continuam a ser elementos centrais de todos e de cada um dos sistemas – a interpretação, o infantil, o inconsciente, a transferência, a resistência –, embora tenham surgido elementos próprios a cada sistema (muito claramente exposto no artigo de Bernardi), e certos elementos do sistema inicial tenham visto seu papel ser significativamente alterado (o caso mais óbvio é a questão da sexualidade).
3. O fato de que não é a mesma coisa ser Klein, Lacan ou Bion, e ser lacaniano, kleiniano ou bioniano. Se estes últimos, por um lado, se aproximam do que Kuhn designa como "cientistas normais" – empenhados em investigações determinadas pelo paradigma dominante –, por outro lado, guardam, como qualquer psicanalista, uma margem de circulação pelos diferentes sistemas e doutrinas que não encontra, novamente, paralelo em outras disciplinas. Respaldado pela prática da análise – que, em princípio, o habilita a verificar *ab ovo* todos os fenômenos que podem estar sob a alçada dela, e que conduziram seus predecessores a estabelecer as diferentes escolas atualmente existentes –, todo analista busca, nessa prática e na leitura de escritos psicanalíticos, um tipo de inspiração que não é

> comparável a nenhum outro e, se o for, será – como sugere Dayan – até certo ponto semelhante ao que ocorre na música ou nas artes plásticas. O "rumor de fundo" do discurso analítico, daquilo que aprendemos e que ensinamos, é constituído por fragmentos oriundos dos diferentes sistemas, muito embora um deles possa nos parecer mais adequado ao tipo de prática interpretativa que nos singulariza enquanto analistas. É evidente que essa prática está codeterminada – mas apenas *co*-determinada – pela análise pessoal, pelos cursos e supervisões que marcaram cada um e que o introduziram, de modo mais privilegiado ou menos, em determinada escola. Contudo, a não ser entre os dogmáticos mais empedernidos (mas serão os dogmáticos empedernidos ainda psicanalistas?), a pluralidade do campo não tende a ser vista como sinal de decadência, mas sim de vitalidade.

Em resumo: com exceção da obra de Lacan, que talvez constitua o único sistema pós-freudiano a justificar que se fale num novo paradigma (mas aprofundar essa hipótese não é possível neste momento), as diversas "maneiras globais" de pensar ou de exercer a psicanálise não me parecem ser adequadamente designadas como paradigmas, no sentido estabelecido pelo inventor do conceito. Se é realmente necessário empregar um termo de Thomas Kuhn, seria preferível utilizar o da *matriz disciplinar*, proposto no posfácio de 1969, "matriz" aqui entendida como foco gerador de hipóteses complementares e de problemas a serem investigados. Mas talvez convenha deixar completamente de lado a terminologia sugerida por Kuhn para a história das ciências naturais, cedendo à evidência de que a psicanálise não é uma ciência como as que comportam o uso dessa noção, e procurar discernir do modo mais exato possível como se organiza, *em psicanálise*, a dispersão das perspectivas teórico-clínicas. Em outros termos, talvez convenha elaborar uma epistemologia regional da psicanálise que faça justiça ao tipo de pluralidade que se observa em nosso campo, a qual não é equivalente nem à que se verifica na esfera das ciências naturais, nem à que caracteriza a história da filosofia.

4. Que significa "pesquisa" em psicanálise?

A expressão "pesquisa em psicanálise" suscita de imediato certa perplexidade. Trata-se de uma disciplina que, em seus quase cem anos de existência, acumulou uma quantidade considerável de conhecimentos sobre seu objeto, o inconsciente: obviamente, esses conhecimentos foram obtidos por algum tipo de pesquisa. Por outro lado, a ideia de um "pesquisador em psicanálise" que se munisse de um elenco de problemas e procurasse resolvê-los por meio do que é geralmente admitido como pesquisa científica – observações, controles, previsões etc. – soa algo ridícula e, com boas razões, provocaria hilaridade nos que possuem alguma noção do que é a psicanálise. Estamos, assim, diante de um paradoxo: como dar conta do fato de que se produzem conhecimentos novos em psicanálise, se, nessa esfera do saber, os procedimentos a que recorre a ciência empírica não têm cabimento? Ou, em outras palavras, como se realiza em psicanálise o progresso do conhecimento?

Outro fator singulariza ainda mais a nossa disciplina: sua relação peculiar com a Universidade. É sabido que, para desenvolver-se, a psicanálise não tem a mínima necessidade da universidade, que, aliás, até bem recentemente, fez todo o possível para excluí-la dos seus currículos. Isso conduziu à constituição de organismos destinados à formação de psicanalistas, os quais, de um modo ou de outro, vêm cumprindo satisfatoriamente sua função – caso contrário, cinquenta anos após a morte de Freud, já não existiriam analistas para ensinar psicanálise nem, de resto, psicanálise alguma para ser ensinada. Já a universidade tem algo a ganhar com a inclusão da psicanálise em seus programas, tanto que essa inclusão acabou por se fazer, ainda que de modo variado segundo as circunstâncias, num ritmo cada vez mais intenso. Usualmente lecionada nos cursos de Psicologia e Psiquiatria, ela tem sido convocada por vários setores das ciências humanas, quer como objeto de estudo, quer como disciplina auxiliar nos respectivos campos. Tal situação conduziu à existência de professores de psicanálise, de aulas de psicanálise, de teses em psicanálise e, recentemente – na Universidade Federal do Rio de Janeiro –, à criação do primeiro curso brasileiro de pós-graduação em psicanálise, a exemplos dos que já há alguns anos existem nas Universidades de Paris VII e Vincennes. Novamente, o fato se impõe e suscita interrogações: que significa ensinar psicanálise numa universidade? Quais são as condições e os limites desse ensino? E o que resulta dele, para a universidade como para a psicanálise, já que o objetivo precípuo dos cursos de pós-graduação é precisamente fomentar a pesquisa?

Vemos, assim, se delinearem duas direções para a elucidação do que seja "pesquisa em psicanálise": a vertente que passa por sua inclusão nos programas universitários e a vertente que passa pelo "modo de produção" dos conhecimentos psicanalíticos, vertentes que, embora não superponíveis, podem se revelar paralelas ou entrecruzadas. Convém começar pela primeira delas, a fim até mesmo de podermos perceber mais claramente as particularidades da segunda.

Duas facetas da elaboração teórica

Em 1919, na esteira da revolução húngara e da reorganização dos programas educacionais dela decorrentes, Ferenczi solicitou a Freud que escrevesse um pequeno trabalho sobre o ensino da psicanálise na universidade. O original desse texto se perdeu; sua versão húngara foi publicada numa revista de Budapeste e, dessa versão, foram feitas as traduções que figuram na *Standard edition*, na edição *Standard brasileira* e nas *Obras completas* em castelhano. São algumas páginas em que Freud, com sua franqueza habitual, evoca a utilidade que teria para os estudantes o conhecimento da psicanálise e delineia algumas modalidades para a transmissão desse conhecimento. Em síntese, sugere que fossem implantados dois tipos de curso: um de introdução à psicanálise, destinado aos estudantes de ciências humanas, no qual se expusessem as linhas gerais da disciplina; e outro, mais específico, dirigido aos estudantes de Psiquiatria (ainda não existia a cadeira autônoma de Psicologia), cuja finalidade seria familiarizá-los com a dinâmica da vida psíquica e com os aspectos clinicoterapêuticos da psicanálise; os demais estudantes de Medicina receberiam esse curso como algo equivalente ao que hoje denominamos "psicologia médica". Mas Freud não tinha ilusões quanto ao caráter rudimentar desses cursos, que de modo algum seriam equivalentes a uma formação adequada em psicanálise:

> *Naturalmente, seu ensino só poderá ter um caráter dogmático-crítico, por meio de aulas teóricas, pois nunca, ou só em casos muito especiais, oferecerá oportunidade de realizar experimentos ou demonstrações práticas. Para os fins da investigação que o docente de psicanálise deverá levar a cabo, bastará que disponha de um consultório externo, que forneça o material*

> *necessário sob a forma dos pacientes denominados "nervosos".*[1]

A universidade é aqui pensada como um canal de *divulgação* da psicanálise, porém não como ambiente adequado para a "investigação": esta só pode se dar no âmbito de uma prática clínica cujo lugar é o consultório. O termo "dogmático-crítico", em sua aparente contradição, resume essa postura: *dogmático* não significa aqui *intolerante*, mas *expositivo*, supondo que existe um saber sobre o inconsciente e que esse saber pode ser comunicado de modo coerente; *crítico* designa o inacabamento, a provisoriedade desse saber, sua abertura para novas hipóteses e novas concepções. Dispomos de excelentes ilustrações do que seria tal curso: são as "Conferências de introdução à psicanálise" de 1916-1917, bem como outros textos de Freud cujo objetivo primário é a exposição do conteúdo de sua disciplina: as "Cinco lições", a "Questão da análise por não médicos", as "Novas conferências de introdução", e outros do gênero.

Se essa era a perspectiva em 1919, é interessante compará-la com os pontos de vista contemporâneos, por exemplo, com os expressos por Jean Laplanche nas introduções metodológicas que abrem seus cursos na Universidade de Paris VII. No Departamento de Ciências Humanas Clínicas, criado após 1968, Laplanche conduz há vinte anos um curso expositivo sobre psicanálise, que deu origem aos diversos volumes das *Problématiques* (atualmente sendo traduzidos para o português). Nessas introduções, é frequente a pergunta: o que significa "falar de psicanálise na universidade?". A resposta de Laplanche é sutil: certamente, falar de psicanálise

---

1 Sobre la Enseñanza del Psicoanálisis en la Universidad, *Biblioteca Nueva* (BN), III, 2455; *Standard Brasileira, XVII*, 219. O original foi publicado na revista húngara *Gyógyászat, 59*(13), 1919.

na universidade não é propor um atalho nem um *ersatz* à formação do analista, mas isso não significa que se trate de algo menor, menos digno ou mesmo indigno da atenção de um psicanalista. A oposição entre um saber já sedimentado, a ser divulgado nos cursos universitários, e uma verdade pessoal e intransferível, a ser descoberta por cada um em sua própria análise, revela-se, sob escrutínio, uma falsa alternativa: nem o saber psicanalítico é tão sedimentado assim, nem a verdade pessoal se acantona na esfera do inefável, do *insight* obtido no divã ou no elevador do psicanalista. Em primeiro lugar, diz Laplanche, existe uma imensa literatura psicanalítica, que o estudante terá de confrontar e para cuja abordagem um curso expositivo está longe de ser inútil. Conhecer o que existe, em psicanálise, como em qualquer outra disciplina, é o primeiro momento de qualquer pesquisa séria. Em segundo lugar, a multiplicidade de tendências na psicanálise contemporânea introduz um fator de perplexidade para o estudante: ele lerá isto ou aquilo conforme o acaso dos encontros, o que acabará por fazer com que em seu espírito se acumulem noções pertencentes a diversas épocas e a diversas escolas. Mesmo a obra de Freud, pilar de todo estudo neste campo, é vasta e complexa: se a história da psicanálise não é a psicanálise, por outro lado é imperativo formar-se uma ideia de como os problemas foram surgindo, quais as soluções propostas e como essas soluções engendraram novos problemas.

Diante dessa situação, o método de Laplanche consiste numa leitura histórica, problematizante e interpretativa dos textos psicanalíticos. Pretende mostrar, assim, que é possível ler os escritos analíticos de um modo analítico, não interpretando as fantasias de seus autores, mas utilizando como instrumento o método psicanalítico e suas categorias heurísticas: a atenção ao detalhe dissonante, a reconstrução do contexto, a temporalidade própria instaurada pela psicanálise, com seus conceitos-chave de repetição, de retorno do reprimido, de *a posteriori*.[2] O objeto de pesquisa, nota-se bem, é aqui constituído por *textos*, e não por aquilo que se costuma designar como "material clínico". Mas se trata de textos bastante particulares, na medida em que buscam descrever, conceituar e explicar um universo de fenômenos que, em última instância, remetem à – quando não são diretamente originados pela – situação analítica. Laplanche postula, assim, um paralelismo entre a "coisa" e o discurso que fala dela, paralelismo que se apoia sobre uma característica comum a ambos, objeto e discurso, e que consiste em serem ambos *processos*. As articulações complexas da "coisa" – o inconsciente, digamos – são transpostas no e pelo discurso; este reflete e refrata aquela, como um prisma. É evidente que esse sistema de correspondências é complexo; o termo "paralelismo" não deve ser tomado ao pé da letra. O discurso evolui em seu meio próprio – a linguagem e o raciocínio – e capta diferentes aspectos da coisa estudada; mas esta tem sua dinâmica própria, seus pontos de inflexão ou de impasse, e tudo isso é produzido de um modo ou de outro no nível discursivo. É esse encadeamento constritivo do pensamento pelo seu objeto que, na ótica de Laplanche, torna possível e legítimo o emprego do método analítico para estudar os escritos analíticos. Num texto programático, intitulado "Interpretar (com) Freud", os princípios metodológicos de Laplanche são expostos com notável precisão:

> *O empreendimento do qual esboçamos aqui certas condições de possibilidade é diferente [da interpretação psicográfica, R.M.]: transpor,* mutatis mutandis, *o método freudiano de análise do indivíduo e de seu desejo para as exigências de um pensamento, ou seja, àquilo que, no pleno da discursividade, mais se aparenta a este*

2 Laplanche, J.(1980). *Problématiques I* (pp. 10-16). PUF.

> *desejo. . . . Realizado no consultório do psicanalista, o desmantelamento do pensamento e da expressão, a colocação no mesmo plano do "insignificante" e da declaração de princípio ininterruptamente reafirmada, da parte e do todo, etc., constitui uma regra metodológica salutar, pelo fato de tomar pelo avesso as elaborações secundárias e as camuflagens do entendimento, permitindo que se separem outras redes de significação. . . . Percorrer a obra em todos os sentidos, sem nada omitir e sem nada privilegiar* a priori, *talvez seja para nós o equivalente da regra fundamental do tratamento.*[3]

O que Laplanche faz aqui é enunciar todo um programa, que justifica a ideia de uma pesquisa como retomada, nos níveis histórico e crítico, da evolução do pensamento freudiano. Esse procedimento se aproxima do que Hegel denominava *Problemgeschichte*, a história dos problemas, que marca a história da filosofia como disciplina universitária. A noção central de ambos os procedimentos é a de *exigência*, exigência do pensamento: não apenas busca do rigor na formação das hipóteses, respeitando o pensamento do autor estudado, mas sobretudo captação das direções em que esse pensamento é impelido por suas afirmações de base, por seus postulados e, em última análise, pela *teoria da verdade* que o anima e que, explícita ou implicitamente, ele visa demonstrar. No caso

3 Laplanche, J. (1969). Interpretar (com) Freud. *L'Arc, 3* (Freud), trad. bras. Editora Documentos, p. 64. Ver também: Dérivation des entités psychanalytiques. In *Vie et mort en psychanalyse* (pp. 197-214). Flammarion, 1970, em que esta correlação entre a ordem dos processos psíquicos e a ordem dos conceitos que os tematizam é estudada com mais detalhes. Um estudo mais aprofundado das idéias de Laplanche figura em "Três concepções do originário: Stein, Le Guen, Laplanche", in R. Mezan, *Figuras da Teoria Psicanalítica*, São Paulo, Casa do Psicólogo, 2010.

da psicanálise, essa teoria afirma que todo fenômeno psíquico – inclusive ela mesma – é codeterminado por um domínio heterogêneo e não paralelo à consciência, o inconsciente. Daí provém a regra metodológica enunciada no texto que citei, segundo a qual, posto que a superfície legível dos enunciados teóricos contém inevitavelmente uma parcela de "elaborações secundárias e camuflagens do ego", pensá-los psicanaliticamente implica tomá-los pelo avesso e procurar destacar deles "outras redes de significações". A isso Laplanche denomina "desmantelamento" ou "aplainamento" (*mise à plat*) dos enunciados textuais.

Temos, dessa forma, uma concepção do que é a pesquisa em psicanálise, bastante complexa e fecunda, que a aparenta a outras disciplinas universitárias, em especial à história da filosofia e das ciências. Essa concepção pressupõe que a universidade não se limite ao papel que Freud lhe designava em 1919, o de um veículo de divulgação dos conhecimentos obtidos fora dela, mas que seja também um lugar de descoberta e de invenção. Pressupõe igualmente que a psicanálise possa nela ser tema de reflexão segundo as regras de todo pensamento, isto é, que possa ser objeto de enunciados coerentes e passíveis de debate, consignados em aulas, artigos, livros, e não apenas domínio privado do psicanalista, que se escudaria atrás da sua prática – necessariamente submetida ao sigilo profissional – para se dispensar de expor os resultados e questões a que essa prática o conduz. Pressupõe, ainda, que a história da psicanálise não seja um eterno recomeço, que nela exista um certo tipo de *cumulatividade*, de progresso e de avanço na elucidação do seu objeto. Esse é um ponto delicado e que se presta a um sem-número de confusões; vale a pena examiná-lo com atenção.

O que distingue a psicanálise da filosofia é que a primeira não é somente uma teoria, mas uma atividade que faz falar o seu objeto, nas condições precisas e codificadas da situação analítica.[4] Castoriadis estudou bem essa característica essencial da psicanálise, que torna possível a mudança de registro imediatamente sensível para quem lê *A interpretação dos sonhos* depois de meditar sobre o *De Anima* de Aristóteles, ou sobre o *Tratado das paixões* de Descartes. Por ser atividade a dois e não apenas reflexão individual, a psicanálise quer mais do que elucidar o objeto de que se ocupa: quer também transformá-lo ou, pelo menos, propiciar as condições para que ele possa se autotransformar com o auxílio do outro, do psicanalista. Essa circunstância coloca o psicanalista numa posição ambígua e bastante difícil: por um lado, suas intervenções durante a sessão dirigem-se ao paciente e têm por finalidade última favorecer essa transformação; por outro, tais intervenções pressupõem uma série de operações psíquicas, operações que decompõem o discurso ouvido e tentam avaliar diversos aspectos que podemos resumir sob a rubrica das suas "condições de possibilidade". Ora, tais condições de possibilidade são definidas pela teoria e unicamente pela teoria: considerar que o dito pelo paciente resulta de um compromisso entre forças opostas, que ele contém mais do que seu conteúdo manifesto, que está conformado segundo uma combinação a cada vez única dos processos primário e secundário, que seu destinatário não é apenas o analista presente, mas outro significativo do passado – ou seja, praticar a escuta psicanalítica –, pressupõe um modo de conceber o homem, a alma e a linguagem, o que não é dado intuitivamente a ninguém. O que acabo de descrever é possibilitado por certas hipóteses sobre o funcionamento psíquico – a metapsicologia – e sobre a natureza do processo terapêutico – as noções da transferência e de resistência –, que são

4 Castoriadis, C. (1975). Epilégomènes à une théorie de l'âme qu'on a pu présenter comme science. In *Les carrefours du labyrinthe* (p. 36). Seuil (trad. bras. *As Encruzilhadas do Labirinto*, Rio de Janeiro, Paz e Terra, 1987. Há também versões disponíveis online).

parte integrante da teoria psicanalítica. Ela fornece assim "classes infinitas de possíveis", orienta a atenção do analista para certas questões, mas não fornece nenhum método geral para encontrar a solução do problema específico que está sendo considerado naquele instante.[5] Por esse motivo, não se pode falar de *aplicação* da teoria ao tratamento; mas também é verdade que um analista completamente virgem de qualquer contato com a teoria simplesmente não escutaria nada capaz de possibilitar intervenções eficazes. Na situação analítica, a teoria funciona como a estrela polar para o navegante: fornece coordenadas para o percurso, permite alguma ideia do rumo a tomar, mas não é o alvo que se quer atingir; Colombo não queria chegar à Ursa Menor, mas às Índias – e, como muitas vezes acontece na análise, chegou à América.

Esse é apenas um dos aspectos, porém, da função da teoria em psicanálise. O outro aspecto concerne não mais à prática que ela informa, mas a um trabalho de pensamento por parte do analista *depois* e *a partir* dessa prática. É o momento em que o analista já não se dirige ao seu paciente, já não deseja encontrar a interpretação adequada do que escutou ou mesmo do que pensou a partir do escutado, mas busca dar conta em termos conceituais, do modo pelo qual puderam se produzir tanto o que ouviu como o que o fez ouvir assim. Nesse momento, a teoria tem por função vincular a singularidade do experimentado à universalidade dos conceitos, e, no caso da psicanálise, isso é realizado com a noção de *mecanismos psíquicos*. O dito pelo paciente é considerado o elo final de um processo, e a abordagem teórica consiste em determinar, com um grau razoável de probabilidade, o *tipo* de processos que podem ter estado em jogo para produzir tal ou qual fenômeno. Sendo o funcionamento mental extremamente complexo, esses processos são de diversas naturezas e têm modos de articulação variados; podem

5 Castoriadis, C., 1975, p. 38.

provir de diferentes regiões do aparelho psíquico, podem cristalizar-se nesta ou naquela modalidade de transferência, podem realizar este ou aquele gênero de articulação entre fantasias, angústias e defesas.

Como o psicanalista realiza esse trabalho? É aqui que intervém um tipo de conhecimento que não é mais derivado da clínica, mas do estudo do que outros analistas pensaram e escreveram, a começar por Freud. A literatura psicanalítica contém inumeráveis exemplos e elaborações que servem como ferramenta de trabalho a quem tenta pensar o que faz: são esquemas para correlacionar dados, para inferir hipóteses, para sugerir derivações. Esses esquemas podem pertencer a conjuntos mais amplos, que são as teorias elaboradas por Freud e por alguns outros, como Melanie Klein, Lacan, Hartmann, Kohut, Winnicott, Piera Aulagnier, etc. Tais "outros" são psicanalistas que, em seu trabalho de investigação e de elaboração, chegaram a propor conjuntos de hipóteses articuladas entre si acerca de vastos segmentos do funcionamento psíquico, a ponto de esses conjuntos de hipóteses formarem territórios teóricos de grande abrangência e de notável coesão interna. Penso que, de modo geral, tais territórios apresentam uma cartografia comum, análoga à cartografia original da teoria freudiana: englobam uma metapsicologia, uma teoria do desenvolvimento psíquico, uma psicopatologia e uma teoria do processo terapêutico.[6]

Ora, o problema consiste em saber se essas diferentes teorias permitem discernir alguma cumulatividade, ou se cada uma delas retoma o objeto da psicanálise inteiramente do zero, sendo

6 Esta ideia é desenvolvida em: Mezan, R. (1988). Problemas de uma história da psicanálise. In J. Birman (Org.), *Percursos na história da psicanálise* (pp. 15-41). Taurus. Sob o título "Questões de método na história da Psicanálise", a última versão deste texto, remanejado várias vezes ao longo dos anos, forma o capítulo inicial de *O Tronco e os Ramos*.

simplesmente concorrentes entre si. Esse problema não é psicanalítico, mas epistemológico, e, a meu ver, diferente daquele que mencionei há pouco, isto é, saber de que modo a teoria informa a escuta e a interpretação na situação analítica. Uma coisa é o que cada psicanalista acumulou em sua memória do que pôde aprender por leituras e contatos com outros analistas, e que resulta numa espécie de aglomeração de noções, hipóteses e esquemas próprios a cada um – aglomerado que pode ser mais sistemático ou menos, mais refletido ou menos, mais fértil ou menos, porém conduz a uma "teoria portátil" da qual nenhum analista pode prescindir. É essa teoria portátil que, ancorada e amalgamada com os resultados de sua própria análise, funcionará pré-conscientemente como instrumento de apreensão do que lhe disserem seus pacientes, e como instrumento de formulação para suas intervenções, bem como lhe permitirá eventualmente retomar tais intervenções e submetê-las a alguma forma de exame crítico. Outra coisa, completamente diferente e não menos legítima ou importante, é o estudo das teorias por si mesmas, como conjuntos de hipóteses, deduções e elaborações sobre certos fenômenos psíquicos que cada uma delas tome como objeto de reflexão.

O problema da cumulatividade coloca-se neste nível: que tipo de relação lógica tais teorias mantêm entre si? Há quem pense que cada uma delas é independente das outras, que traça do objeto da psicanálise uma cartografia inteiramente original, até mesmo irredutível às demais ou intraduzível na linguagem das demais. Essas cartografias conflitantes – porque seu objeto é o *mesmo*, o inconsciente e suas leis – seriam, assim, monumentos à engenhosidade de quem as elaborou, e, entre elas, a escolha seria questão de gosto, de afinidade ou de servidão transferencial. Mas não é essa minha opinião: considero que, embora Freud, Klein, Lacan etc. não digam a mesma coisa, dizem coisas suficientemente parecidas entre si para podermos considerá-los trabalhadores no mesmo campo, o da psicanálise, e suficientemente diferentes do que dizem Skinner ou Koffka para que a psicanálise não seja confundida com o behaviourismo ou com a *Gestaltpsychologie*. O que os mantém no mesmo campo é uma concepção partilhada quanto ao que é o homem e ao que é a psique, concepção fundada sobre a existência do inconsciente dinâmico e sobre as consequências lógicas e reais que seguem dessa existência. O que os separa são pontos de vista não redutíveis acerca das propriedades desse campo definido pelo inconsciente, propriedades que derivam da estrutura ontológica do próprio campo. O essencial desse campo é o mostrar-se constituído por formações extremamente complexas e não redutíveis entre si, por diferentes tipos de funcionamento dessas formações e por diferentes maneiras, próprias a essas formações em funcionamento, de se manifestarem na situação analítica. Essas diversidade e segmentação do campo do inconsciente permitem sua preensão por diferentes ângulos, e é justamente essa possibilidade de preensão por diferentes ângulos que torna concebível a existência de diferentes teorias. Pode-se dizer que cada uma delas elege um centro de focalização, procura descrevê-lo com a máxima exatidão possível e, desse centro, organiza extrapolações para outras dimensões do campo, as quais aparecerão, forçosamente, coloridas e impregnadas pelas emanações provenientes do centro privilegiado.

Mas essa situação, se torna compreensível a pluralidade das teorias no âmbito da psicanálise, não garante ainda que elas sejam compatíveis entre si num sentido não trivial, e tampouco garante que se possa falar em cumulatividade entre elas. Aqui é preciso notar que o que estou designando como "formações não redutíveis entre si" são dimensões do campo que não emergiram simultaneamente, e sim sucessivamente, mesmo se essa sucessividade conhece um percurso sinuoso, e que por vezes retorna sobre si mesmo. Por "formações não redutíveis entre si" não entendo, é claro, o que Lacan chamou de "formações do inconsciente" (sonho, lapso, chiste, sintoma etc.). Entendo regiões do psíquico que, ao longo da história da psicanálise, foram desvendadas em momentos diferentes, sem que as novas viessem a integrar completamente as antigas nem a se revelar completamente diversas delas. Por exemplo: as primeiras explorações de Freud concerniam à região das organizações edipianas, isto é, a certo tipo de formação que envolve objetos específicos, modos específicos de lidar com angústias específicas etc. Na própria trajetória de Freud, essas organizações permitem entrever outra região, a das organizações pré-genitais, que funcionam segundo regras próprias e nem se dissolvem na organização edipiana, nem permanecem inteiramente à parte. Outros exemplos seriam o narcisismo e a problemática do ego, que constituem uma terceira região psíquica, relacionada às demais, porém não redutível a elas.

Ora, assim como para Freud, para Klein ou para Winnicott constituíram-se modos de apreensão do inconsciente que revelaram novas regiões. O objeto kleiniano ou a área transicional winnicottiana, bem como o *self* de Kohut ou o simbólico de Lacan, são exemplos pertinentes dessa geografia, ou, se quisermos mudar de metáfora, dessa matemática à qual podemos comparar a psicanálise. Também em matemática, uma potência não é idêntica a um ângulo, uma matriz é coisa diferente de um cosseno ou de um número irracional, mas são todos "entidades matemáticas", assim como o id, a angústia depressiva ou a relação especular são entidades psicanalíticas. Nesse contexto, creio ser justificado falarmos de cumulatividade: não no sentido de um progresso linear, que não existe em forma pura nem mesmo nas ciências exatas, mas no sentido de que essas entidades pressupõem umas as outras, que a descoberta de uma delas – ou a sua construção – não seria possível sem que os predecessores tivessem realizado seu trabalho. E, por "predecessor", não entendo apenas que as ideias de Melanie Klein seriam impossíveis sem as de Freud, ou as de Lacan impossíveis sem as de Freud e de Klein, mas também que Freud é predecessor de Freud e Klein de Klein, posto que suas obras percorrem trajetórias próprias que os conduzem a passar muitas vezes pelo mesmo problema, embora em níveis de verticalidade diferentes. A metáfora da espiral cunhada por Laplanche parece-me muito adequada para descrever esses percursos, habitados justamente por aquilo que ele denomina *exigências* de um pensamento. E nada mais natural do que essas espirais se engancharem umas nas outras, que Winnicott ou Bion tenham partido de certas questões deixadas em suspenso por Freud e Klein, ou que Piera Aulagnier tenha partido de problemas colocados por Freud e por Lacan. Nesse sentido, acredito ser possível dizer que a psicanálise apresenta algumas características que a aparentam a uma ciência, como a cumulatividade e a comunicabilidade dos conhecimentos, embora por outros aspectos – especialmente o do fazer psicanalítico, o da prática terapêutica – ela se aparente às artes e à ourivesaria.

Três exemplos: Freud, Kohut, Green

A pesquisa em psicanálise desdobra-se, como disse no início deste artigo, em duas vertentes: a que investiga a história das ideias psicanalíticas e a que investiga os processos psíquicos propriamente ditos. Para não permanecermos apenas no plano das considerações gerais, e a fim de examinar com mais precisão os mecanismos do trabalho teórico nessas duas vertentes, vamos agora observar três exemplos concretos de pesquisa psicanalítica, estudando um artigo de Freud, um de Heinz Kohut e um de André Green.

Em "A disposição à neurose obsessiva", um curto texto de 1913, Freud dá uma ilustração notável de seu modo de pensar. O artigo se apoia sobre um caso bastante curioso: o de uma mulher que, durante os primeiros anos de sua análise, sofria de uma histeria de angústia, mas que, em consequência de certos acontecimentos, desenvolveu uma neurose obsessiva grave. Tal evolução surpreendeu Freud, pois até então havia acreditado que a organização psicopatológica de um dado indivíduo estava determinada de uma vez por todas de acordo com um padrão específico, de sorte que parecia excluída a possibilidade de uma "mudança de neurose" na idade adulta. Além desse caso isolado, portanto, estava em jogo um problema mais amplo, o da "escolha da neurose": a que fatores se deve atribuir o fato de que uma pessoa desenvolve uma histeria em vez de uma paranoia, ou vice-versa?

Freud começa seu artigo recapitulando brevemente suas hipóteses quanto a essa questão. Entre as causas de uma neurose, distinguem-se dois gêneros: as ligadas à *disposição* e as causas *acidentais*, derivadas das experiências vividas pelo sujeito. Por *disposição*, entendia-se a fixação numa determinada etapa da evolução sexual, fixação que corresponde a uma inibição do desenvolvimento e a um ponto privilegiado ao qual o indivíduo regressaria em função das dificuldades que pudesse encontrar. As diferentes neuroses teriam, portanto, cada qual seu ponto de fixação específico, e o processo da regressão daria conta do movimento constitutivo da sintomatologia de cada uma. O elemento ordenador dessa sequência, vê-se logo, é o *tempo*: nas psicoses, por exemplo, a regressão se daria até o momento autoerótico/narcísico. Como Freud pensava que as psicoses eram perturbações que só podiam ocorrer após a puberdade, as formas patológicas mais tardias pareciam referir-se a "coerções e fixações muito precoces". E Freud prossegue:

> *A disposição à histeria e à neurose obsessiva, cujos sintomas aparecem mais cedo [na infância, R.M.], deveria ser buscada em fases ainda anteriores da evolução da libido. Mas no que deveria consistir aqui a coerção da evolução, e, sobretudo, qual poderia ser a diferença*

> *de fases que determinaria a disposição à neurose obsessiva, em contraposição à histeria?*[7]

O problema é sério, porque essas fases – segundo a hipótese de sequência – deveriam ser colocadas *antes* do autoerotismo, que, no entanto, era postulado como o *primeiro* momento do desenvolvimento sexual. Como essa contradição lógica não pudera ser resolvida, e como, ao mesmo tempo, a ideia da fixação/regressão parecia útil, não era possível nem abandonar esta última nem aplicá-la de modo coerente. De forma que o problema de "escolha da neurose" havia sido deixado em suspenso, por se revelarem infrutíferas as tentativas de resolvê-lo no quadro da hipótese admitida. Notamos como funciona aqui a teorização de Freud: ela opera com uma hierarquia de hipóteses e de noções, de maior ou de menor abrangência. A ideia da fixação tem uma posição fundamental no esquema hierárquico já que permite ordenar todo o processo de desenvolvimento da libido, em suas variantes normal e patológica. Portanto, não convém abandoná-la, mesmo se, em sua aplicação a um problema específico, ela se revela insuficiente. Já a ideia de que a histeria teria algo a ver com a passividade e a neurose obsessiva com a atividade (em termos sexuais) tem uma valência localizada e, ao se mostrar incapaz de resolver o problema, pode ser deixada de lado sem dificuldade. "Incapaz de resolver o problema" significa, aqui, muito precisamente, que é impossível conectá-la com as hipóteses e conceitos mais gerais e que ela não tem a especificidade necessária para explicar integralmente a diferença, requerida pela teoria da fixação, entre a disposição à histeria e a disposição à neurose obsessiva. Até esse ponto de seu artigo, assim Freud expôs o esquema geral que o orientava na abordagem da questão da

---

7 Freud, S. Die Disposition zur Zwangsneurose. In *Studienausgabe* (SA), vol VII, p. 111; BN II, p. 1739.

escolha da neurose; ao fazê-lo, operou com diferentes níveis teóricos e com conceitos que se inter-relacionam de modo flexível e mostrou precisamente em que consistia o impasse a que essas operações o haviam conduzido.

É este o momento no qual introduz o caso clínico: "retornemos, pois, ao terreno da observação individual. Durante logo tempo, estudei uma paciente cuja neurose havia seguido um percurso pouco usual . . .". A função do caso é, aqui, muito particular: Freud não quer expor com detalhes o trajeto dessa análise, não quer elucidar a fundo a problemática dessa paciente, como fez com Dora ou com o Homem dos Ratos. O caso intervém no texto porque é o meio pelo qual a *experiência* permitirá uma reelaboração da teoria, que, por sua vez, assim reelaborada, permitirá compreender algo da experiência crucial. Freud levanta uma possibilidade de equacionamento da situação, ao dizer que a histeria de angústia transformada subitamente em neurose obsessiva "podia aspirar ao valor de um documento bilíngue e mostrar como um mesmo conteúdo era expresso por cada uma das neuroses numa linguagem diferente". Permanece, portanto, ligado à noção de que é o *mesmo* conteúdo (as fantasias e traumas próprios à fixação libidinal infantil) que se expressaria em duas formas diferentes, como um documento em dois idiomas. Mas, por outro lado, se assim fosse, precisaria ser revista a própria noção de fixação, já que se deveria admitir não um, e sim vários pontos de fixação possíveis (um para a histeria, outro para a neurose obsessiva) numa mesma pessoa. A contradição, portanto, permanecia intacta, e compreende-se o "extraordinário interesse" com que o investigador aguarda a solução do caso.

"Ao chegar a ele no curso da análise, tive de reconhecer que o processo patógeno se afasta muito da trajetória que eu havia suposto. A neurose obsessiva não era uma nova reação ao mesmo trauma que havia provocado inicialmente a histeria de angústia, mas a um segundo acontecimento, que retirara ao primeiro toda a sua importância." Aqui a experiência, o fato, fala mais alto do que a hipótese teórica: a história da vida da paciente continha *dois* traumas, e não um só expressado em "duas línguas". Freud tem a humildade de reconhecer isso e abandonar sua ideia, mas imediatamente se pergunta como dar conta do fato novo. Trata-se de um exemplo de pensamento indutivo que, nesse caso, se aproxima bastante, como nota Maurice Dayan, do raciocínio científico usual.[8] Qual era o fato? A mulher fora normal até se casar, mas seu marido não podia dar-lhe filhos. A histeria de angústia foi sua reação às fantasias de ter relações extraconjugais e obter, assim, o filho desejado. O marido acabou por perceber que a neurose de sua esposa se devia à esterilidade dele, e reagiu a isso com uma impotência temporária. A esse novo trauma – que lhe impossibilitava até mesmo a satisfação parcial de que havia desfrutado –, a mulher respondeu com uma florida neurose obsessiva, cujos sintomas consistiam em manias de limpeza e em medidas preventivas contra os efeitos que sua "maldade" poderia ter sobre outras pessoas, ou seja, em formações reativas contra impulsos eroticoanais e sádicos.

Até aqui, a história dessa paciente. Como Freud vai compreendê-la? Se a neurose depende da fixação a uma fase libidinal – esta é a viga-mestra da psicopatologia analítica – e se os sintomas da paciente indicaram um forte componente sádico-anal, a maneira de combinar esses dois elementos é postular uma fase libidinal caracterizada por impulsos sádicos e por fantasias ligadas ao erotismo anal. É o que faz Freud:

---

8 Dayan, M. (1980). Style et allégation du discours fondateur. In *L'arbre des styles*. Aubier-Montaigne (p. 43). O livro de Dayan é uma interessantíssima exploração do "estilo" em psicanálise, que recorta o problema da relação entre a prática e a teorização, porém partindo do texto produzido pelo autor-analista. Ver especialmente o capítulo "De la cure au texte", e as análises do "estilo" de Melanie Klein, Serge Leclaire e Piera Aulagnier.

> *eu me disse que meu esquema de desenvolvimento da função sexual exigia uma nova interpolação . . .; vemos a necessidade de aceitar um novo estágio antes da configuração final, no qual as pulsões parciais já se encontram reunidas para a escolha do objeto, o objeto já se coloca como diferente da própria pessoa, mas o* primado das zonas genitais ainda não foi atingido. *As pulsões parciais que dominam esta organização pré-genital da vida sexual são antes as erótico-anais e as sádica.*[9]

Para poder forjar esse conceito, Freud vale-se da teoria dos *Três Ensaios*, que é bem conhecida e não necessita ser aqui recapitulada. O valor explicativo dessa nova noção, no caso da paciente, é óbvio: o que ocorrera com ela fora a reativação regressiva de uma fixação precoce, motivada pela impotência do marido e pela sua ideia de que tal impotência fora de algum modo provocada por ela, ideia acompanhada de um intenso ódio pelo marido e pelo conflito subsequente com seu amor por ele. A prova de que tal fixação efetivamente existira é proporcionada pelas fantasias sádicas de chicoteamento com que a paciente havia iniciado, na primeira infância, sua vida sexual. Mas, uma vez explicado *este* caso, a noção de uma organização sádico-anal da libido exige ser integrada ao restante da teoria psicanalítica. E é o que faz Freud na parte final de seu artigo, relacionando-a com a importância dos impulsos agressivos e anais para a constituição da neurose obsessiva (já conhecida desde a análise do Homem dos Ratos), com a questão da atividade/passividade sexual que interfere na formação da homossexualidade, com o desenvolvimento do caráter, com a pulsão de saber, com a dúvida obsessiva etc.

9 Freud, S. Die Disposition.... In SA VII (p. 113); BN II (p. 1.740).

Ou seja, tão logo inventado, o conceito é, por assim dizer, "testado" em diversas correlações, indicando-se direções a seguir em futuras investigações. É por seu valor heurístico e por sua compatibilidade com a armação teórica geral já existente que a nova noção ganha seu estatuto próprio, o qual poderá ser modificado em função do que vier a surgir mais adiante: ela se intercala num conjunto de séries hierarquicamente definidas umas em relação às outras, cujo conjunto constitui, precisamente, a teoria freudiana. Temos, assim, um exemplo notável, em sua simplicidade mesma, de como se dá a formação de uma hipótese teórica, não só em psicanálise, mas em qualquer disciplina. Einstein disse certa vez algo que nosso pequeno estudo pode confirmar:

> *as teorias são livres criações da imaginação limitadas por dois princípios: um princípio empírico, que exige que as conclusões tiradas da teoria sejam confirmadas pela experiência, e um princípio semilógico, semiestético, que quer as leis fundamentais tão pouco numerosas quanto possível e logicamente compatíveis.*[10]

Nosso segundo exemplo prático de pesquisa em psicanálise será retirado da obra de Heinz Kohut, mais particularmente da "Carta a um Candidato sobre Alguns Princípios da Pesquisa Psicanalítica", que figura no volume *Self e narcisismo*. Escolho-o porque ilustra uma das posições possíveis quanto a uma questão espinhosa: a da cientificidade da psicanálise, do seu parentesco com as ciências empíricas. Kohut é um alemão que vive nos Estados Unidos; dirige-se a um público quase exclusivamente composto de médicos, que formam a imensa maioria dos psicanalistas

---

10 Citado por: Hartmann, H. (1975). La fonction de la théorie en psychanalyse. In *Éléments de psychologie psychanalytique* (p. 167). PUF.

norte-americanos; e a justificativa da posição teórica que defende em seu trabalho se dá por meio de uma argumentação que relaciona estreitamente o pensamento psicanalítico com os procedimentos científicos habituais: observações, formação de hipóteses, verificação dessas hipóteses, inclusão delas no quadro mais vasto formado pelas teorias vigentes no campo correspondente, ainda que essa inclusão exija alguma reformulação nesse quadro, por definição, sempre inacabado.

O trabalho clínico e teórico de Kohut tem por objeto o que denomina o *self*. Esse conceito inexiste na teoria psicanalítica clássica, e há debates acalorados sobre se deve ou não ser incluído entre as noções psicanalíticas.[11] Não entraremos aqui nessa discussão; basta notar que, segundo Kohut, existem numerosos e diversos fenômenos que apontam para a existência do *self*, que este se situa no centro do universo psicológico, que suas perturbações podem ser extensas e variadas. De modo geral, julga importante constituir uma psicologia do *self* dentro da teoria psicanalítica, a coexistir com os conceitos mais conhecidos que giram em torno da sexualidade e do Édipo, e cuja utilidade consiste em tornar compreensíveis muitos fenômenos que independem do *self*.[12] Kohut deseja, assim, contribuir para uma ampliação do "quadro tradicional" da teoria psicanalítica, que para ele – como para muitos americanos – é constituído pela *drive-theory*, isto é, pela teoria das pulsões herdadas de Freud. Há, portanto, uma concepção específica da história da psicanálise presente nos seus escritos, a de que existe uma linha de ampliação da psicanálise: da teoria pulsional de Freud, via "teoria estrutural" (*O ego e o id*), para a psicologia do ego de Hartmann, e daí para a psicologia do *self*, que seria sua

---

11 Ver, por exemplo, Pontalis, J. B. (1977). Naissance et reconnaissance du soi. In *Entre le rêve et la douleur* (pp. 159-190). Gallimard.

12 A este respeito, Kohut se explica no prefácio a *The restoration of the self* (pp. XIII-XXII). International University Press, 1977.

contribuição pessoal. Tampouco discutiremos essa concepção, cuja pertinência está longe de ser evidente; quero apenas ressaltar que Kohut se insere numa linhagem que concebe seu trabalho como a continuação do espírito próprio à pesquisa psicanalítica, mesmo se as hipóteses que constrói se afastam dos modelos clássicos. É em nome dos *fatos* que justifica sua construção, e nisso, de certa forma, é referendado por Freud, que escrevia na *História do movimento psicanalítico*:

> *Também se pode dizer que a teoria psicanalítica representa uma tentativa para tornar compreensíveis duas constatações inesperadas e singulares que se fazem quando se busca conduzir os sintomas mórbidos de uma neurose às fontes, isto é, a acontecimentos ocorridos na vida anterior do paciente: queremos falar da transferência e da resistência. Toda orientação que se vincula a esses dois fatos como seu ponto de partida tem o direito de se qualificar como psicanálise, mesmo que conduza a resultados diferentes dos que eu obtive.*[13]

O primeiro problema de Kohut, portanto, é mostrar que sua concepção dos fatos é tanto psicanalítica como científica. Lendo seus escritos, não é difícil perceber que é fiel à psicanálise; mas, em vários momentos, procura afastar a objeção empirista de que ou não há fatos em psicanálise, tudo sendo mero subjetivismo, ou, se há fatos, eles estão irremediavelmente contaminados pela subjetividade de quem os observa, o que, na perspectiva empirista, os desqualifica como "fatos científicos".

---

13 Freud, S. História do movimento psicanalítico. In BN II (p. 1900). Joel Birman examina a fundo este problema em *Freud e a experiência psicanalítica*. Taurus, 1989.

A essa objeção, Kohut responde com uma concepção do que poderíamos chamar "empatia crítica". Veja-se este excerto de um texto seu:

> *A pesquisa válida é possível em psicanálise porque 1) a compreensão empática das experiências de outros seres humanos é um dote do homem tão básico quanto a visão, a audição, o olfato, o gosto e o tato; 2) a psicanálise pode lidar com os obstáculos que surgem no caminho da compreensão empática exatamente como outras ciências aprenderam a vencer os obstáculos que surgiram no processo de dominar o uso das ferramentas observacionais que empregam – os órgãos dos sentidos, incluindo sua extensão e refinamento através dos instrumentos.*[14]

Convém contar a ênfase na analogia – que, para Kohut, é uma identidade – entre as "ferramentas" das ciências e da psicanálise: é com os sentidos prolongados em instrumentos que as primeiras observam, é com uma espécie de sexto sentido – a compreensão empática, *natural* no homem – que a psicanálise observa. Mas, assim como os sentidos nus não servem para a observação científica, a compreensão empática tem de ser treinada, utilizada com prudência e persistência, e controlada por constantes verificações, para poder servir como *analogon* do microscópio ou da balança. Com esse instrumento em mãos, o analista dedica-se à sua atividade essencial, que é a investigação de complexos estados mentais do ser humano.

---

14 Kohut, H. The Nature of evidence in psychoanalysis. In *The restoration of the self* (p. 144).

A "Carta a um candidato" representa um exemplo bastante sugestivo dessas diretrizes. O candidato em questão redigiu um ensaio que condensava diversos aspectos do pensamento de Kohut; este lhe escreve para agradecer e para compartilhar com ele algumas reflexões suscitadas pela leitura do texto. Uma das descobertas de Kohut consiste em que a coesão do *self* pode ser insegura; ele pode fragmentar-se nas perturbações narcísicas da personalidade, "em resposta à empatia defeituosa dos *self*-objetos". Supõe-se que esses acontecimentos

> *repetem em sentido inverso um movimento progressivo do início da infância: há um estágio em que a criança experimenta somente partes corporais isoladas e funções mentais e corporais isoladas, e este estágio é substituído por outro, no qual a criança se experimenta como um* self *corpo-mente coesivo.*[15]

Ao comentar essa descoberta, Kohut assinala que, na verdade, há aqui duas noções diferentes: a fragmentação do *self* corresponde a um conceito que unifica diversos tipos de oscilações frequentemente observadas na situação analítica e que podem ser verificadas mesmo por quem as compreende sob outra rubrica; e, além disso, há uma hipótese acerca de como, durante a infância, se forma um *self* coeso. Essa hipótese não corresponde a fenômenos diretamente observáveis na clínica, sendo uma "reconstrução do passado baseada naquilo que é observado clinicamente no presente". Tal hipótese resulta, portanto, do princípio psicanalítico segundo o qual a neurose se forma por regressão a um ponto de fixação infantil; mesmo se Kohut não emprega esses termos, é evidente a

15 Kohut, H. (1984). Carta a um candidato sobre alguns princípios da pesquisa psicanalítica. In *Self e narcisismo* (p. 124). Zahar.

semelhança de sua construção com a que vimos Freud desenvolver em seu ensaio. Segundo Kohut, há dois estágios na evolução do *self*: o das partes ainda não reunidas e o momento da experiência de si como um "corpo-mente coesivo"; após ter atingido essa etapa, é possível que o indivíduo regrida à fase anterior, e essa seria a explicação para os fenômenos clínicos a que se refere a primeira parte do trecho.

Existe, portanto, uma diferença de estatuto epistemológico entre a observação do fenômeno e a verificação da hipótese, já que esta, por se encontrar mais distante da experiência, está sujeita a grau maior de erro. Mais uma vez, não pretendo discutir a tese de Kohut, mas apenas ressaltar como ela lhe serve para avançar no estudo do seu objeto. Diz ele que essa hipótese reconstrutiva sobre o início do desenvolvimento poderia ser apoiada por três tipos de argumento, "em ordem crescente de solidez da evidência que proporcionam":

a) A coerência com conceituações precedentes: aqui, Kohut se refere a uma passagem de "Para Introduzir o Narcisismo" em que Freud afirma que "alguma coisa a mais, uma nova ação psíquica, deve ser acrescentada ao auto-erotismo, para que daí resulte o narcisismo". A nova ação de que fala Freud é, segundo Kohut, o nascimento do *self* nuclear a partir da fragmentação inicial: eis aí os dois estágios a que se refere. (Incidentalmente, é sobre a mesma notação de Freud que se apoia Lacan para postular o "estágio do espelho", conceito do qual derivam consequências teóricas diametralmente opostas às deduzidas por Kohut: mas esse é um problema que não poderemos abordar aqui.)

b) Extrapolações a partir da clínica: aqui, é a uma enorme gama de ilustrações tiradas de sua prática analítica que remete a ideia de uma sequência evolutiva indo da fragmentação à coesão. (Melanie Klein, embora interessada em aspectos diferentes do funcionamento mental, também utiliza a sequência fragmentação/coesão: pense-se nos objetos parcial e total, na passagem da posição paranoide à posição depressiva etc.).

c) Recordações infantis e empatia na observação direta da experiência da criança: são as formas clássicas de validação de hipóteses sobre o desenvolvimento admitidas em psicanálise, ainda que a "observação de crianças" seja considerada menos probatória do que o surgimento de recordações infantis durante a análise. Mas para Kohut, assim como para Anna Freud – que acreditam na unidade profunda da psicologia e, portanto, valorizam a observação empírica de crianças, fora da situação analítica, como método válido para compreender o infantil psíquico –, a prova mais sólida de sua concepção está nos exemplos retirados da interação mãe-criança. Para os analistas franceses, que consideram ser "o infantil" algo muito diverso de "a experiência da criança", tal observação tem valor limitado, e certamente não suficiente para contradizer uma elaboração baseada em deduções do material clínico obtido em sessões de adultos.

Vemos assim como, apesar de sua orientação filosófica em matéria de epistemologia ser tributária da tradição empirista, Kohut não se afasta dos procedimentos tradicionalmente adotados em psicanálise para construir hipóteses teóricas. A passagem do "fato observado" à montagem teórica se dá por meio do que ele designa, com um termo feliz, por "experimentação pelo pensamento", que consiste na variação regrada das combinações entre os elementos constitutivos da hipótese. Uma ilustração interessante desse método encontra-se na "Carta", quando Kohut se propõe a examinar uma alteração que foi levado a fazer em sua teoria sobre a origem do *self*. Convém citar os principais trechos dessa passagem:

> *Durante muito tempo, tive como certo que o* self*, em ordem inversa à sua fragmentação sob condições desfavoráveis, se formava através de aglutinação de suas partes. . . . Em outras palavras, as experiências de fragmentos corpo-mente isolados que precediam a formação do* self *poderiam ser vistas como núcleos que haveriam de aglutinar-se pouco a pouco para formar a experiência que a criança tem do* self *total. Pensando melhor, contudo, fiquei em dúvida quanto à correção da teoria que afirmava que a formação do* self *se dá pela coalescência das experiências de "fragmentos" ou "partes". . . . Não somente não acredito haver provas da existência de tal processo específico, mas também, além disso, acho que há alguma evidência à base da qual seria possível contestar tal afirmação.*[16]

Eis aqui uma dificuldade nada rara na pesquisa: já não se está na fase de coligir dados nem de refinar a precisão deles, mas num momento em que é preciso usar a "livre imaginação" para correlacioná-los e estabelecer sequências logicocausais. A hipótese inicial, em consonância com o bom senso, afirmava que a coesão do todo era precedida pela fragmentação das partes. Mas isso não é suficiente para Kohut: ele tenta imaginar algumas possibilidades de testar essa ideia, como observar, em tratamentos analíticos, etapas em que partes do *self* fragmentadas pela regressão voltam a se aglomerar ou, ainda, examinar experiências de crianças pequenas que supostamente estariam passando da fase 1 (fragmentação) para a fase 2 (coesão). Kohut alude, então, a observações que sugerem uma linha diferente: em vez de as partes do *self* coalescerem para

---

16 Kohut, H. (1984). Carta a um candidato sobre alguns princípios da pesquisa psicanalítica. In *Self e narcisismo* (pp. 130-132). Zahar.

formar o "*self* coesivo", existiriam duas linhas de desenvolvimento paralelas, uma que conduz à experiência integrada do *self*, outra possibilitando a experiência de partes isoladas do corpo ou de funções corporais e mentais isoladas.

> *E, finalmente, a criança atinge o estágio em que a experiência progressivamente dominada de partes e funções isoladas passou a estar relacionada à experiência total de um* self *coesivo – em outras palavras, as partes não constroem o* self, *mas se desenvolvem dentro dele. (p. 133)*

Não podemos, naturalmente, entrar na análise detalhada desse problema; aceitemos com Kohut que sua segunda explicação é preferível à primeira, e vejamos no que isso nos esclarece quanto à natureza da pesquisa em psicanálise. Em primeiro lugar, o *pentimento* de Kohut mostra que existe um nível de elaboração largamente independente dos dados empíricos, ou melhor, para cujo funcionamento os dados já não são de grande valia, posto que se deixam agrupar desta ou daquela maneira. Diante dos fenômenos observados na clínica, a questão de saber se o *self* se constrói por aglutinação de partes ou por uma dinâmica própria se coloca num elevado nível de abstração, mediada por passos na constituição da teoria – e, em primeiro lugar, pela própria inclusão desses fenômenos na categoria do *self* – que os deixam rapidamente para trás. Uma vez postos os conceitos, as ligações entre eles vão sendo obtidas por meio da "experimentação pelo pensamento", que estabelece correlações e hierarquias, como vimos no caso de Freud. A referência última é sempre aos fenômenos e processos psíquicos: mas, entre eles e a dimensão teórica, intervêm os momentos do raciocínio, numa direção que vai depurando os primeiros de todos os aspectos singulares que tinham ao se manifestarem na situação analítica, e deixando à mostra os elementos universais que continham enquanto estruturas. Em segundo lugar, e novamente a exemplo de Freud, tão logo Kohut estabelece a noção de uma origem própria do *self* coesivo, tal noção é exportada para territórios teóricos ou clínicas diferentes daquele em que brotou. Esse procedimento serve para testar a eficácia heurística da nova noção e para determinar, por variações sucessivas, qual o plano da teoria em que ela apresentará seu rendimento ótimo. Por "plano da teoria", entendo aqui o nível hierárquico em que o novo conceito acabará por se alojar, nível este que não é dado *a priori* e só pode ser encontrado por tentativa e erro, investigando-se para quais problemas ele pode ser esclarecedor e para quais outros ele não tem serventia.

No caso que estamos examinando, a ideia de um *self* originado em esfera própria, e não por coalescência de partes lógica e cronologicamente anteriores, tem um valor estratégico importante no conjunto da teoria proposta por Kohut. Vimos anteriormente que esse autor busca um alargamento da teoria psicanalítica, para além do *classical framework of drive-theory*, isto é, para além do eixo central representado pelas pulsões sexuais, por definição parciais e conflitivas, tanto na epigênese do ser humano como na configuração da teoria analítica. Ora, para Kohut o "além do princípio do prazer" postulado por Freud não significa a pulsão de morte, mas a área do *self* e seu funcionamento específico. Kohut não nega que exista uma área psíquica que funciona segundo o princípio do prazer, descrita por Freud de maneira bastante adequada: impulsos que buscam descarga, conflitos entre esses impulsos e as demais instâncias psíquicas, complexos de Édipo e de castração etc. Mas esse aspecto é, segundo Kohut, parcial: a ele deveria ser acrescentado o estudo do setor-*self*, cujas leis de funcionamento e cuja problemática são fundamentalmente diferentes. Escreve ele:

> *Ainda que estes dois territórios da experiência psicológica estejam presentes lado a lado – ou melhor, um acima do outro –, o território do* self *impele a vida do indivíduo numa direção psicológica fundamentalmente diferente daquela beneficiada pelo território de partes e funções isoladas – nos termos de Freud, o território das zonas erógenas que dão prazer e dos impulsos instintivos que lhes são correlatos. Tanto no setor de suas ambições quanto no de seus ideais, o* self *não busca o prazer através da estimulação e da descarga de tensão; o* self *procura satisfação através da realização de suas ambições e de seus ideais nucleares. Sua satisfação não dá* prazer, *como acontece na satisfação do impulso instintivo, mas sim* triunfo *e o brilho da* alegria. *E seu bloqueio não desperta o sinal de* angústia *(por exemplo, da angústia de castração – angústia pela perda do pênis, suprema fonte de prazer), mas o pressentimento do* **desespero** *(por exemplo, da vergonha ou da depressão vazia – desespero antecipado pelo esmagamento do* self *e pela derrota final das suas aspirações).*[17]

Existe assim, segundo Kohut, uma separação ontológica entre esses dois setores da psique, ao menos no plano de suas características e funções essenciais. É claro que ambos podem conflitar entre si ou trabalhar de modo relativamente harmonioso; disso dependerá a psicopatologia de cada indivíduo. Mas esse fato não impede que, *de jure*, se trate de duas esferas não redutíveis uma à outra. (Não há lugar nessa visão para um ego libidinal, investido pelas pulsões sexuais; essa organização dos conceitos conduz a

17 Kohut, H. (1984). Carta a um candidato sobre alguns princípios da pesquisa psicanalítica. In *Self e narcisismo* (pp. 138-139). Zahar (grifos do autor).

caminhos absolutamente diferentes para pensar a questão do narcisismo, diferentes, entende-se, dos traçados por Freud e pelos que seguem sua hipótese.) Se tal é sua concepção, vê-se imediatamente o interesse estratégico da ideia de que o *self* e o "território das partes-prazer" não tenham uma só e mesma origem, e sim gêneses separadas: ela permite compreender por que funcionam de modo diverso e economiza a Kohut toda uma especulação que deveria dar conta – se ambas proviessem de um mesmo ponto inicial – da maneira pela qual se separaram e vieram a ser o que são. Assim, vemos qual a função da hierarquização teórica; Kohut falará mesmo de um "Homem Culpado" e de um "Homem Trágico" como tipos em que predominam uma ou outra das áreas psíquicas; ora, esses conceitos são abrangentes e abstratos, certamente não verificáveis empiricamente, mas cabem em sua teoria como derivações legítimas do que acabei de expor.

Com o ensaio de Kohut, pudemos ilustrar um tipo de pesquisa em psicanálise aparentemente tributário de uma epistemologia positivista, mas que não recua diante do estabelecimento de hipóteses metapsicológicas tão afastadas da empiria quanto o requer sua lógica própria. Estendendo-se da metapsicologia mais rarefeita a monografias de caso bastante clássicas, passando por "aplicações" de suas teses a produções culturais como o drama, a religião e o autoritarismo político, as reflexões de Kohut – ainda que nada tenhamos dito sobre a verdade do que afirma – se apresentam como um dos casos em que a expressão "pesquisa em psicanálise" pode se revelar adequada e plena de sentido.

Por esse motivo, é interessante compará-la com a de outro psicanalista cujos estudos também se centram sobre os aspectos clínicos e teóricos do narcisismo, bem como sobre a patologia dos casos *borderline* ou fronteiriços. Refiro-me a André Green, cujo artigo "O Conceito do Fronteiriço" examinaremos a seguir. Green relata sua trajetória psicanalítica no prefácio a *Sobre a Loucura Pessoal*;

ela é bastante peculiar, já que, após ter estudado com Lacan nos anos 1960, abriu-se às influências britânicas, principalmente de Winnicott e de Bion. Essa circunstância faz de seus escritos uma ponte estendida sobre o canal da Mancha, reunindo modos de compreender e praticar a psicanálise que costumam ser opostos de forma excessivamente esquemática. Green também conhece a fundo a história da psicanálise, em especial no que tange às modificações que ela imprimiu à escuta do analista, quando a comparamos ao legado de Freud.

O estudo sobre o conceito de fronteiriço ilustra bastante bem esses traços da obra de Green. Após uma breve introdução, na qual afirma que o paciente fronteiriço é o paciente típico de nosso tempo e percorre os dicionários técnicos da psicanálise em busca de conceituações do que seja essa patologia, vem a classificar os autores que contribuíram para a construção dessa problemática em três linhas: freudiana, kleiniana e winnicottiana. Na primeira, além de Freud, figuram Jean Bergeret e Otto Kernberg; na segunda, além de Klein, Wilfred Bion; na terceira o próprio Winnicott – que, em sua opinião, é "especificamente o analista do fronteiriço" –, Masud Khan e Marion Milner. Essa parte inicial do artigo realiza uma sistematização histórica e temática do problema, relacionando os trabalhos dos diversos autores e conduzindo a um levantamento das questões relevantes para o tópico em exame. Sem desprezar as diferenças de época e de escola entre os psicanalistas de quem se ocupa, Green não atribui a elas demasiada importância: seu objetivo não é resenhar a literatura pertinente nem traçar um desenvolvimento histórico do problema, mas estabelecer um quadro de referência no qual esse problema possa ser, antes de mais nada, *equacionado*. Os psicanalistas do passado e do presente funcionam, assim, como interlocutores uns dos outros e do próprio Green, e o levantamento das "questões relevantes" espelha o terreno comum desse diálogo, na própria sequência proposta pelo autor. São estas as questões:

- o papel do *ego*, do *self* e do *narcisismo*, com os primitivos mecanismos de defesa da dissociação e da cisão, e suas consequências: desinvestimento e identificação projetiva;
- a função das *relações objetais*, com especial atenção à agressividade pré-genital e à sua influência sobre os processos de pensamento;
- a presença da *ansiedade psicótica* e seu impacto sobre a função vinculadora dos processos psíquicos, com consequências para o pensamento verbal;
- as falhas na criação de um *espaço transicional*, com a função dual e coexistente do princípio de prazer e do princípio de realidade, e um padrão de relações em duplo vínculo;
- a *condensação de objetivos pré-genitais e genitais*, dando um duplo significado a cada um deles, que se refere automaticamente um ao outro;
- o papel de uma *relação complementar* no contexto analítico, com a contratransferência se tornando um portador da comunicação do paciente mais do que um obstáculo à sua compreensão;
- a noção de *distância psíquica*, necessária para impedir tanto a falta de comunicação como a intrusão.[18]

Mesmo um olhar rápido sobre essa lista de tópicos revela a importância, para o pesquisador em psicanálise, da familiaridade com os escritos que constituem sua literatura. Green está preocupado com uma questão clínica – as particularidades do paciente

---

18 Green, A. (1988). O conceito do fronteiriço. In *Sobre a loucura pessoal* (p. 76). Imago (tradução modificada; grifos do autor).

borderline –, mas isso não o impede de se situar com desenvoltura no plano metapsicológico. Sua lista organiza-se segundo a cartografia geral da teoria psicanalítica: nela encontramos a dimensão propriamente metapsicológica (itens 1, 2, 3 e 7), a dimensão evolutiva (itens 4 e 5), a dimensão psicopatológica (itens 1 e 3) e a dimensão do processo terapêutico (itens 6 e 7). O entrelaçamento dessas dimensões é perceptível no fato de que um mesmo item figure em várias delas: a ênfase é colocada no aspecto processual do funcionamento psíquico, cada categoria (agressividade, angústia, ego, relações objetais, contratransferência etc.) sendo visualizada em sua faceta dinâmica, isto é, no movimento pelo qual se conecta e relaciona-se com as demais.

Este é, portanto, o terreno no qual se assenta a problemática do fronteiriço: ela concerne primordialmente à relação entre o ego e seus objetos, bem como à relação do ego consigo mesmo e com os demais fatores que determinam o funcionamento mental. Nessas relações, um mecanismo central é a *cisão* (*splitting*, clivagem). Trata-se, diz Green, de um mecanismo necessário, num certo nível, para o trabalho do aparelho psíquico: este deve aprender a distinguir e a separar várias ordens de elementos, como o "bom" e o "mau", o prazeroso e o desprazeroso, a fantasia e a realidade externa. Mas pode ocorrer que a cisão venha a operar com tal intensidade que exclua radicalmente os aspectos cindidos: nesse caso, ela deixa de servir como uma "limitação útil" e passa a engendrar uma mutilação do próprio ego. Os efeitos dessa situação podem ser verificados em dois planos: divisão entre o psíquico e o não psíquico, divisão dentro da esfera psíquica. Essa polaridade determina a organização global e o funcionamento específico do indivíduo fronteiriço. Seu ego tem limites bem delineados,

> *mas estes não funcionam como um escudo protetor. De fato, os limites do ego são bastante elásticos. Não*

> *obstante, esta flexibilidade não conduz a um comportamento adaptativo; atua antes como uma flutuação da expansão ou ambas, ao enfrentar a* ansiedade de separação e/ou a ansiedade de intrusão. *Esta variabilidade das fronteiras do ego não é sentida como um enriquecimento da experiência, mas como perda de controle, como a última medida defensiva contra a implosão, desintegração ou perda. . . . A cisão interna revela que o ego é composto de núcleos diferentes e incomunicantes. Estes núcleos do ego podem, apropriadamente, ser descritos como* arquipélagos.[19]

Temos aqui um bom exemplo do trabalho teórico sob o prisma da metapsicologia. Green se refere tanto aos aspectos fenomenológicos da vivência do fronteiriço como às estruturas e aos processos subjacentes a essa vivência. O ego é aqui concebido – freudianamente – como um aparelho destinado a controlar a angústia e a excitação: as falhas na sua coesão interna produzem efeitos espasmódicos quando se apresentam as situações ansiógenas, pois, embora os "arquipélagos" estejam relativamente bem instalados, não se comunicam uns com os outros. A metáfora geográfica permite vislumbrar a estrutura desse ego: o que separa suas partes é um espaço vazio, e esse espaço vazio determina a organização da patologia, cujos sintomas mais característicos são a

> *futilidade, a falta de consciência da presença, o contato limitado . . . o discurso do fronteiriço não é uma cadeia de representações, palavras e afetos, mas antes – como um colar de pérolas sem fio – palavras, representações,*

19 Green, A., p. 1988, pp. 84-85.

afetos contíguos no espaço e no tempo, mas não em significado.[20]

Não é preciso elucidar os pressupostos desse tipo de abordagem de um processo psíquico: eles são, nitidamente, os pressupostos básicos da psicanálise – conflito psíquico, atividade de instâncias que se estimulam e inibem umas às outras, o que aparece na consciência como resultado de operações complexas que permanecem ocultas e que só são discerníveis pelos seus efeitos. Para Green, o mecanismo da cisão opera lado a lado com a tendência ao desinvestimento radical, tendência a que denomina "narcisismo negativo" ou, aqui, "depressão primária". Essa tendência pode conduzir a um "reinvestimento aleatório através da energia pulsional" (especialmente a agressividade), ou a "sentimentos de irrealidade de si mesmo ou do objeto": são duas possibilidades complementares, a primeira assinalando uma tentativa desesperada de preencher o vazio interior por meio de manifestações ruidosas e violentas destinadas ao objeto, a segunda demonstrando o fracasso deste apelo *in extremis* ao objeto-continente. Daí a impressão de adolescência tardia tão frequentemente produzida por esse tipo de pessoa e a impossibilidade de tolerar luto ou culpa, que costuma se traduzir por *actings-out*, psicopatia ou relações de dependência a drogas (aí incluídas as pessoas-droga, com quem o fronteiriço mantém uma relação de adição).

Assim como para Freud e para Kohut, o conceito aqui construído por Green é imediatamente requisitado a fazer suas provas num território diferente daquele em que foi montado. Esta é uma das exigências do pensamento psicanalítico a que se referia Laplanche: como a teoria visa pensar primariamente processos, mecanismos, movimentos, as noções que a constituem e que ela

---

20 Green, A., p. 1988, p. 85.

vai engendrando têm o aspecto de um dominó, vinculando cadeias à primeira vista díspares e que, no entanto, se organizam numa rede complexa de ligações. No caso da noção de fronteiriço aqui estudada, isso aparece no uso múltiplo da própria ideia de "limite" ou de "fronteira": inicialmente uma categoria psicopatológica entre a neurose e a psicose, o fronteiriço aparece no nível intrapsíquico como limite entre as suas instâncias, como barreira externa de ego, como linha demarcatória entre o soma e a psique, como terra de ninguém entre as formações do "arquipélago"; aparece como ponte (falha) entre o sujeito e o objeto e, nos exemplos mencionados no parágrafo anterior, como mecanismo comum a um amplo espectro de comportamentos auto e heterodestrutivos. E a utilidade heurística do conceito, para compreender certos fenômenos que ocorrem na situação analítica, se mostra numa área impossível de ser dele deduzida *a priori*: Green intercala em seu ensaio uma breve referência aos sonhos do paciente *borderline*, comentando uma característica deles facilmente observável: não expressam a satisfação de um desejo, mas servem como um meio de "evacuação". Citando Bion, Green nota que

> *o propósito do sonho não é a elaboração de derivativos de pulsão, mas antes a descarga para fora do aparelho psíquico de estímulos dolorosos. . . . Os sonhos de pacientes fronteiriços não são caracterizados pela condensação, mas pela concretização. . . . Em tais casos, o elemento mais significativo no sonho não é o seu conteúdo latente, mas a experiência do sonhador.*[21]

Bem, essa breve visita ao texto de André Green permite evidenciar seu *modus operandi*. Partindo das elaborações sobre o narcisis-

21 Green, A., 1988, p. 87.

mo, a ansiedade e o objeto realizadas por seus predecessores, Green as inclui numa teoria do ego essencialmente análoga à de Freud, combinando-a com a contribuição de Winnicott, que delineou o "espaço transicional". Apresenta hipóteses genéticas para dar conta da falha na constituição desse espaço que caracteriza o *borderline*, expondo-o a pressões pulsionais que, por ser ele incapaz de ligá-las e processá-las, o submetem a intensas vivências de angústia. Esse é o processo basilar do funcionamento fronteiriço; dele derivam os aspectos mais visíveis do seu comportamento. Cabe notar que, contrariamente a Kohut, Green não postula a existência de uma parte *self* independente da dinâmica pulsional e, portanto, não se vê compelido a alargar as fronteiras da teoria clássica. Parece-me que seu movimento se assemelha mais a uma exploração vertical, fazendo "ranger", como diz Laplanche, às articulações dessa teoria. O interesse clínico dessa maneira de operar é evidente: embora não apresente quase fragmentos de material de seus pacientes, Green suscita no leitor psicanalista associações e reflexões que sem dúvida repercutirão sobre sua escuta e sobre sua prática.

O psicanalista e sua sombra

Os três exemplos de pesquisa em psicanálise a que recorremos conduzem a certas ideias, que gostaria de apresentar à guisa de conclusão deste artigo. Não foram escolhidos por acaso: quis com eles demonstrar o que afirmei na primeira parte, isto é, que é possível descrever e compreender a maneira pela qual se constitui a elaboração teórica de um psicanalista, e que essas elaborações apresentam características que as aparentam às formulações científicas: coesão interna, comunicabilidade, verificabilidade e cumulatividade. O que dizem Freud, Kohut e Green respeita esses parâmetros e, nesse sentido, são passíveis de uma análise metodológica e epistemológica, cujo esboço formou o segundo momento de nosso percurso.

Mas convém não esquecer que esse aspecto não é o único: são também tentativas de psicanalistas singulares para dar conta do que ocorre no tratamento de seus pacientes, tanto do lado destes como do seu próprio. É preciso estar atento para as implicações desse fato, que introduz a dimensão do inconsciente no próprio cerne da elaboração teórica em psicanálise.[22]

Em perspectivas diferentes, autores tão afastados entre si quanto Kohut, Pontalis e Castoriadis acentuam essa característica, que, independentemente do substrato fantasmático que pode carregar cada uma das construções aqui examinadas, manifesta-se de costume por um verdadeiro sintoma: a adesão demasiado imediata e demasiado sólida às próprias hipóteses, que, em suma, são expressões do nosso próprio narcisismo. Kohut:

> *A psicanálise é uma ciência empírica e, portanto, temos de distinguir claramente entre a utilidade de seus princípios axiomáticos, tais como o valor heurístico de seus "princípios ordenadores" (que pode ser seguramente defendido) e o valor de precisão de suas formulações e hipóteses (por exemplo, de suas reconstruções genéticas), que devem ser vistas inicialmente como duvidosas.*[23]

---

22 Esta concepção da pesquisa em Psicanálise é desenvolvida no capítulo "O método psicanalítico no texto acadêmico: três exemplos e algumas observações", in Ida Kublikowski, Edna Kahale e Rosa Tosta (orgs.), *Pesquisas em psicologia clínica: contextos e desafios*, EDUC, 2019. Versão online acessível gratuitamente.

23 Kohut, H. (1984). Carta a um candidato sobre alguns princípios da pesquisa psicanalítica. In *Self e narcisismo* (pp. 124, 129-130). Zahar.

Pontalis:

> *É fácil ironizar sobre o discípulo, justamente "aplicado", que emprega seu zelo para encontrar nesta obra literária ou naquela cultura as modalidades do complexo de Édipo ou a imago de mãe má. . . . Mas a* aplicação *não começa neste limiar: ela começa quando o analista se identifica a uma posição de analista e o analisado a uma posição de analisado. A* situação *substitui-se, então, ao* processo *e corre o risco de reforçar a repressão, e não de provocar seu levantamento.*[24]

Castoriadis:

> *Tudo se torna fronteira pelo próprio fato de ter vindo ao centro. . . . São as certezas mais bem ancoradas, mais óbvias, que devem ser interrogadas com mais afinco e as mais seguramente suspeitas; sua evidência testemunha contra elas, e sua aceitação não as isenta da possibilidade de que cumpram uma função desconhecida, até a aumenta. E esta interrogação se dobra sobre si mesma e se recobre, pois nada garante que, em cada caso concreto, ela não seja uma manifestação da dúvida obsessiva ou do retorno de uma resistência.*[25]

A pesquisa em psicanálise nasce precisamente dessa insatisfação com o já-sabido; mas se a imagem da bela totalidade teórica pode servir à resistência, também é verdade que somente sobre

---

24 Pontalis, J. B. (1977). Pour introduire à une réflexion sur la fonction de la théorie en psychanalyse. In *Entre le rêve et la douleur* (p. 133). Gallimard.

25 Castoriadis, C., 1975, p. 32.

a base de um saber já-constituído é que se pode perfilar a dúvida metódica, coisa muito diferente da ignorância erigida em princípio e em ideal.

Motivada por essa insatisfação, que pode ser dolorosa, a atividade investigativa representa uma saída particular para o conflito psíquico, necessitando de um investimento muito importante por parte do psicanalista no processo de pensamento e exigindo um grau razoável de tolerância à frustração, aqui representada pela capacidade de reconhecer o fracasso e de suportar a incerteza até mesmo quanto à existência de uma solução para o problema que o estimulou. Ele traçará primeiramente um balanço dos meios existentes para solucioná-lo, a fim de verificar se um novo questionamento a eles dirigido não resultaria em algum processo. Mapeado o terreno, tem-se alguma ideia da natureza daquilo que se busca descobrir: hipóteses pré-teóricas, se podemos chamá-las assim, conceitos em estado larvar, são mobilizados para delinear um primeiro esboço da organização do fenômeno, seja ele uma manifestação psíquica ou a constatação de um problema após a leitura de certos textos.

Tem então lugar o que Kohut denominou "experimentação pelo pensamento": é o momento em que o pesquisador se vê imerso em perplexidades, em impasses, até que alguma via se apresente como capaz de ordenar os problemas e as hipóteses em sequências potencialmente férteis. Surge assim o que Laplanche denomina uma *contribuição*: algo que esclarece, ainda que em medida modesta, uma região do campo psicanalítico e, ao mesmo tempo, articula-se de maneira a ser aproveitável por outros. Esse é o modelo do que, a meu ver, deveria ser um trabalho de dissertação ou de tese em psicanálise, e as observações de Laplanche a esse respeito são instrutivas. Para ele, uma tese é algo diferente de um testemunho ou de um tratamento meramente retórico-formal do tema, no gênero da *dissertation philosophique* exigida dos estudantes franceses no exame do bacharelado. A *dissertation* não faz avançar em nada o problema estudado, limitando-se a apresentar e a contrapor habilidosamente o que os autores disseram acerca dele; o testemunho tem valor apenas biográfico e anedótico, faltando-lhe a dimensão reflexiva sem a qual o percurso de que dá notícia permanece intransitável para outros que não o autor. "Este texto que será *defendido*, objeto de uma *apreciação* e conduzindo a um título (mestre ou doutor), deve ser um documento, isto é, uma referência possível para outro pesquisador."[26]

Isso é válido para qualquer disciplina. O que especifica sua legitimidade para a psicanálise é a estrutura própria desse campo, atravessado de lado a lado pelo seu próprio objeto – o inconsciente –, mediante sua personificação no sujeito que pensa e escreve. Não é fácil desvencilhar-se das miragens gêmeas do saber absoluto e da intuição inefável; o trabalho de pesquisa em psicanálise parte do singular, tenta apreender as determinações dessa singularidade (inclusive do sujeito que assim procede) e visa extrair dela a dimensão universal que, por sua própria natureza, ela contém. A esse esforço podem-se aplicar as palavras com que Spinoza conclui o livro V da *Ética*: "Se o caminho como mostrei conduzir a este estado parece muito árduo, pode, entretanto, ser encontrado. E deve ser árduo aquilo que tão raramente se encontra".[27] O "contentamento interior" que daí advém pode não ser tão sublime como a *beatitudo* spinozana; porém é certo que traz ao pesquisador não apenas o prazer narcísico de se ver capaz de atingir um objetivo, mas principalmente a realização sublimada de um desejo cujas raízes remontam ao universo infantil.

---

26 Laplanche, J. *Problématiques IV*. PUF (pp. 12-14).

27 *Et sane arduum debet esse, quod adeo raro reperitur. (...) Sed omnia praeclara tam difficilia, quod rara sunt*. Spinoza, B. *Ética*, Livro V, escólio da Proposição 42. Belo Horizonte, Autêntica, 2007 (edição bilíngue, trad. Thomaz Tadeu).

5. Explosivos na sala de visitas[1]

Nada mais tentador do que aplicar ao fundador da psicanálise os esquemas de compreensão da experiência humana que decorrem da sua própria disciplina: a busca das motivações ocultas, o exercício sistemático da suspeita, a atenção aos detalhes aparentemente insignificantes, a desconstrução regrada do discurso coerente e que explica para cada um de nós o sentido daquilo que fazemos e sentimos. A tarefa é facilitada pela abundância de informações a respeito de Freud: por ter revelado muito de si mesmo, por ter mantido durante mais de cinquenta anos uma correspondência gigantesca por ter se tornado uma figura pública, pela influência decisiva que exerceu sobre o pensamento do nosso século, Freud talvez seja o indivíduo sobre quem mais se sabe em toda a história da humanidade. A combinação dessa quantidade de dados com a sutileza dos instrumentos para interpretá-los proporcionada pela teoria psicanalítica, somada à posição ímpar que sua figura ocupa no movimento psicanalítico e na imaginação de cada psicanalista, resultou num acúmulo espantoso de livros, artigos, ensaios e

1 Ver "Nota sobre a origem dos textos" no final deste livro.

documentos que buscam responder à pergunta: por que Freud foi Freud? Qual a relação entre sua vida e sua obra?

Essa pergunta não pode ser respondida de forma simples. Em um ótimo ensaio publicado no livro *Sigmund Freud e o gabinete do Dr. Lacan* (São Paulo, Brasiliense, 1989), o historiador Peter Gay – autor de uma excelente biografia do ilustre personagem – observa com perspicácia: "é muito mais fácil compreender as condições gerais que possibilitaram sua obra do que as condições específicas que fizeram do seu gênio um eficiente instrumento de pesquisa e transformaram em realidade seu potencial para a inovação científica" (p. 48). Gay tem toda a razão: não é possível deduzir, das "condições gerais" vigentes na cultura europeia da virada do século, que um indivíduo com as características pessoais do Dr. Freud viria necessariamente a inventar a psicanálise. Contudo, é possível tentar articular alguns desses fatores, sem com isso pretender uma compreensão exaustiva do resultado produzido por eles.

As condições gerais

Comecemos pelas "condições gerais". Freud viveu na época do apogeu da cultura burguesa na Europa, e essa cultura é uma das precondições para o surgimento da psicanálise. Por "cultura burguesa", entende-se um conjunto extremamente complexo de determinações sociais, políticas, econômicas, científicas e ideológicas que formam o solo sem o qual seria impensável a produção da experiência a partir da qual Freud se defrontou com os fenômenos que sua teoria tenta explicar; e digo "experiência" tanto no sentido amplo da vivência de si, dos outros e do mundo na cena social, como no sentido mais restrito de descoberta de uma dimensão de si ignorada e temível, por meio do contato com um outro nas condições codificadas do enquadramento psicanalítico. Falar de si e de seus problemas a um profissional reservado, a horas fixas, durante um tempo indeterminado, é um ato que pressupõe uma enorme série de condições, e é a esse conjunto de condições que estou denominando "cultura burguesa". Por exemplo: pressupõe uma laicização de vida sem precedentes na história, para que o destinatário dessas comunicações não seja um ministro religioso, mas um psicanalista; pressupõe uma experiência da individualidade e da privacidade condicionada por circunstâncias históricas até então inéditas; pressupõe uma crença no poder terapêutico do conhecimento científico, por sua vez enraizada no prestígio da ciência; pressupõe uma mobilidade geográfica dentro do espaço urbano e uma disponibilidade no emprego do tempo impossíveis antes da invenção dos meios de transporte motorizados e antes da adoção da jornada de trabalho limitada; e estamos longe, com essa enumeração sumária, de explorar os fatores que, por sua vez, tornam possíveis as condições mencionadas. E isso tudo para que os pacientes pudessem chegar até a Berggasse, nº 19...

No primeiro andar desse prédio, os pacientes encontrariam toda outra série de condições, corporificadas na pessoa do próprio Freud. São condições em parte singulares a ele e em parte compartilhadas com outros, e nesses "outros" devemos incluir os médicos de Viena, os cientistas alemães, os judeus emancipados e que então começavam a se incluir na vida social da Europa, os homens instruídos na tradição da cultura ocidental... Freud era tudo isso, mas não apenas isso. Sua biografia inclui, é claro, a preparação para o exercício da sua atividade; e aquilo que absorveu durante sua educação o marcou profundamente. Podemos dizer que esta o capacitou a ser um cientista; isso significa que o proveu com uma ampla informação sobre as mais variadas áreas do conhecimento, mas sobretudo o dotou de um *método* rigoroso para poder transformar sua insaciável curiosidade num instrumento capaz de formular perguntas e imaginar modos para respondê-las, modos que obedeciam aos cânones da investigação científica. Entre esses cânones, é preciso incluir a crença inabalável na ordem e na conexão dos fenômenos, e na possibilidade de subordiná-los a leis gerais, produzindo, com isso, uma imagem do mundo ao mesmo tempo coerente e aberta às revisões impostas pela experiência. A audácia de Freud consistiu, antes de mais nada, em ter transposto esse princípio para a esfera psíquica, postulando que nada acontece por acaso na mente humana, e que aquilo que nela acontece, por mais absurdo e estranho que possa parecer, pode *por natureza* ser compreendido em termos de causa e efeito. Sem essa ideia – um dos pilares da cultura burguesa a que me referi –, toda a genialidade do intelecto de Freud jamais teria produzido uma disciplina fundada sobre a observação controlada de dados e sobre a transformação desses dados em elementos de uma teoria: teria produzido talvez uma grande obra literária ou especulativa, mas não a psicanálise.

Mas essas condições eram compartilhadas com inúmeros outros indivíduos que viviam na mesma época e em situações semelhantes, pela Europa afora. Digamos que são condições necessárias, porém não suficientes. Para que alguém pudesse instrumentá-las no sentido de inventar a psicanálise, era preciso algo mais, e é precisamente esse "algo mais" que singulariza Freud entre todos aqueles que, potencialmente, teriam condições de realizar o que ele realizou. Nesse "algo mais", devemos colocar sua inteligência fora do comum, sua prodigiosa capacidade de trabalho e de concentração, seu formidável poder de expressão e de persuasão, e alguns traços de caráter, como a coragem, a sinceridade, a tenacidade, a tolerância com a incerteza, o fascínio e o respeito pela complexidade do espírito humano. Esses traços, mais uma vez, não dão conta do conteúdo de suas descobertas, nem da forma que deu às suas hipóteses; mas nos aproximam da possibilidade de compreender por que, tendo se deparado com certo tipo de dados, Freud tenha podido trabalhar com eles em vez de negá-los, por mais desagradáveis que fossem. Pois a psicanálise repousa sobre uma hipótese – a hipótese do inconsciente – que fere a autoestima do homem naquilo em que ele é mais sensível: sua imagem de si mesmo. Por mais que se tenha tornado comum a ideia de que somos habitados por impulsos obscuros dos quais nada queremos saber, ainda é um choque a passagem da generalidade para a descoberta desses impulsos em nós mesmos, como pode ser comprovado diariamente no consultório de qualquer psicanalista. Uma coisa é "saber" que existe o complexo de Édipo, outra muito diferente é se dar conta, nos meandros de um sonho ou de um ato falho, do *meu* amor ou da *minha* hostilidade pelo meu pai.

Viena: impulso ou obstáculo?

Sabemos que as ideias de Freud sobre o inconsciente e sobre a sexualidade escandalizaram a sociedade do seu tempo. A ciência oficial as considerava um "conto de fadas científico" (Krafft-Ebing); mas, por sua própria natureza, a psicanálise nascente não podia permanecer confinada à esfera da discussão acadêmica. Ela fala do homem comum, de suas dores, dos seus êxitos e fracassos, das suas paixões. Interessa, portanto, a todos; e, como todos temos uma "psicologia portátil", com a qual nos orientamos na vida e no "inferno dos outros", era inevitável que as ideias psicanalíticas tivessem de passar pelo confronto com a imagem do homem veiculada pela ideologia vigente.

O *locus* clássico para apreender esse confronto é o tema das relações de Freud com Viena. A palavra "Viena" designa aqui uma abreviação taquigráfica cujo referente vai muito além da cidade física, com suas avenidas e prédios. Trata-se de um amálgama de elementos bastante heterogêneos, ligados essencialmente à cultura tanto erudita como popular. Para um viajante contemporâneo, que por esta ou aquela razão vá até a cidade de Viena, não é muito evidente o que recobre a significação "Viena" quando esta figura num título como "Freud e Viena".[2] Isso porque é difícil penetrar na alma de uma cidade quando a visitamos na qualidade de turistas. O que vemos, na maior parte das vezes, é a fachada brilhante: edifícios, lojas elegantes, espetáculos, museus, parques... Mas entre essa camada superficial e a verdadeira vida da cidade, abre-se uma distância considerável: e essa distância aumenta ainda mais quando, como no caso de Viena, o que a torna realmente fascinante se encontra perdido nas brumas do passado. O que vê o turista em Viena? Uma bela cidade: largas avenidas, comércio de luxo, excelentes restaurantes, arte em abundância nas galerias e museus abertos à visitação... Como passar dessa experiência, em si não muito diferente da de visitar qualquer outra metrópole europeia, para a captação daquilo que se esconde sob o que bem podemos chamar "a significação Viena"?

No Brasil, país novo e de cultura relativamente homogênea, não temos muitos parâmetros para imaginar o que era uma capital cosmopolita há oitenta ou cem anos, capital que concentrava em si a essência de uma entidade desaparecida com a Segunda Guerra Mundial: a *Mitteleuropa*, ou Europa Central. O que era a *Mitteleuropa*? Uma região geográfica que ia do Reno e dos Alpes à fronteira da Rússia e ao mar Báltico, cuja língua franca era o alemão, idioma que se impusera por motivos históricos evidentes: todo esse território havia sido parte do Sacro Império Romano-Germânico e, desde o século XVI, o centro desse império ficara nas mãos dos Habsburgo. Áustria, Hungria, Boêmia, Eslováquia, largas porções

---

2 Nota de 2023: o leitor que se interessar sobre o tema das relações de Freud com Viena poderá consultar também os seguintes textos: R. Mezan, *Freud, Pensador da Cultura* (Ed. Blucher), capítulo 1; "Viena imaginária", in R. Mezan, *A Vingança da Esfinge* (nova edição pela Blucher, no prelo); e "Viena e as origens da Psicanálise", in R. Mezan, *Tempo de Muda* (Blucher).

da Polônia, Croácia, Eslovênia, Bósnia e Romênia formavam um mosaico de línguas e de religiões, ao que se acrescentava a enorme quantidade de principados e microestados que correspondem à Alemanha de hoje. Ao longo do século XIX, especialmente no seu último terço, esse vasto território compreendia duas monarquias: o Reich alemão e o Império Austro-Húngaro, sendo Viena a capital administrativa e cultural deste último.

É nessa cidade que habitou Freud durante quase oitenta anos, embora não tenha nem nascido nem morrido nela. Freud nasceu em um pequeno povoado que atualmente se localiza perto da fronteira entre a Boêmia e a Polônia, Pribor – ou Freiberg na denominação alemã. Seu pai, negociante de tecidos, decidiu tentar a sorte em Viena por volta de 1860 e para lá se dirigiu com a família; Freud tinha, então, 3 ou 4 anos. A cidade a que chegaram os Freud era muito pouco parecida com aquela que o turista verá hoje: não apenas arquitetônica e urbanisticamente, mas sobretudo do ponto de vista social. A malha viária atual não existia; a Ringstrasse – o anel em torno da cidade velha – estava sendo construída sobre o aterro do que havia sido o fosso de proteção medieval, transformado posteriormente em terreno das paradas militares. A Viena atual, assim como Paris, data da segunda metade do século passado e da primeira metade deste; isso significa que foi durante o período que Freud viveu na cidade que ela ganhou suas feições atuais, embora muito tenha sido destruído pela guerra e reconstruído depois.

Mas é na estrutura étnica e social que a cidade mais se modificou. Como capital de um vasto império de 40 ou 50 milhões de habitantes – o que era muito para o século XIX –, ela funcionava como um ímã, atraindo migrantes de todas as regiões; ainda hoje, no catálogo telefônico, os nomes eslavos ou magiares são numerosíssimos, lembranças da época em que Viena era o centro do Império. Essa gente trazia consigo hábitos e costumes, roupas diferentes, uma imensa variedade de comidas e de maneiras de sentir, pensar e viver. É claro que a civilização dominante se encarregava de limar as arestas mais evidentes, principalmente pela educação primária das crianças; e a força mágica dos modelos prestigiosos se incumbia de amoldar todos esses elementos num conjunto cuja diversidade não o impedia de funcionar.

Socialmente, Viena era uma cidade dominada pela aristocracia imperial, verdadeira fonte do que era considerado "bom gosto" em todas as áreas. Esses modelos eram copiados pela burguesia e difundidos, em versões mais ou menos diluídas, por todo o corpo social. Um dos elementos homogeneizadores mais eficazes era o teatro; nos tempos do cinema, é-nos difícil imaginar como o teatro podia ser não apenas um meio de expressão artística ou de crítica social, mas sobretudo o repertório exemplar do que se devia dizer, de como se devia entrar em uma sala, ou de qual a forma elegante de declarar seu amor a uma bela jovem. O próprio caráter *outsider* de largas faixas da população facilitava a busca desse gênero de modelos, e a característica mais saliente da Viena imperial era exatamente essa capacidade de amalgamar – homogeneizar completamente – os fatores mais diversos num estilo comum.

Os escritores da época ressaltavam essa faceta, que poderia ser chamada de "tendência ao compromisso". Isso se traduzia em atitudes típicas, como certa bonomia, uma jovialidade risonha, uma elegância discreta e contida, que talvez fossem – e ainda sejam – os traços do "temperamento" vienense que mais chamavam a atenção dos visitantes. Mas esses mesmos escritores assinalaram que esses traços eram superficiais: por baixo deles, ocultava-se uma série de conflitos; conflitos entre classes certamente, também entre etnias, mas sobretudo conflitos emocionais e de identidade. Sob a pátina brilhante e civilizada, Viena vivia um clima de fim de festa; uma intranquilidade sorrateira, uma ameaça permanente pairava sobre aquela civilização, como resultado da sua incapacidade de administrar os choques e os embates de uma sociedade em vias de industrialização. Viena era um bastião do conservadorismo em todos os setores, da recusa de inovações artísticas, do antissemitismo, dos preconceitos; e a cidade se dividia contra si mesma, já que justamente em Viena viveram, entre 1880 e 1930, alguns dos mais radicais revolucionários do espírito, homens e mulheres de cuja criação se alimenta ainda o século XX próximo do ocaso.

Freud foi um desses homens, ao lado de músicos, arquitetos, poetas, teatrólogos, cientistas sociais, líderes políticos, diretores de cinema, filósofos, novelistas. O nazismo - acolhido com entusiasmo por boa parte dos vienenses, é preciso que se diga - varreu para sempre a presença desses homens e de suas ideias, pela emigração, pelo assassinato ou pela intimidação. A anexação da Áustria ao Reich, em 1938, foi o toque de finados na vida inteligente da cidade e, ainda hoje, décadas depois, as marcas dessa tragédia não se apagaram. A bestialidade desenfreada que se escondia sob os frágeis controles da civilização veio à tona; embora os judeus tenham sido as vítimas mais visíveis dessa explosão, ela atingiu igualmente tudo o que pensava e tudo o que lutava pela emancipação do homem das cadeias que ele forja para si mesmo: poder-se-ia aplicar ao que aconteceu então a célebre frase do general franquista, "quando ouço pronunciar a palavra *cultura*, saco o meu revólver".

É nessas condições que Freud - por sua vez, herdeiro do que havia de melhor na cultura clássica da Europa Central - vai viver e criar a psicanálise. Não é de espantar que nutrisse por Viena sentimentos dos mais hostis; e suas cartas e escritos estão salpicados de referências pouco elogiosas ao espírito estreito, à brutalidade, à hipocrisia e à arrogância dos seus concidadãos. Na juventude, ele foi discriminado por ser judeu e por ser pobre; na idade madura, suas descobertas foram acolhidas com indiferença primeiro e com hostilidade depois; na velhice, quando já era mundialmente famoso, teve de conviver com o fascismo e com o clericalismo do regime austríaco; e, depois, com o horror das hostes nazistas. É verdade que nem tudo foram tragédias na sua vida, e talvez haja um pouco de exagero na amargura que sentia em relação a Viena; mas, se lemos o que escreveu a respeito da cidade, chama a atenção o quanto se sentia estranho aos padrões éticos e estéticos que a caracterizavam e aos seus habitantes.

Contudo, não se segue dessa situação nada de relevante para dar conta da criação da psicanálise por Freud, se permanecermos no nível das generalidades. Para ele, viver em Viena, na "atmosfera deprimente" da qual se queixa a seu amigo Fliess, seria antes um obstáculo do que uma vantagem, porque o "jeitinho" vienense, a tendência a aveludar os conflitos, engendrava uma hipocrisia insuportável para quem se devotasse à busca paciente de verdades científicas. Alguns autores pensaram em interpretar essa situação, considerando que, justamente porque em Viena reinava a hipocrisia, a cidade teria sido o berço ideal para o nascimento da psicanálise, já que esta encontraria nas atitudes e nos preconceitos dos vienenses o material mais adequado para ilustrar os processos defensivos e para desenvolver a arte da interpretação. Essa hipótese, no entanto, não leva a lugar nenhum: supõe, sem razão, que em Viena a taxa de hipocrisia *per capita* ou por metro quadrado era maior do que em outras partes da Europa (que dizer da Inglaterra vitoriana...?) e, além disso, coloca lado a lado dois fatos (admitindo-se que a hipocrisia fosse mesmo um fato), mas sem estabelecer entre eles mais do que uma relação de vizinhança. "Os vienenses eram hipócritas na vida social e na vida sexual"; "Freud descobriu a psicanálise em Viena": eis aí duas asserções que podemos tomar por verdadeiras, mas que nada justifica tomar como causa uma da outra. Nessa toada, poderíamos perfeitamente dizer que a hipocrisia vienense determinou o surgimento do *Jugendstil* (versão austríaca do *art nouveau*) e do anti-*Jugendstil*, a severidade para com a ornamentação excessiva, que indica uma sensibilidade próxima daquela da Bauhaus alemã. Ou seja: quando um argumento "explica" uma consequência e a sua contrária, não explica nada, e provavelmente não é um argumento: justapor uma ideia a outra não é construir um raciocínio.

Pois o problema não é que Freud fosse mais rígido ou menos na condenação dos seus concidadãos, e mais particularmente dos seus colegas cientistas, por serem convencionais quer em moral, quer em matéria de crenças científicas. Freud agrediu implacavelmente a moral vigente na época, mas não era por isso um libertino. Em termos de moral sexual, condenava a repressão excessiva tanto como a tendência à mentira e ao disfarce. Isso como intelectual ilustrado; pois, como indivíduo, foi o primeiro a se chocar com suas descobertas, especialmente com a da função fundamental da sexualidade na vida psíquica. Teve de vencer em si mesmo as resistências que se antepõem à emergência do ódio e do amor em relação aos pais, aos entes queridos e às figuras idealizadas em geral. Teve de resignar-se à aceitação deste "território estrangeiro interno" que é o inconsciente, e sua grandeza consiste em não ter recuado diante do que lhe parecia horrendo, mas em ter sabido transformá-lo em instrumento de conhecimento e de alívio do sofrimento, seu e dos outros.

O que é a "obra" de Freud?

Uma curiosa dualidade percorre a vida de Freud: se no campo científico era um explorador audaz, comparando-se com conquistadores como Cortez e Pizarro; na sua existência pessoal era notavelmente comedido, levando uma vida perfeitamente respeitável e idêntica à de milhares de outros burgueses como ele. Peter Gay apreende essa dualidade numa metáfora sugestiva: diz que é como se Freud "passasse o tempo fabricando explosivos na sala de visitas". Mas esse homem não é interessante pela sala de visitas, pelo que pode ter de convencional: é interessante porque os explosivos que fabricou – a psicanálise, suas teorias e suas aplicações – servem para compreender o homem de uma maneira inteiramente nova.

O que é, exatamente, a "obra" de Freud? O sentido mais imediato dessa palavra corresponde aos textos que escreveu, e que somam mais de três mil páginas em letra miúda. Mas convém incluir na ideia de "obra", igualmente, a sua prática, tanto a dimensão clínica – dez horas de consulta, seis dias por semana, dez meses por ano, durante mais de cinco décadas – como sua infatigável disposição para divulgar sua doutrina.

Freud definiu certa vez a psicanálise como "um método para tratar neuroses, uma forma de investigação do sentido inconsciente, e um conjunto de teorias psicológicas baseadas nos resultados dos dois primeiros aspectos". A isso devemos acrescentar, como também já foi dito, "um poderoso movimento científico e um fato cultural de primeira grandeza". A psicanálise não é nem nunca foi apenas "a doutrina de Freud": desde o início, ela se propagou por escrito e aliciou partidários, que se congregaram em associações e deram origem às instituições psicanalíticas. Por esse motivo, implicou-se nas malhas do tecido social, e não apenas como produto altamente sofisticado desse tecido, porém igualmente como uma de suas fibras. A influência exercida pelas ideias de Freud e de seus discípulos sobre nosso modo de pensar e de sentir dificilmente pode ser exagerada; ela se verifica na maneira como educamos nossas crianças, na forma como nos relacionamos conosco mesmos e com os que nos rodeiam, no que nos é oferecido pelas artes e pela literatura, na linguagem cotidiana. Disso resulta, segundo alguns, uma diluição da aspereza própria à psicanálise; não penso assim. Creio que é confundir os níveis em que se desdobra um fato de cultura pretender que a maneira como a sociedade se serve dele o corrompe; ao contrário, parece-me que tal maneira faz parte desse próprio fato, e que as implicações dessa situação devem ser pensadas, e não caluniadas. A existência de representações ou de imagens da psicanálise, bem como do retrato que ela nos propõe da nossa vida interior, faz hoje parte das condições em que é praticada. Esse resultado foi intensamente desejado por Freud, e ele colocou boa parte de suas energias a serviço da divulgação de suas ideias, escrevendo com vigor e clareza, para públicos especializados e leigos, e sempre encontrando o tom justo para mobilizar seu leitor.

Um exemplo quase aleatório de sua prosa pode nos dar uma ideia de quem era Freud (Carta a Pfister, de 5 de junho de 1910):

> *Ora, estas coisas psicanalíticas só são compreensíveis se forem relativamente completas e detalhadas, exatamente como a própria análise só funciona se o paciente descer das abstrações substitutivas para os detalhes mais ínfimos. Disso resulta que a discrição é incompatível com uma boa exposição sobre a psicanálise. É preciso ser sem escrúpulos, trair-se, expor-se, comportar-se como o artista que compra tintas com o dinheiro da casa e queima os móveis para que o modelo não sinta frio. Sem algumas destas ações criminosas, não se pode fazer nada direito.*

O estilo é o homem, como se costuma dizer. Nessa pequena citação, é possível discernir, com mais clareza do que por meio de longas digressões, o que torna Freud Freud. Em primeiro lugar, o assunto é a psicanálise, sua preocupação constante e seu mais intenso objeto de prazer. É sensível a facilidade com que escreve, como está à vontade falando de seu assunto predileto. Em seguida, a firmeza com que diz o que pensa: o trecho pertence a uma carta na qual comenta um trabalho do seu amigo Pfister, trabalho no qual este se julgara adstrito a manter certa compostura em nome da discrição. Freud o adverte carinhosamente contra essa tentação:

psicanálise é psicanálise, é atenção ao detalhe, e não pode ser feita com "abstrações substitutivas", que mantêm intactas as defesas e não permitem que o sujeito se reconheça naquilo que diz. Isso é um fato, e contra esse fato não adianta lutar, mesmo que seja um fato desagradável. É a esse aspecto que me referi anteriormente, ao falar do respeito de Freud pela coisa psíquica.

Notamos ainda a utilização imediata desse fato para formular uma conclusão: "Disso resulta que . . .". A imaginação teorizante de Freud só encontra paralelo na sua extraordinária capacidade de criar metáforas, como a que vemos surgir na frase seguinte (o artista). Na imagem do artista, aparece outra faceta da personalidade de Freud: a disposição de ir até o fim naquilo em que se empenha, a tenacidade; aparece igualmente a situação por excelência em que se sente impelido a pensar, isto é, a situação em que não está sozinho, mas vibrando em ressonância com um outro. O artista da carta não está placidamente instalado à beira de um lago, contemplando uma paisagem; está acompanhado por um modelo, que sente frio e cuja condição de trabalho deve ser respeitada. O artista está fazendo um retrato desse modelo; a metáfora não é destoante em relação ao trabalho analítico, que também resulta numa espécie de retrato do "paciente-modelo", obra conjunta do psicanalista e dele mesmo. Ressalte-se ainda a ironia, o bom humor constante que caracteriza tantos textos de Freud, o convite a que o leitor pense junto com ele e acompanhe-o nas descobertas que vai fazendo. Poderíamos nos alongar nessa pequena análise, mas creio que, mesmo com essa amostra, é possível fazer sentir como o homem se envolvia com o que estava fazendo, e com que cuidado infinito o fazia.

Pois "o que fazia" era trabalhar com o material mais delicado que se possa imaginar: os sentimentos, as fantasias e as significações criadas pelo ser humano. A descoberta decisiva de Freud foi que, nesse domínio, o irracional prepondera, que a tênue camada da civilização com que recobrimos nossa nudez revela e oculta impulsos poderosos, angústias intensas, defesas muitas vezes excessivas e cruéis. A grandeza de sua vida foi ter trazido esse universo para mais perto da razão: porém não impondo a ele as *normas* da razão, e sim tratando-o segundo *métodos* racionais, isto é, organizando-o em categorias, propondo hipóteses sobre seu funcionamento e sua origem, permitindo-nos um acesso transformador àquilo que nos governa à nossa revelia.

A hipótese da "freudeína"

É precisamente esse feito que suscita a curiosidade dos pósteros, e a pergunta que vem nos guiando neste ensaio: mas por que Freud? Um paciente trabalho de levantamento de dados e um pouco de imaginação são necessários para que se possa ter uma ideia, ainda que vaga, de por que Freud foi Freud. Outros autores também se preocuparam com essa questão, porém seguindo uma via diferente: pesquisam o que se poderia chamar de pré-história do trabalho de Freud, seus primeiros passos no mundo da ciência, seus escritos de adolescente, em busca de indícios que pudessem deixar prever o que se sabe ter ocorrido. Um desses autores é Oscar Cesarotto, cujo livro *Um affair freudiano*[3] toma por objeto as pesquisas desenvolvidas por Freud sobre a cocaína em meados da década de 1880. Essas pesquisas lhe valeram o apelido de "Dr. Coca", epíteto pelo qual o trata seu professor Nothnagel quando o

3 São Paulo, Iluminuras, 1989. O livro consta de quatro partes: os artigos por Freud sobre o assunto; um artigo original de Cesarotto sobre a cocaína hoje e sobre os circuitos psíquicos e econômicos de sua difusão; um texto *in memoriam* que focaliza alguns efeitos da difusão da psicanálise no Brasil e certas consequências da elevação de Freud à categoria de "ícone onipotente da nossa sociedade"; e o texto que comentarei a seguir, que se apresenta como uma leitura dos artigos do jovem Freud sobre a cocaína.

jovem cientista o procura para tratar de suas chances de conseguir a bolsa que o levaria a Paris. O professor, aliás favorável ao avanço da carreira de Freud, o recebe com a seguinte pergunta: "E quais são os temas dos seus artigos, Dr. Coca?".

É claro que, em 1885, a cocaína ainda não era o flagelo em que se converteu posteriormente: tratava-se de uma nova droga, produzida em pequena escala pelos Laboratórios Merck, e da qual se esperavam importantes efeitos no campo da medicina. Ninguém sonhava com a possibilidade de que causasse dependência; ao contrário, pensava-se que fosse um antídoto eficaz contra a adição à morfina. E, tragicamente, um dos responsáveis pela descoberta de que a cocaína mata foi o próprio Freud, que pagou caro por seu desejo de notoriedade e seu entusiasmo ingênuo pelo novo produto. Com efeito, poucos meses depois de recomendar seu uso em nada menos do que sete patologias diferentes, e de ter contribuído para apressar a morte de um colega que abusou de sua prescrição da droga miraculosa, o jovem cientista passou pelo dissabor de vê-la caracterizada, por um médico mais cauteloso, como "a terceira praga da humanidade", depois do álcool e da morfina.

Cesarotto arrola, numa pesquisa bastante completa, praticamente tudo o que se sabe sobre essa história, mostrando mesmo como ela repercute nos sonhos de Freud muito tempo depois de encerrada – pois, na vida psíquica, nada termina de uma vez por todas. E propõe uma tese não apenas sobre o impacto que esse episódio teve na carreira de Freud, mas ainda sobre o que ele permite concluir quanto ao aspecto que nos interessa. Diz Cesarotto:

> *A hipótese deste ensaio é que a ênfase no aspecto contingente do interesse freudiano pela cocaína tem valor de álibi, pois o que é alegado como incidental tem profundas implicações sobredeterminadas. . . . A tese a ser*

avaliada postula a inexistência de um Freud pré-psicanalítico, o que obriga a uma consideração de tudo o que for anterior à descoberta do inconsciente apenas como passos prévios e indispensáveis para chegar a ela. (pp. 25-26)

O argumento é interessante: apoiando-se nas descobertas da psicanálise, segundo as quais nada na vida ocorre por acaso, o autor sugere que o interesse de Freud pela cocaína é precondição indispensável para seu interesse pelas neuroses, do qual surgirá a psicanálise. Mais ainda, sugere que o conteúdo dos artigos de Freud sobre a cocaína contém, em estado virtual, "articulações fundamentais para a teoria psicanalítica" (p. 42 e 48, entre outras). Trata-se a meu ver de duas questões diferentes, amalgamadas numa só, e que, apesar da declaração de intenções, o autor não consegue responder a contento.

Que o interesse de Freud pela cocaína tenha aspectos sobredeterminados, isto é, que se vincule a todo um universo de fantasias e desejos pessoais, na aparência muito afastados da pura curiosidade do investigador (mas, na realidade, alimentando a paixão de conhecer) – disso não resta dúvida, e qualquer psicanalista concordaria com Cesarotto quando esse enumera dados da vida de Freud que apontam nessa direção. Além da ambição e da vontade de ter assegurada sua estabilidade financeira – motivos mais conhecidos –, o livro traz um sugestivo estudo da transferência de Freud sobre seu amigo Fleischl, a quem muito admirava e a quem tentou curar de uma adição à morfina administrando-lhe doses crescentes de cocaína – o que sem dúvida apressou a morte do colega. O problema não está aí: aplicar as hipóteses da psicanálise à biografia do fundador da disciplina não é coisa nova, ele mesmo o fez inúmeras vezes, e nada há de extraordinário em que a psicanálise explique a personalidade de Freud, como, aliás, de qualquer ser humano.

O que é discutível é a recíproca dessa frase, isto é, a ideia de que a personalidade de Freud explique a psicanálise – ou, para sermos mais fiéis à teoria de Cesarotto, que o desejo de Freud seja a chave da psicanálise.

Esse salto de um argumento em que a pessoa de Freud se apresenta como *ilustração* de suas teorias para um argumento em que a pessoa de Freud passa à condição de *causa* de suas teorias é, a meu ver, injustificado. A Cesarotto parece que certas "articulações fundamentais" da teoria psicanalítica já estão prefiguradas nos artigos que transcreve: a desconfiança quanto à fisiologia, a subversão do conceito de instinto, o interesse pela dimensão quantitativa da vida mental. A leitura atenta dos escritos do jovem Freud, porém, não revela nada disso. Revela um jovem investigador, talentoso, porém desprovido de autocrítica, que estuda as propriedades de uma nova substância exatamente como faria, com qualquer outra, qualquer outro jovem investigador da mesma estirpe: experimentando-a em si, medindo seus efeitos, investigando a literatura especializada, etc. É o trabalho de um jovem médico, e, se esse jovem médico não se chamasse Freud, não ocorreria a ninguém ler o que escreve numa perspectiva "sintomal".

A tese de que "tudo o que for anterior à descoberta do inconsciente é apenas passo prévio e indispensável para chegar a ela" – que comanda, evidentemente, a busca dos germes dessa descoberta nos estudos sobre a cocaína – convoca, na verdade, outro problema, muito mais complexo. Trata-se de saber qual o papel do desejo de Freud na constituição da psicanálise; e da ideia que se faça sobre esse assunto aparentemente abstruso dependerá – pasme o leitor – a ideia que se terá sobre uma grande série de aspectos da vida do psicanalista comum, inclusive, e sobretudo, a sua inserção em associações destinadas a transmitir a arte. Brevemente, o argumento é o seguinte: se a "causa" da psicanálise for o desejo de Freud, é importante mostrar a continuidade desse desejo, mesmo e principalmente quando Freud não fala de psicanálise. Brincando com as palavras, haveria uma "substância Freud" – que poderíamos denominar "freudeína" – responsável pela criação da disciplina. Aos que vêm depois e não se chamam Freud, a única via possível seria se identificar com o desejo de Freud, para "sustentar a posição do analista". Ou seja, o caminho fundamental para se aprender a ser psicanalista passaria pela *identificação a um nome*, apesar da retórica em contrário, que fala do desejo singular, da castração, etc. É fácil imaginar os efeitos alienantes dessa convicção sobre as associações de psicanalistas, se as imaginamos fundadas não sobre uma comunhão de interesses e de afinidades, mas sobre a identificação obrigatória (e mascarada) a um elemento que nada tem de "simbólico".

Vê-se que as implicações da tese de Cesarotto não são ligeiras; contudo, não cabe discuti-las em profundidade neste momento. Diga-se apenas que não há nada de inadmissível num "Freud pré-psicanalítico", se reportarmos a origem da psicanálise a algo mais complexo do que "o desejo de Freud". É claro que esse desejo – e toda a subjetividade do seu autor – tem um enorme papel na invenção da disciplina psicanalítica, já que toda estrutura conceitual se ancora num substrato imaginário. Mas há uma grande diferença entre admitir isso – tentando demonstrá-lo, passo a passo, em cada caso particular – e admitir que "a chave da psicanálise está no desejo de Freud". Pois, para se constituir, a psicanálise precisou de algo mais do que o desejo de Freud: precisou das pacientes histéricas que frequentavam seu divã, precisou de um formidável trabalho de autoanálise, precisou de uma colossal depuração das fantasias para transformá-las em conceitos, com tudo o que está implicado nessa transformação. Diga-se de passagem que a complexidade dessa situação tem efeitos importantes sobre o que se pensará acerca do que é psicanálise, acerca de como devem ser as associações entre nós, e acerca de como se processa a transmissão da disciplina e da experiência, sem o que Freud teria sido não o primeiro, mas o único e o último psicanalista.

É a psicanálise uma ciência judaica?

Outra tentativa de responder à pergunta "por que Freud foi Freud?" tem-se materializado numa série de estudos que partem de uma perspectiva diferente. Se a tese da "freudeína" acentua a absoluta singularidade do desejo de Freud, a imanência do seu pensamento à sua pessoa, certo substancialismo psicológico que faz da obra a emanação da biografia, essa outra via realça fatores diametralmente opostos. Aqui, a resposta à nossa questão é simples e direta, pelo menos à primeira vista: Freud foi Freud porque era judeu. À primeira vista, estamos diante de uma tolice que não merece maior exame; mas o curioso é que, mesmo torcendo o nariz, há nessa pergunta sobre o caráter judaico da psicanálise um quê de instigante, uma aparência de veracidade, que incita a aceitar o desafio e buscar se nela não se esconde algum grão de verdade.

Se deixarmos de lado as tentativas apressadas de responder por um "sim" ou por um "não", o que se nota é que a pergunta que serve de título a esta seção diz respeito à sociologia da cultura e à história das ideias. Ela implica uma vinculação entre dois territórios aparentemente muito distantes um do outro: a cultura judaica, essencialmente religiosa, e a psicanálise, que se apresenta como uma disciplina científica. Há nela ainda um outro implícito: o de que a relação entre os dois territórios não é de intersecção horizontal, mas de causação, direta ou indireta. Pressupõe-se que exista um "algo" judaico (a ser definido) que, de alguma forma, impregna a psicanálise e contribui, em algum ponto decisivo, para a constituição das suas doutrinas e da sua prática.

É preciso observar que a própria aproximação entre psicanálise e judaísmo só é possível a partir de uma óptica particular, já que, à primeira vista, nada há de comum entre os dois campos culturais. Com efeito, a psicanálise consiste num corpo de hipóteses sobre a natureza humana e numa prática baseada nesse corpo de hipóteses, prática que serve, entre outras coisas, para constantemente reformular algumas das noções e relações definidas pela sua teoria. O judaísmo é uma religião baseada na crença no Deus único e um corpo de práticas, doutrinas morais e especulações deduzidas das Escrituras, que, para os crentes, consignam revelações e mandamentos da divindade. O que poderia haver de comum entre esses dois conjuntos? Se permanecermos na letra de cada um deles, é preciso responder: nada. Para que a pergunta adquira um sentido, é necessário, portanto, que se admita como válida a possibilidade de uma interpretação, que, por mediações sucessivas, vá transpondo o conteúdo manifesto de cada um dos campos em formulações derivadas, a fim de reduzir a distância imediatamente perceptível entre eles, e, em algum momento desse percurso, poder estabelecer as ligações de forma plausível e convincente.

Todo o problema reside nessa interpretação e na consistência dos passos a serem dados nessa trajetória. Ora, o que se verifica quando começamos a examinar alguns exemplos de como foi realizado esse trabalho é que, com frequência, as mediações são mal estabelecidas, ocorrem saltos injustificáveis, dão-se como demonstradas asserções fundadas em analogias, e de modo geral procede-se com uma leviandade intelectual que não honra a reputação dos intérpretes. E isso porque parece existir um desejo prévio de responder afirmativamente à pergunta, mesmo se à custa de alguns arranhões na lógica da argumentação. É essa a impressão que resulta da leitura de alguns trabalhos que procuram, de modo desapaixonado, fazer o balanço dessa discussão. Refiro-me em particular a um trabalho de Peter Gay, "A Questão de uma Ciência

Judaica", incluído em *Um Judeu sem Deus* (Rio, Imago, 1992), e a um escrito meu, "Processo Primário e Interpretação", que constitui o último capítulo de *Psicanálise, Judaísmo: Ressonâncias* (São Paulo, Escuta, 1987).

Peter Gay assinala que "rotular a psicanálise de 'ciência judaica' implica aceitar certas companhias não muito agradáveis. Os partidários desta noção constituíram uma aliança incongruente, que abarca "judeus ávidos por se apossar de Freud e gentios rancorosos ansiosos por desacreditá-lo" (p. 121). De fato, a ideia de uma ciência da alma que refletisse o "espírito judaico" foi primeiramente lançada como insulto, na esteira de tentativas de dar ao antissemitismo um verniz intelectual. O argumento – se é que se pode chamar a esse amontoado de tolices um "argumento" – é que, sendo os judeus depravados por natureza, inimigos da civilização, parasitas da cultura ocidental (e, em particular, alemã e francesa), estariam empenhados por todas as formas em destruir os valores dessa cultura, como parte de um plano sinistro de dominação dos povos que a criaram. A psicanálise seria um instrumento especialmente eficaz para a consecução deste projeto, porque coloca na raiz da humanidade do homem os impulsos ligados à sexualidade e à agressividade, bem como desvenda os mecanismos de ocultação desses impulsos, mecanismos, no entanto, que de um modo ou de outro permitem a eles gratificações parciais. Mascarada de doutrina racional, de prática terapêutica e de crítica dos efeitos deletérios da civilização, a psicanálise seria um cavalo de Troia introduzido pelos judeus no seio da cultura europeia, que se serviria de certos aspectos dela para melhor aniquilá-la. Não creio que valha a pena perder tempo com o exame detalhado dessas ideias: elas resultam, à evidência, do preconceito e de uma inacreditável capacidade de enfileirar bobagens uma atrás da outra, num procedimento característico da ideologia que já foi bem estudado por inúmeros autores eminentes.

O problema é que, do lado oposto, os "judeus ávidos por se apossar de Freud" chegam igualmente à conclusão de que a psicanálise é um fruto do espírito judaico. Numa conferência pronunciada em Jerusalém, em 1977, Anna Freud chocou sua plateia ao sugerir que a ideia da "ciência judaica" poderia ser considerada pelos partidários da psicanálise como um *title of honor*, um título honorífico. Tal afirmativa implica valorizar positivamente o espírito judaico, capaz de criações tão complexas e tão verdadeiras como a psicanálise, e de muitas outras, nos mais variados campos da cultura e da ciência. O pressuposto aqui é um pouco sutil, e vale a pena explicitá-lo. Os judeus, que a partir de meados do século XIX criaram obras grandiosas na literatura, nas ciências e nas artes *ocidentais*, teriam trazido para estas últimas algum elemento anteriormente ausente delas e proveniente da herança religiosa judaica. Tal herança, porém, não foi assumida diretamente por esses criadores; todos eles, de um modo ou de outro, afastaram-se das práticas rituais que caracterizam o judeu ortodoxo, o que permite supor que se afastaram igualmente da visão de mundo e da visão de homem que, no judaísmo ortodoxo, sustentam e fundamentam essas práticas. Trata-se, portanto, de judeus sem judaísmo, ao menos no nível mais imediato.

Contudo, haveria no judaísmo algo misterioso e indefinível, capaz de aderir inapelavelmente mesmo àqueles que se afastam do seu redil, e que viria a impregnar de dentro as criações artísticas, científicas e filosóficas elaboradas pelos judeus em questão. Esse algo seria responsável pelo "ar de família" que, embora um tanto rarefeito, se respira nas obras mencionadas; a questão passa, então, a ser como definir mais exatamente o que é essa coisa misteriosa, o "espírito judaico", considerado causa e origem não só dessas obras admiráveis, mas ainda do próprio judaísmo. Pois é evidente que, para essa perspectiva, o próprio judaísmo é um dos frutos (e talvez o menos interessante) desse "espírito judaico": caso contrário, não se compreenderia como, abandonando tudo aquilo que caracteriza o judaísmo enquanto religião e enquanto visão de mundo, o judeu ex-judeu conservaria essa enigmática qualidade que, em seguida, viria a tornar singulares suas criações em campos de natureza totalmente diferente. Sejamos coerentes: se fosse a adesão ao judaísmo a fonte do "espírito judaico", o abandono das práticas e das crenças do judaísmo acarretaria, *ipso facto*, o silenciamento desse "espírito", o esgotamento dessa fonte, ou que outra metáfora se quiser empregar. Para que a ideia de uma especificidade das obras criadas na cultura ocidental por judeus tenha algum sentido, é necessário que se considere isso a que estou chamando de "espírito judaico" uma matriz produtora de significações, imagens, temas, estilos, atitudes; matriz esta capaz de continuar ativa ainda que desvinculada da sua dimensão religiosa.

E aqui, a partir dessa hipótese audaciosa, os que a admitem se separam em dois grandes grupos. O primeiro considera que esse "espírito judaico" é da ordem de um conteúdo; o segundo prefere acreditar que ele é da ordem de uma forma. No primeiro caso, acredita-se, conteúdos cuja natureza precisa ser determinada teriam assumido na religião judaica uma determinada forma – religiosa, obviamente –, mas que o mesmo conteúdo pode revestir outras formas, por exemplo, científica ou literária. Um exemplo dessa postura, aplicada à psicanálise, é a tese de David Bakan, segundo a qual a obra de Freud seria uma versão leiga do misticismo judaico, em particular da sua variante cabalística. Peter Gay enumera outros que, de um modo ou de outro, participam desse ponto de vista: A. Roback é um deles, e eu poderia acrescentar um autor francês que acaba de ser traduzido em nossa língua, Gérard Haddad, cujo livro *O filho ilegítimo: as fontes talmúdicas da psicanálise* (Imago, 1992) é comentado e criticado no quarto capítulo de *Psicanálise, judaísmo: Ressonâncias.*

Aqui cabe apenas dizer que todas essas tentativas padecem de um defeito comum e insanável: o de tomar *analogias* por cadeias de causação. Dizer que tal ou qual hipótese psicanalítica corresponde à versão secular de tal ou qual ideia ou crença no judaísmo tradicional é admitir que as noções podem ser comparadas independentemente do contexto em que surgem e no qual ganham sentido, como se fossem peças isoladas de alguma coleção de curiosidades. É demonstrar uma inacreditável falta de respeito pela inteligência alheia, tomando por idênticas ideias, conceitos e sequências argumentativas cuja posição em seus sistemas teóricos respectivos e cuja fundamentação, a partir de premissas aceitas como indiscutíveis, são absolutamente incompatíveis. Uma ideia sozinha nada vale, nada prova: ela só se sustenta no interior de um campo específico. Isso é óbvio em inúmeros territórios do conhecimento e da prática dos homens. Pascal dizia que o Deus dos filósofos nada tinha a ver com o Deus da religião, e sobrava-lhe razão para tanto: apenas o nome das duas entidades é o mesmo. Nas línguas, existe o fenômeno dos falsos cognatos: palavras de aparência semelhante, mas cujo sentido é inteiramente diferente (por exemplo, em inglês *to pretend* não é "pretender", mas "fingir"). Uma estatueta é a imagem respeitada de uma divindade numa cultura, um ídolo abominável em outra, ou ainda uma obra de grande valor estético numa terceira: a mesma peça de ouro é venerada num templo asteca, vilipendiada pelos conquistadores espanhóis como coisa do demônio, e exposta como tesouro artístico em um museu moderno. Podemos multiplicar os exemplos: creio que a ideia está clara. Pois é assim que procedem os que buscam derivar a psicanálise – ou alguma de suas partes – do "espírito judaico" materializado em conteúdos: tomam um fragmento do judaísmo, um fragmento análogo da psicanálise e, dessa analogia entre elementos descontextualizados, concluem que um é derivado do outro. É assim que procede, por exemplo, David Bakan ao falar do sonho segundo a

Cabala e segundo Freud, ou Haddad ao falar da loucura segundo o Talmud e segundo a psicanálise. Semelhante procedimento é inaceitável, e por esse motivo as conclusões a que ele permite chegar nada valem.

O segundo grupo de partidários da influência do "espírito judaico" sobre a psicanálise é um pouco mais sutil. Enxerga no judaísmo essencialmente uma forma de pensar, de ver o mundo, de construir ideias, e procura na psicanálise um análogo dessa forma, que frequentemente encontra na arte da interpretação. Aqui o pressuposto é que o judaísmo, de alguma maneira, tem uma atitude crítica diante do imediato, e procura exercitar o intelecto para descobrir, por trás desse imediato, uma cadeia lógica ou moral que o justifique. Essa posição tem o aval do próprio Freud, que, em carta a Karl Abraham, dizia que sua "constituição intelectual comum" facilitava ao discípulo a compreensão da essência da psicanálise. O que caracterizaria essa constituição intelectual comum seria a "ausência de misticismo". Procurei em meu livro estudar detalhadamente o que Freud poderia estar querendo dizer com isso, e devo dizer que a colheita é magra. Existem no judaísmo correntes místicas e não místicas, e se Freud considera que o judaísmo favoreceria uma atitude intelectual desprovida de preconceitos, aberta ao novo e ao exame racional da realidade, essa é uma opinião sua pouco condizente com a verdade. O judaísmo de Freud, diz Peter Gay, era "agressivamente secular"; ele via em sua ascendência um motivo de orgulho, e, como era frequente em sua personalidade, um motivo de desafio e de repúdio à estupidez.

Quanto à ideia de que o elemento judaico na psicanálise seria a arte da interpretação – que é o argumento central de Haddad em seu livro –, ela não se sustenta. Procurei demonstrar isso com detalhes no livro já mencionado, utilizando exemplos de interpretações rabínicas, e desmontando-os pacientemente para deixar à mostra seu modo de operação. O que resulta desse trabalho é que a interpretação rabínica é de uma extrema engenhosidade, utilizando mecanismos que combinam o processo primário e o processo secundário – condensações, deslocamentos e silogismos –, mas que lhe falta o ingrediente que caracteriza como psicanalítica uma interpretação: seu poder de alterar a organização psíquica de quem recebe. São interpretações semânticas, que descobrem sentidos – ou os inventam de modo espantosamente hábil – nas dobras do texto sagrado; não são interpretações pragmáticas, incluídas num contexto transferencial que transforma as formulações interpretativas em *atos*.

Ao falar da maneira pela qual Freud viveu seu judaísmo, tocamos num ponto essencial para compreender por que a questão das relações entre psicanálise e judaísmo se tornou interessante: é, evidentemente, o fato de o criador dela ter sido um *godless Jew*, um judeu ateu, como diz Peter Gay. Se tivesse sido um não judeu, não existiria o problema – talvez existisse a pergunta pela "ciência islâmica" ou pela "ciência espírita". Se tivesse sido um judeu religioso, ele próprio teria explicitado os vínculos entre suas ideias e a matriz comum da tradição, o que seria indispensável para provar o caráter legítimo de suas inovações diante dessa tradição, sua qualidade de *kasher*. Mas, em se tratando de um judeu não religioso, seria necessário considerar, como disse anteriormente, que mesmo num indivíduo que os judeus ortodoxos considerariam ex-judeu, ou pelo menos extremamente condenável por sua postura, algo dessa "essência judaica" permanece e vem impregnar o edifício teórico, à revelia do seu ego.[4] Pois é evidente que, para formular a própria pergunta, já estamos aplicando uma grade de leitura psicanalítica:

---

4 Nota de 2023: *L'enfant illégitime; sources talmudiques de la psychanalyse*, Paris, Ed. Point hors ligne, 1990. (trad. bras. *O filho ilegítimo: fontes talmúdicas da Psicanálise*, Imago, 1992).

o elemento judaico no pensamento seria inconsciente, de algum modo recalcado.

Um dos equívocos induzidos pela nossa pergunta é precisamente o de confundir a pessoa de Freud com o pensamento de Freud, e, mais gravemente, confundir o pensamento de Freud com a psicanálise. Aqui, Gay e eu coincidimos, embora por caminhos diferentes. Gay propõe discriminar quatro sentidos desta misteriosa "qualidade judaica" presente – ou ausente – na psicanálise: profissional, intelectual, tribal e sociológica (pp. 128-137). Sua conclusão é do judaísmo pessoal de Freud – o que ele denomina "aspecto tribal" –, nada se pode concluir quanto à "qualidade judaica" da psicanálise, e que, em especial, a ideia de que os judeus seriam mais aptos do que outros a formularem teorias revolucionárias é desmentida pelo caso de Darwin, tão revolucionário e tão escandaloso para a moral vigente quanto Freud, que nasceu, cresceu e morreu dentro do mais tradicional *establishment* da aristocracia rural inglesa. "Concluo deste modo que Freud era judeu, mas não um cientista judeu. . . . As reivindicações a favor do caráter judaico da psicanálise, tendo por base sua matéria-prima ou sua ascendência intelectual, mostraram-se sem fundamento" (pp. 142-143). Eu mesmo, no fim do livro que escrevi, situo a relação entre psicanálise e judaísmo no plano de uma sensibilidade ao lado obscuro e terrível da alma humana, o que os autores medievais chamaram de *sitra achra*, o "outro lado"; mas estou plenamente consciente de que a maneira pela qual as duas formações culturais elaboram essa questão é profundamente diferente, e que nada autoriza a concluir que, por Freud ter sido judeu, a psicanálise seria uma "ciência judaica".

E isso porque, é preciso reconhecer, a psicanálise fundada por Freud não é mais, desde 1930 pelo menos, idêntica ao "pensamento de Freud". É só por um formidável poder de desconhecimento, por uma redução espantosa da diversidade e da riqueza da psicanálise contemporânea, que se pode igualar o que ela é hoje ao que Freud construiu em sua obra. Se existisse alguma essência judaica da psicanálise, ela deveria ser discernível nos sistemas contemporâneos que, em maior ou menor medida, se afastam do paradigma freudiano sem deixar de ser psicanalíticos. Precisaríamos demonstrar que o *self* de Kohut, o continente de Bion, o objeto transicional de Winnicott, a posição depressiva de Melanie Klein, o significante de Lacan, o processo originário de Piera Aulagnier, a sedução generalizada de Laplanche, e mais uns trinta ou quarenta conceitos ausentes dos *Gesammelte Werke*, mas presentes no pensamento psicanalítico de hoje, participam dessa mesma "qualidade judaica". Isso me parece decisivo para demonstrar que a pergunta sobre a "ciência judaica" pode ser respondida pela negativa. O que não exclui, evidentemente, a possibilidade de empregar esses conceitos para elucidar problemas psíquicos que envolvem judeus, suas crenças, suas práticas, seus símbolos: mas, ao fazer isso, estaremos utilizando a psicanálise exatamente como a utilizaríamos para compreender qualquer outro fenômeno humano, à escuta do inconsciente, dos mecanismos de transposição, das resultantes produzidas pelo interjogo dos impulsos, das defesas, das identificações, dos ideais.

O epíteto de "ciência judaica" pode ter tido, em determinadas circunstâncias históricas, um elevado valor emocional para os judeus e para os psicanalistas judeus; disso é testemunha a frase de Anna Freud sobre o "título honorífico". Esse valor emocional diz respeito às identificações e ao destino dessas identificações, questão bem estudada pela psicanálise, e sobre a qual procurei me deter num capítulo de *Psicanálise, judaísmo: Ressonâncias*. Minha posição, nesse sentido, é que entre os dois campos culturais existem "ressonâncias", porém estas não são independentes do sujeito em quem ecoam. Dito de outro modo, é na história das vivências do sujeito que elas se originam e desdobram-se, a partir da apropriação singular feita por ele do judaísmo e/ou da psicanálise. Como diziam os romanos, "*tua res agitur*", é coisa tua; é pela mediação da subjetividade que formações culturais quaisquer – judaísmo e psicanálise, arte abstrata e marxismo ou qualquer outra combinação – vêm a se relacionar e a se vincular reciprocamente. O produto dessa operação diz mais sobre quem a realiza do que sobre aquilo com o que a realiza: na frase famosa de outro *godless Jew*, Baruch de Spinoza, "o que Pedro diz sobre Paulo nos revela mais sobre Pedro do que sobre Paulo".

Psique, alma, aparelho psíquico: uma analogia

Observei há pouco que a semelhança entre algumas ideias judaicas e algumas ideias psicanalíticas repousa sobre o estabelecimento de uma analogia. A fim de mostrar com mais clareza os riscos de se trabalhar com analogias, gostaria de explorar um pouco o tema da "alma", recentemente reposto em voga pelo conhecido libelo de Bruno Bettelheim, *Freud e a alma humana*. Outros autores, notadamente de extração inglesa, falam com naturalidade na "mente", introduzindo a palavra *mind*, que Bettelheim abomina como uma completa desvirtuação do termo *Seele* (alma), empregado com frequência por Freud – inclusive na expressão *seelischer Apparat*, o nosso familiar "aparelho psíquico".

O primeiro ponto a assinalar é que, para Freud, não existe *a* mente, nem *a* alma. O que existe é um "aparelho psíquico", cujas partes se articulam na dimensão da complementaridade e na dimensão da oposição. Em outros termos, as peças do aparelho estão articuladas não somente de modo a se completarem mutuamente, do que resultaria um modo linear de operação, mas principalmente de tal forma que algumas funcionam *contra* as outras, superpondo-se a elas e inibindo-as no seu jogo. Essa é a novidade maior da teoria freudiana, se a compararmos com as ideias sobre a natureza humana que vigoravam antes da psicanálise: a psique é essencial e fundamentalmente um terreno de *conflito*, e esse conflito é irredutível em sua natureza, embora possa se tornar menos agudo por meio dos processos terapêuticos que ocorrem numa psicanálise.

A ideia de que a alma não é uma substância simples, mas compõe-se de partes antagônicas entre si, não é nova: remonta pelo menos à *República* de Platão. Mas, para os filósofos que se ocuparam da alma – e foram muitos –, essas diferentes partes que a constituem são passíveis de algum tipo de harmonização, geralmente pensada como se dando sob o predomínio da razão. Platão foi o primeiro a distinguir na alma ou na psique um componente emocional e um componente "apetitivo", ligado às necessidades do corpo, como a alimentação, o sono, o sexo, etc. Essa ideia, que parece tão evidente, representou uma revolução de grandes proporções na concepção grega sobre a alma; acerca disso, direi algo logo mais. Contudo, para Platão é evidente que essas partes da alma não são equivalentes em dignidade, e que o ser humano só será feliz se a parte emocional e a parte apetitiva ou concupiscente se subordinarem, hierarquicamente, à parte racional: esta é a única a poder governar toda a alma segundo os princípios corretos, de acordo com o conhecimento e com os valores que esses conhecimentos visam determinar. A *República* contém uma caracterologia, isto é, uma classificação dos caracteres segundo a instância psíquica que predomina na personalidade; e, dessa caracterologia, resulta que aquele que se deixa arrastar pelas paixões e pelas emoções, em detrimento dos ditames da razão, não dispõe jamais de um parâmetro seguro para balizar seu comportamento. A razão tem assim um papel de controle e, diríamos, de inibição; mas essa inibição é o resultado do conhecimento, ou seja, é porque *sei* o que é Bom, o Belo e o Verdadeiro que pauto por esses valores as minhas ações, e refreio, em minhas paixões, aquilo que poderia me conduzir a um comportamento indigno. Assim, embora introduza uma noção que se assemelha à do conflito, Platão na verdade busca reduzir esse conflito, considerando que está no poder da razão impor os limites convenientes às paixões: a alma bem governada é aquela em que esse conflito foi exorcizado, pois quem dirige é a parte adequada para dirigir, e quem obedece são as partes apropriadas para obedecer.

Ora, a semelhança dessa doutrina com a ideia freudiana do conflito é apenas aparente. Quando Freud introduz a noção de um inconsciente dinâmico, mantido sob repressão, mas cujos efeitos se fazem sentir nas várias esferas do funcionamento psíquico, o que se rompe é a homogeneidade dessas esferas. O resultado disso é que não se pode mais falar em *hierarquia* das partes da alma, pois tal hierarquia pressupõe que os fatores da série sejam da *mesma* natureza. Dito de outro modo, a existência de dois modos de funcionamento – os processos primário e secundário – rompe a homogeneidade sempre pressuposta entre os sentimentos, os apetites e a razão, os quais, ao longo de toda a tradição filosófica, estiveram frequentemente em oposição, porém numa oposição que os situava no *mesmo* plano, o que aliás é condição *sine qua non* para que pudesse ser admitida a subordinação das partes "inferiores" à parte racional. O que Freud introduz é algo bastante diferente: são instâncias que, como disse, trabalham por natureza umas contra as outras, e só por meio de "formações de compromisso" é que, desse antagonismo, surge uma resultante. O melhor exemplo disso é o sonho e, por essa razão, ele permanece como o paradigma de reflexão freudiana sobre a psique.

É importante insistir sobre esse aspecto, já que nove décadas de psicanálise nos habituam a algo que Laplanche denomina, em algum de seus escritos, "banalização do inconsciente". A afirmação "Freud explica", a interpretação superficial e socialmente admitida de algum lapso ou de algum ato falho, na verdade, configuram formas contemporâneas de resistência à análise, já que têm por efeito tornar inócua essa estranheza, essa aspereza do inconsciente, essa agudeza do conflito, que para Freud foram sempre o motivo principal para prosseguir suas investigações. De fato, poderíamos ler a obra de Freud como uma progressiva tomada de consciência da irredutibilidade última do conflito psíquico: não é por acaso que seu testamento clínico, "Análise terminável e interminável", é um estudo desse problema, estudo que contrasta fortemente com o otimismo terapêutico dos *Estudos sobre a histeria*, e mesmo das páginas introdutórias do *Homem dos Ratos*. O demoníaco na vida pulsional, a compulsão, as resistências, as defesas egoicas infiltradas pelo reprimido são alguns exemplos dessa percepção tendencialmente mais nítida daquilo que estou chamando "irredutibilidade do conflito". E, quando se considera a eficácia da terapia psicanalítica, o acento não é colocado sobre o domínio das paixões, mas sobre uma permeabilidade mais duradoura entre as instâncias, sobre a diminuição da brutalidade das defesas, sobre a instauração ou restauração da capacidade de ter prazer, mutilada por um superego demasiado severo e que se alimenta da própria energia pulsional: estamos longe do elogio da razão enquanto razão, ainda que, em seu classicismo profundo, Freud faça ocasionalmente alguma oferenda ao "nosso deus Logos".

O mais curioso é que a ênfase no "estrangeiro interior" refaz, ao contrário, o caminho que conduziu os gregos até a noção de alma a que me referi há pouco e que, estabelecida por Platão, perdurará por 24 séculos na cultura ocidental. Pois tal caminho, que resultou na identificação da psique com o sujeito – nada mais "meu" do que minha alma –, começa justamente no polo oposto, o da total exterioridade entre o indivíduo e a entidade denominada "psique". Essa história é extremamente interessante, e a surpreendente analogia que ela revela com a doutrina freudiana a faz merecedora de que a evoquemos brevemente, apoiando-nos nos estudos do helenista

Jean Pierre Vernant que se encontram reunidos no volume *Mito e pensamento entre os gregos*[5].

Ao longo de vários desses artigos, a questão que se coloca para Vernant é saber como veio a se constituir a ideia dessa parte do ser humano que os gregos chamavam de *psyché* e que, no pensamento filosófico, se opõe ao *soma*, ao corpo. O método de Vernant é estudar as variações de sentido do termo *psyché* ao longo dos diferentes momentos do pensamento antigo. E o que resulta desse estudo é que a palavra *psyché*, que no início nada tinha a ver com o mundo interior nem com as funções mentais, vai se modificando em seu sentido até vir a designar o que nós conhecemos como a "alma" ou a "mente". A referência mais antiga a esse vocábulo tem por contexto a ideia do *duplo*. A psique não é, nesse começo do pensamento helênico, a alma como sede das funções psicológicas, do pensamento, da linguagem, das emoções. O termo *psyché* designa um duplo do morto, uma espécie de bruma que tem a forma do corpo daquele que morreu e que aparece depois da morte. A *psyché* apresenta-se paramentada com as insígnias e os adereços do morto; por exemplo, na *Ilíada*, Aquiles perdeu seu amigo Pátroclo e convoca a *psyché* de Pátroclo para se despedir dele. O que aparece é Pátroclo armado do seu capacete, seu escudo, etc. E, no momento em que Aquiles vai abraçá-lo, a *psyché* se desfaz. Lembra mais um espectro, um fantasma, do que a nossa alma. E a *psyché* do morto vagueia por entre os vivos, suscitando o temor destes: para fixá-la a um ponto determinado, os gregos erigiam uma pedra ou uma coluna à qual chamavam *kolossós*, cuja função era precisamente a de reter a *psyché*, impedindo-a de atormentar os vivos. A *psyché* é um elemento que pertence ao mundo do além e, na categoria dos duplos, ela figura ao lado da sombra, da aparição sobrenatural, de entidades desse gênero. O bloco de pedra tem o poder de reter

5 Vernant, J. P. (1970). *Mito e pensamento entre os gregos*. Difel.

ou fixar a *psyché* porque, como ela, é *cego*, *frio* (*psychrón* significa "gelado") e *inanimado*. Embora tenha a aparência do morto, essa aparência reproduz a do seu corpo: corporeidade e localização no reino dos mortos são atributos exatamente opostos aos que conotarão a alma nos momentos seguintes.

Como foi que a alma veio a se "interiorizar"? O caminho que conduz a isso começa na esfera religiosa, mais particularmente na escola pitagórica, segundo a qual o homem é habitado por uma entidade denominada *daimon*. Desse termo provém o nosso "demônio", mas a palavra grega não tem nenhuma conotação satânica. O *daimon* é uma força sagrada que transcende o indivíduo; habita dentro dele, mas não o singulariza como pessoa. Heráclito dizia que o caráter de um homem é o seu *daimon*: aqui vemos como se inicia a associação do *daimon* com a individualidade psicológica, porém esse é apenas um dos traços que o definem. Para os pitagóricos, o *daimon* habita o corpo, mas o precede e continua após a morte dele; assim surge a doutrina da transmigração das almas, e assim aparece uma característica que acompanhará a noção da alma por muitos séculos: refiro-me à *imortalidade*. A ideia do *daimon* permite que surja um primeiro foco unificador da experiência interna, que funciona *durante* a vida do indivíduo. Ela tem duas faces, a de uma força impessoal e a de um esboço de sujeito; trata-se de algo instalado em mim enquanto vivo, mas que não se confunde com minha existência terrena. E, pela sua conjunção com o corpo, o *daimon* me oferece uma possibilidade de evasão do corpo: surgirá, entre os pitagóricos, a ideia de que é preciso purificar essa entidade, contaminada pelo contato com o corpo. Tal purificação é realizada por intermédio de exercícios espirituais, como o jejum ou a meditação, e pelo conhecimento que literalmente eleva o espírito. Assim surge outra ideia fundamental: a de um tempo linear, que é o tempo das encarnações sucessivas do *daimon*, no decorrer do qual ele pode se purificar a ponto de não mais precisar encarnar-se e poder repousar na eternidade. Do *daimon*, pode-se dizer que tem uma história, e portanto a tarefa mais elevada a que pode se dedicar um homem é procurar *rememorar* essa história a fim de não necessitar mais repeti-la. Com a noção do *daimon*, surge a ideia de uma parte espiritual do homem, que, embora ainda não seja idêntica à alma, já se afasta bastante da primitiva noção de *psyché*. Vernant resume isso de maneira bastante precisa:

> *A* psyché *define no homem uma nova dimensão, que ele deve conquistar e aprofundar incessantemente, através de uma dura disciplina espiritual. Ao mesmo tempo realidade objetiva e experiência vivida na intimidade do sujeito, a* psyché *constitui o primeiro quadro que permite ao mundo interior objetivar-se e tomar forma, um ponto de partida para a edificação progressiva das estruturas do eu. (*Mito e pensamento entre os gregos, *p. 290)*

Podemos dizer que ela está lateralmente associada com a individualidade do sujeito, mas ainda não é a sede das paixões, das emoções e do pensamento. É na época dos poetas líricos e, logo em seguida, no século V a.C. – o século dos grandes tragediógrafos – que a psique se converterá no que há de mais íntimo em cada um de nós, e principalmente naquela parte do nosso ser que é o agente do comportamento. Os personagens das tragédias gregas são responsáveis pelos atos que praticam, mesmo que os pratiquem sob a influência ou por ordem de um deus: é no domínio ético e no domínio jurídico que se configurará a alma como "substância da individualidade".

E é desse ponto que Platão começa sua reflexão sobre a alma, reflexão que se estende por vários diálogos, até culminar na *República* e no *Fedro* com a doutrina da divisão da alma em três partes a que me referi. Disse que essa ideia representava uma enorme transformação na concepção vigente até então, e agora podemos aquilatar melhor no que consistiu tal transformação. Em síntese, Platão consegue manter juntas a ideia de que a alma é o que existe de mais profundamente individual em cada pessoa – eu sou minha alma – e a ideia de que ela se compõe de partes heterogêneas, a saber, a razão, os sentimentos e os apetites. Mas o que prevalece é a tese da unidade na diversidade, se podemos dizer assim: embora diferentes e lutando pela supremacia, as partes da alma são fundamentalmente semelhantes, na medida em que são movidas pelo desejo (leia-se o *Banquete* ou o *Fedro*), e também na medida em que se opõem ao corpo.

Bem: feito esse excurso pelo mundo grego, o que se torna claro é que, com a introdução do inconsciente, Freud opera um profundo corte na "história da alma". Pois a ideia de um aparelho psíquico cuja função básica é ligar a excitação começa por estabelecer uma relação muito estreita entre o corpo e a psique, invertendo a tendência que os considerava quer absolutamente heterogêneos, quer absolutamente homogêneos (o materialismo dos séculos XVIII e XIX). Além disso, ao introduzir o inconsciente como o "estrangeiro interior" e ao enfatizar a dimensão conflitiva do aparelho psíquico, Freud arranca a psique da sua identidade profunda com a *pessoa*: o mais verdadeiramente psíquico – o inconsciente – é algo estranho ao Eu oficial, aos seus controles conscientes e a seus ideais culturais. Essa é, aliás, uma das razões pelas quais se pode distinguir a psicanálise das psicologias, na medida em que estas últimas frequentemente fazem da "integração da pessoa" o seu objetivo clínico. Curiosamente, o inconsciente tem aspectos que o tornam mais aparentado ao *daimon* dos gregos do que à alma dos filósofos que pensaram na trilha aberta por Platão. E, embora essa analogia não precise ser levada às últimas consequências – Freud não é um pitagórico! –, um autor como Laplanche observa que o conceito do *id*, na segunda tópica, compreende um aspecto mais impessoal, mais estranho aos processos secundários, do que o conceito de inconsciente na primeira tópica, cujo conteúdo, como bem o sabemos, é constituído essencialmente por representações recalcadas ou reprimidas.

A noção do *id* aprofunda, assim, a clivagem entre as instâncias do aparelho psíquico; mas essa clivagem, na verdade, passa por outro ponto, no que se distinguem as duas tópicas freudianas. Na primeira, a cunha se introduz entre o inconsciente, submetido ao processo primário, e o sistema consciência/pré-consciente, governado pelo processo secundário. Na segunda tópica, a dimensão pulsional se torna mais decisiva, pois o superego e largas porções das defesas do ego são "infiltradas pelo recalcado". Existem duas vertentes na metapsicologia freudiana: a primeira é a dimensão tópica; a segunda é a dimensão econômico-dinâmica, a teoria das pulsões. Essa teoria talvez seja o divisor de águas entre a psicanálise freudiana e a maioria das escolas pós-freudianas, com Melanie Klein servindo de dominó entre ambas: com efeito, e sem que possamos entrar no detalhe dessas questões, parece possível afirmar que, em diversas das tendências pós-freudianas – especialmente nos países de língua inglesa –, o lugar central na metapsicologia deixa de ser ocupado pela teoria das pulsões e passa a ser ocupado pela teoria do *objeto*. Essa modificação inicia-se com os estudos de Fairbairn – segundo o qual a libido não é *pleasure-seeking*, mas *object-seeking* – e prolonga-se em diferentes ramificações a partir dos anos 1930. Mas, para Freud, as coisas se colocam de outro modo; e, na arquitetura do seu pensamento, a posição do objeto é claramente subordinada à posição da pulsão.

O ponto em que as problemáticas se encontram é a questão da sedução. Costuma-se opor a temática da sedução, com seus componentes na série realidade/traumatismo/papel determinante do *outro* na vida psíquica à temática da pulsão, com seus componentes na série fantasia/corporalidade/objeto perdido e reelaborado segundo os cânones de imaginação sexualizada. O próprio Freud contribui para cristalizar essa oposição – que, na verdade, é mais matizada do que me é possível esquematizar agora – ao escrever a história de seu "erro juvenil", a teoria da sedução como aparece nos anos 1890. O pivô dessa oposição é a questão da realidade e da fantasia, que talvez seja a parte da teoria psicanalítica a ter dado origem ao maior número de equívocos e de contrassensos. A profunda originalidade de Freud consiste em não ter oposto esses dois termos, mas em ter mostrado como a *realidade psíquica* transcende a oposição empirista entre eles. Coube a Jean Laplanche demonstrar, numa investigação que vem se prolongando há vinte anos, que a sedução não é estupro, mas introdução do desejo na psique, pela ação do inconsciente dos pais sobre o psiquismo infantil. É nessas significações enigmáticas, como as denomina, que se exercerá o investimento pulsional, de sorte que a reabilitação do conceito de sedução por Laplanche vai de par com um revigoramento da doutrina das pulsões. Sabemos que o recalcado se organiza como representações investidas e, gostaria de acentuar, como representações de *cenas* construídas e reconstruídas com fragmentos de experiência submetidos ao processo primário. É a isso que podemos chamar, seguindo uma indicação de Maurice Dayan, de "o infantil" – outro conceito cunhado por Freud, cuja importância em seu edifício teórico não é preciso relembrar.

Ora, é esse infantil que, justamente por não poder ser *recordado*, é *repetido* na vida e na transferência, abrindo espaços para a possível eficácia do processo psicanalítico. De modo que o lugar em que é possível verificar a coerência das hipóteses metapsicológicas é a situação analítica que, por suas peculiaridades, funciona como um revelador fotográfico da estrutura psíquica. Mas este já é outro tema, que mereceria uma discussão à parte. O que me parece importante ressaltar é que, nessa situação, a dinâmica pulsional pode surgir e encontrar uma expressão capaz de remodelar o equilíbrio (ou o desequilíbrio) anteriormente encontrado pelo sujeito e que o conduzira à neurose. Talvez a oposição entre a libido que busca prazer e a libido que busca objetos seja menos nítida do que poderia parecer à primeira vista, já que o objeto é aquilo que polariza a libido e permite a mobilização dos investimentos, desde que se cumpra uma condição: que o investimento pela libido ocorra no interior de um processo de simbolização, de contextualização, o que, a meu ver, é justamente um dos efeitos que se pode esperar de uma psicanálise.

Objetos-representações investidos pelas pulsões, sujeitos a remanejamentos que obedecem a uma correlação de forças no interior de uma psique dividida contra si mesma: é assim que, numa formulação aproximativa, poderíamos descrever o que, segundo Freud, define as componentes da psique. Essa formulação precisaria ser completada por uma consideração do papel do tempo e da memória, por um lado, e no papel regulador da angústia, por outro, tópicos de extremo interesse, mas que nos afastariam demasiado do nosso tema. Basta ter indicado que a analogia entre a "alma" e o "aparelho psíquico" é justamente isso, uma analogia, que por si só não diz nada, e mesmo induz a enganos.

É tempo de concluir. Talvez essas observações demonstrem como é complexo o panorama, e por que é impossível responder, de forma simples e direta, à pergunta "por que Freud foi Freud?". O que temos nas mãos é uma rede formada por fios, cada qual com sua espessura própria e conduzindo a diferentes nós. Nenhuma resposta que privilegie apenas uma dessas cadeias de determinações pode fazer justiça à configuração que se pretende elucidar: não existe a substância "freudeína", que, como a de Spinoza, seria imanente a seus modos finitos (a obra de Freud). Não é por ter vivido em Viena, nem por ter sido judeu, nem por ter sido um continuador da tradição racional, que começa com o projeto grego de *logon didónai* (dar conta e razão dos fenômenos), que Freud realizou aquilo pelo que nos interessamos por sua pessoa e por seu pensamento. E, contudo, cada um desses fatores tem algum peso na composição da resposta: o erro é tomá-los como únicos, ou como determinantes em última instância.

Respeitar a estrutura complexa do que quer que seja, e em particular de tudo o que concerne ao ser humano, é sem dúvida uma das lições que aprendemos com Freud. A psicanálise por ele inventada materializa essa característica do real por meio do dispositivo psicanalítico, mescla única de regularidade absoluta e de imprevisibilidade criadora. O quadro formal do *setting* deixa margem para a singularidade de cada *processo* analítico, mas sem ele não haveria processo *analítico*; mesmo e sobretudo quando ele está modificado em suas coordenadas – a "psicanálise complicada" da qual fala Fédida –, sua presença virtual garante essa mescla única de emoção e de discurso articulado, de arroubo e de sobriedade, que forma a própria essência da psicanálise.

Não há nada simples no espírito humano: não pode haver nada simples na psicanálise que fala dele. Quem sabe seja este o significado das frases com que Freud finaliza *O Futuro de uma Ilusão*: "Nein, unsere Wissenschaft ist keine Illusion. Eine Illusion aber wäre es zu glauben, dass wir anderswoher bekommen könnten, was sie uns nicht geben kann".[6]

6 "Não, nossa ciência não é uma ilusão. Mas seria uma ilusão acreditar que poderíamos receber de algum outro lugar aquilo que ela não nos pode oferecer."

6. O *Bildungsroman* do psicanalista

Os termos que designam o processo pelo qual alguém vem a ser psicanalista passaram por uma curiosa evolução desde a época já longínqua em que se começou a discutir esse problema. Como as palavras carregam sempre uma aura conotativa, o exame das significações evocadas pelo vocabulário consagrado pode constituir um interessante ponto de partida para nossa discussão.

Freud emprega com frequência as expressões *lehren* (ensinar) e *lernen* (aprender), referindo-se por exemplo à *Lebranalyse* necessária para que o futuro analista faça a experiência de seu próprio inconsciente e tome conhecimento das características do processo analítico. Esse hábito remete a uma concepção cognitiva: trata-se de algo que pode ser aprendido ou ensinado, ainda que de maneira *sui generis*; ele é congruente com a definição da psicanálise como método de investigação e método de tratamento. É mais raro o emprego de *Ausbildung* (formação, preparação), que aparece, por exemplo, em *A Questão da Análise por Não Médicos*. Desse uso freudiano, provém o termo "didático" para caracterizar certas dimensões de tornar-se analista, tanto no plano da análise pessoal como no do estudo de textos. Embora alvo de crítica e de questionamento, a atividade de ensinar permanece como uma das vertentes da formação; e, aos que se chocassem com tal constatação, conviria lembrar que Lacan referia-se sempre ao seu *enseignement*.

Com a organização dos institutos de psicanálise a partir dos anos 1920 e, em especial, nos países de língua inglesa, fixaram-se o termo *training* e seus compostos. Antes de descartar a palavra em nome da ideologia reacionária que ela supostamente comportaria, convém atentar para a semântica e observar em quais direções se abre o seu leque de significados. *Train* significa, antes de mais nada, "arrastar" (de onde *trem*), havendo aí uma força motriz e algo arrastado, num movimento de tipo horizontal. Em seguida, a noção de uma série conectada de elementos que vão numa mesma direção produz a acepção de preparar, instruir, tornar apto a: treinar. Treina-se um atleta, um soldado, um animal. O núcleo semântico é aqui a ideia de uma estratégia, de uma sequência graduada de exercícios tendendo a certo fim. Não é inútil observar que esse fim é de competição e de luta com outros, atividade para a qual o treinamento prepara o indivíduo mostrando-lhe como tirar proveito de suas próprias capacidades físicas e intelectuais, como avaliar a situação em que se encontra e decidir qual a linha de ação mais apropriada para obter a vitória. Mais uma vez, em vez de torcer o nariz para o empirismo/pragmatismo de uma psicanálise desvirtuada etc., vale lembrar a preferência de Freud por imagens bélicas para figurar a situação analítica, a famosa comparação da análise com o jogo de xadrez, e a ideia central do conflito psíquico, com o que as conotações militares e esportivas da série *train* se mostram um pouco menos suspeitas no terreno psicanalítico.

Sob a influência de Lacan, popularizam-se os termos *transmissão* e *formação*. Transmissão provém da raiz indo-europeia *mitt*, que significa "deixar-se levar" (conferir o verbo latino *mitto*, *mittere*, *missum*). Ela comparece em inúmeros lexemas portugueses, como admitir, permitir, demitir, omitir, remitir, etc. Do particípio *missum* derivam "missa", "missão", "emissário", "missiva" e "míssil" e, pela variante *mess*, "arremessar" e "messagem" (forma antiga de "mensagem"). Novamente, aparece a ideia de movimento, porém afetada de uma dimensão vertical, envolvendo sempre o traço da autoridade e do valor. Enquanto a área semântica de *train* tem como eixo a força mecânica, aqui se divisam posições de poder, sendo o transmitido invariavelmente algo precioso, confiado por um superior a alguém encarregado de velar por ele: o tratado talmúdico *A Ética dos Pais* começa afirmando que "Moisés recebeu a Torá no Sinai e a transmitiu a Josué, que a transmitiu aos anciãos, e estes aos profetas, e os profetas transmitiram-na aos homens da Grande Assembleia". Falar de transmissão da psicanálise é, pois, situar-se em referência a uma iniciação que compromete o iniciado, convocando-o a manter a integridade e a pureza de um legado, ao mesmo tempo que o adverte contra os riscos do desvio, da traição e da heresia: o vocabulário religioso, e com ele o imaginário religioso, não estão longe. Aliás, o termo alemão para transmissão (inclusive radiofônica ou de doença contagiosa) é... *Übertragung*, que, antes de denotar a transferência no sentido freudiano, refere-se a qualquer tipo de transporte ou deslocamento no espaço.

Por fim, *formação*. Aqui nos deparamos com a ideia de um processo que se desdobra no tempo e que acarreta efeitos de mutação;[1] processo que não se dá sem uma coerção normativa, pois "formar" é aqui "educar", "instruir", "dirigir" para um determinado modelo, vencendo obstáculos internos e externos que se opõem à pressão formadora. Para além dessa ideia geral, porém, há uma origem precisa para a escolha do termo "formação" por Lacan, e

---

1 Enriquez, M. (1979). On forme un analyste. *Nouvelle Revue de Psychanalyse*, *20*, 263.

essa origem é a *Bildung* hegeliana, como aparece descrita na *Fenomenologia do Espírito*, objeto do célebre curso de Alexandre Kojève frequentado pelo jovem psiquiatra nos anos 1930. Uma referência paralela é o *Bildungsroman*, o romance de formação, cujo protótipo é o *Wilhelm Meister* de Goethe. Victor Smirnoff assinala que não é sem razão que Goethe batiza seu herói de Guilherme Senhor: o que a obra narra é "o périplo pelo qual o personagem se educa para a vida, enfrentando-se com a decepção, com a dor e com a perda das ilusões, mas também tomando conhecimento de suas possibilidades, de seus limites e de suas responsabilidades".[2] A formação é um trajeto que revela e atualiza as potencialidades de um sujeito, tornando-o consciente de si; e essa é a ponte pela qual a análise hegeliana da *Bildung* se conecta com Lacan e com nosso problema.

A *Fenomenologia do Espírito* é o relato da maneira pela qual o sujeito advém a si mesmo, partindo de sua figura mais imediata e por isso mais pobre – a consciência perceptiva – e atravessando toda a série de momentos que o conduz ao Saber Absoluto. Este não é, obviamente, o conhecimento enciclopédico, mas a reconciliação do Espírito consigo mesmo ao chegar à plena realização de todas as suas virtualidades. A *Bildung* – cultura ou formação – é um dos momentos desse trajeto, que corresponde ao mundo cristão posterior ao Império Romano. O indivíduo surge aqui como oposto ao mundo, devendo alienar-se de seu ser natural para apropriar-se da cultura e, assim, suprimir a contradição. Não resumirei aqui a complexa dialética por meio da qual isso se dá; é um dos momentos culminantes da *Fenomenologia*. O que convém reter é que a consciência já não se identifica imediatamente com o essencial e valioso, como no mundo pagão; a essência – Deus – está além dela, e por isso a consciência se percebe como tarefa a cumprir. A

2 Smirnoff, V. Le contrôle comme situation à deux. *Études Freudiennes, 31*, 150, 1987.

tarefa aqui é cultivar-se ou formar-se, já que a consciência está separada do desejado. Há, portanto, uma vertente subjetiva e uma vertente objetiva da *Bildung*: essa segunda vertente se expressa nas instituições, nas obras de arte, na riqueza, nas ideias filosóficas e teológicas.[3] Do ponto de vista subjetivo, são de extrema importância o dilaceramento e a oposição a si mesma em que se vê submersa a consciência neste momento da sua trajetória. Jean Hyppolite observa com razão que "cultivar-se não é desenvolver-se harmoniosamente, como por um crescimento orgânico; é opor-se a si, reencontrar-se através de um dilaceramento".[4] Pois aquilo de que a consciência deve se apropriar é de início estranho a ela, não está na sua posse; implica negação do seu ser natural, de suas inclinações, poder-se-ia dizer numa perspectiva psicológica. Alexandre Kojève nota que o trabalho do Escravo, na famosa Dialética do Senhor e do Escravo, é executado para um outro, na angústia e no temor da morte; ele forma (*bildet*) a consciência do Escravo.

> *O trabalho cristão tem por objetivo a salvação da alma. O trabalho transforma a Natureza e o mundo interior do trabalhador; o cristão transforma-se em um homem cultivado (*gebildet*). . . . Para ser cristão, não basta nascer e ser; é preciso fazer esforço. Um indivíduo* nasce *pagão; ele se* torna *cristão.*[5]

O que vislumbramos nessa breve referência à raiz hegeliana do conceito de formação é algo que caracteriza de modo essencial o percurso do psicanalista, e por isso Lacan insiste nele: a dimensão da cisão interna. Aquilo que a *Fenomenologia* descreve como

3 Plana, R. V. (1979). *Del yo al nosotros* (p. 248 ss). Estela.

4 Hyppolite, J. (1947). *Génèse et structure de la phénoménologie de l'esprit* (p. 373). Aubier-Montaigne. (Trabalho original publicado em 1946).

5 Kojève, A. *Introduction à la lecture de Hegel* (coleção Tel; p. 121). Gallimard.

processo de constituição simultânea e contraditória do mundo cristão e da consciência, que ao criá-lo se transforma, e ao se transformar desdobra as oposições do próprio mundo que ela criou, até chegar à luta da Fé contra a Pura Intelecção (o século XVIII e o Iluminismo) – tudo isso repousa sobre a divisão interna da consciência, que se reconhece distante do Ideal e, ao procurar realizá-lo, transforma tanto o Ideal como a si mesma. Ora, o processo do tornar-se analista é análogo a esse momento da história do Espírito porque mobiliza o desejo de ser e de saber, a relação com o Outro e com o Ideal, a apropriação de algo que se dá inicialmente como estranho e misterioso; e, na tentativa de torná-lo seu, o sujeito se defronta com questões que dizem respeito à sua própria essência. De todas as fórmulas para designar esse processo, parece-me que a "formação" – desde que entendida a partir de seu solo de origem – concentra a maior riqueza de conotações, em extensão e em intensidade: abarca a dimensão pedagógica, o aspecto estratégico e normativo, a questão da herança e, sobretudo, a natureza profundamente conflitiva do vir a ser analista.

Pois aquilo a que Freud parece não ter dado maior importância – talvez porque, sendo o fundador, a formação não pertencia ao seu campo de experiência – é precisamente o aspecto sobre o qual Lacan chama a atenção: os próprios procedimentos destinados a assegurar a boa formação do psicanalista comportam a possibilidade de a prejudicarem ou a distorcerem gravemente. A disciplina necessária para que a mutação ocorra no sentido pretendido se choca com a liberdade de associação e de pensamento instituída pelo dispositivo analítico; as modalidades destinadas a favorecer a emergência de uma palavra razoavelmente livre de inibições, condição para que o analista possa exercer sua atividade de interpretação, podem converter-se em sérios obstáculos e eventualmente impedir aquilo mesmo para o que foram instituídas. É universalmente aceito que a formação se dê ao longo de três eixos complementares:

a análise pessoal; o estudo teórico-clínico; a supervisão. Ora, em cada uma dessas vertentes, pode ocorrer a robotização do "candidato", sua transformação numa cópia desbotada dos modelos tidos por válidos e inquestionáveis. Situemos as coisas. O desejo de ser psicanalista não é um conteúdo primário do inconsciente; pressupõe desejos e fantasias tanto edipianos como arcaicos. Por outro lado, representa-os e transpõe-nos para um nível secundarizado, no qual, embora carregue as marcas das formações inconscientes em que se apoia, já não se reduz a elas. O ponto de conexão entre o fundo inconsciente e a formulação consciente é aqui a problemática identificatória, ou seja, o desejo de ser analista – e a sua realização – concernem essencialmente ao narcisismo e à identidade. Muitos notaram que o *reconhecimento* é o território no qual se decide essa questão: reconhecimento do próprio inconsciente e das suas formas específicas de funcionar, tanto no plano das defesas como no plano dos impulsos; mas também reconhecimento por outros, pelos pares, pelos pacientes e pelas instâncias simbólicas materializadas nas instituições psicanalíticas. Ter enfatizado isso, e ter se servido da esplêndida análise de Hegel e de Kojève acerca do que está em jogo na luta pelo reconhecimento, não é certamente o menor dos méritos de Lacan. É certo que a formação psicanalítica excede essa questão específica; sem passar por ela, contudo, não se compreende o essencial.

A psicanálise é, para quem se aproxima dela, algo valorizado e posto como excelente, um objeto de desejo. No Brasil, país onde os conflitos identificatórios são particularmente agudos[6] e no qual a psicanálise se apresenta como produto importado, com tudo o que isso implica – prestígio, aura de inatingibilidade, privilégio, instrumento de distinção pessoal e profissional –, ela se presta ainda mais facilmente a ser suporte de um imaginário tenaz e complexo.

6 Cf. Calligaris, C. (1991). *Hello Brasil*. Escuta.

O "Candidato" – guardaremos por comodidade esse vocábulo – se vê muitas vezes como despreparado, perplexo, indigno do título a que aspira; o fato de sua escolaridade anterior ser frequentemente péssima, e de raramente ter sido habituado ao esforço da reflexão continuada, só faz agravarem-se as condições angustiantes que costumam acompanhar o processo de formação. Ao contrário do que se afirma, muitas vezes sua transferência para com o objeto "psicanálise" é negativa, alicerçada no ódio e na frustração, na medida em que as carências narcísicas e as decepções amorosas herdadas das relações com os primeiros objetos infantis se repetem nas experiências que pontuam a formação. A defesa mais comum contra essas angústias inconfessáveis é a idealização: idealização dos poderes da psicanálise e das figuras empíricas que se supõe encarná-los (o próprio analista, os autores prestigiosos, os líderes da instituição formadora, os chefes de escola...). Isso dá, não raro, origem a atitudes que fazem pensar na figura que Hegel denominava "consciência infeliz", que sempre coloca no além a perfeição da essência e experimenta dolorosamente a própria insignificância e a insuperável pequenez. A tradução concreta dessa situação é patética: "uma população de fanáticos da formação, que estão sempre se autorizando pelos outros, que correm de supervisões a seminários e de seminários a grupos de estudo . . .".[7] É claro que o interesse pela formação não corresponde sempre nem necessariamente a essa descrição, mas todos sabemos – e ocultamos pudicamente – que ela se mostra acurada bem mais frequentemente do que gostaríamos.

Mesmo sem chegar a esses paroxismos dramáticos, as atividades em que toma corpo a formação comportam o risco de alienação. Valorizar a análise pessoal como via régia para aceder à condição de psicanalista – por outro lado, justificada tal valorização

7 Enriquez, M., 1979, p. 284.

por razões de peso – presta-se igualmente à mistificação, como se a experiência do divã pudesse por si só constituir um psicanalista. Esquece-se aqui a possibilidade muito concreta de identificação defensiva com o analista, que pode chegar à caricatura e ter efeitos deletérios sobre a prática clínica do paciente com seus próprios pacientes. Alguma identificação é inevitável, já que o significado de "psicanálise" para todos nós aparece inextrincavelmente associado ao que foi ou é nossa psicanálise pessoal. Contudo, as sequelas dessa identificação – que veicula e recobre outras, mais antigas e fundamentais – podem conduzir à esterilização do pensamento, risco bem conhecido e sobre o qual já se escreveu o suficiente.

A formação do psicanalista é formação para uma prática clínica e para um esforço de compreensão teórica, além de ser uma *Bildung*, um cultivo de si no contato com a cultura e com o próprio inconsciente. Ela se apoia nos efeitos mutativos da análise pessoal, mas não se resume a eles. O psicanalista passará milhares de horas a ouvir os outros, e sua formação deve habilitá-lo a tanto. Uma das consequências exigíveis do processo formativo é que se consolide a abertura para o outro – para o discurso do outro, para os problemas alheios, para a disponibilidade interna a acolher o não Eu, para elaborar o que se passa na transferência, para compreender algo das transferências mobilizadas em si pelo constante atrito do envoltório narcísico provocado pela prática clínica. Mas isso só em parte pode ser assegurado por uma análise pessoal. As duas outras vertentes da formação – o estudo da teoria nas obras de outros analistas e a prática da supervisão – visam favorecer esse trabalho, pois se trata de um trabalho: a negação e perlaboração de algo profundamente contrário às tendências inconscientes de cada um de nós. É a uma penosa limitação da onipotência infantil que somos convidados aqui, a um não saber e a um não poder angustiantes; e somente o prazer de aprender, o investimento libidinal do pensamento e da descoberta – a serviço de um resultado muitas vezes aquém do desejado –, podem contrabalançar os momentos de dor e de desprazer a que se vê confrontado o psicanalista. Piera Aulagnier escreveu belas páginas sobre essa questão, pouco visitada pela leitura. Acerca da função do estudo nessa constelação, já disse o que penso em outra oportunidade;[8] aqui, gostaria de apresentar algumas reflexões sobre a função da supervisão nesse contexto específico.

A supervisão pode ser ocasião para que o analista entre em contato com outros modos e estilos de pensamento que o ajudam a se liberar da pressão de imagos demasiado coercitivas, entre as quais a de seu próprio psicanalista.[9] Falar de um paciente para uma testemunha, de outrem para outrem, pode ser constrangedor ou dar lugar a tentativas de domínio fálico, de sedução do supervisor etc. No entanto, pode ser também uma oportunidade preciosa *para se escutar falando*, a propósito de um terceiro, e, assim, perceber certas constantes de seu funcionamento clínico, constantes que não se tornam forçosamente audíveis na situação da análise pessoal. Pois nesta a fala do enunciante é remetida pela interpretação a ele mesmo; já a supervisão tem por horizonte a alteridade e os percalços que se antepõem no acesso a essa alteridade. Se a finalidade da formação é propiciar condições suficientes para que o analista possa desempenhar sua função, e se entre essas condições se conta a capacidade de conter e elaborar o que emerge do inconsciente de um outro, a supervisão se mostra como especialmente favorável para estimular esse tipo de funcionamento mental. Não estou aqui prescrevendo o que deva ser uma supervisão; limito-me a assinalar que, em suas múltiplas variedades, ela pode ser decisiva para discernir e elaborar algo a que dificilmente se

8 Mezan, R. (2002). Pode-se ensinar psicanaliticamente a psicanálise? In *A vingança da esfinge*. (3a ed.). Casa do Psicólogo.

9 Smirnoff, V., 1987, p. 146.

acede apenas pela experiência do divã. Eis por que, embora seja possível perverter a supervisão, como é possível perverter o estudo racional da teoria ou a análise pessoal, a especificidade de cada uma dessas vertentes da formação pode servir como instrumento de avaliação das demais.

A formação do psicanalista dá-se, como vemos, em diferentes planos que não convém reduzir a um molde único. Estão em jogo diferentes áreas do aparelho psíquico, diferentes capacidades e modos de funcionamento. Por esse motivo, cada um dos termos consagrados para falar dela é em parte apropriado, já que enfatiza um ou outro momento do processo. Existem aspectos que dizem respeito ao treinamento, e não é pejorativo afirmá-lo: há um *savoir-faire* que não é um *know-how*, uma sutileza no manejo das palavras e das atitudes, que remete à estratégia e às perspectivas agonísticas: pense-se na questão do tato, levantada por Ferenczi, na oportunidade (*timing*) da interpretação etc. A análise desenrola-se num campo das forças, como nos explica a metapsicologia; e, nesse campo, o *kairós* – o momento adequado – é raro; há que saber reconhecer os indícios de sua aproximação. Existem, igualmente, coisas que se aprendem e que se ensinam, que se memorizam e aplicam-se. É tolo negar que, além da experiência singular de cada um, a psicanálise é também corpo de saber, no qual se estabeleceram certas verdades, certos setores estão definitivamente consolidados (algo a acrescentar quanto à interpretação de sonhos?), enquanto em outros territórios reina a gama completa que vai da alta probabilidade à incerteza total. O *lehren* de Freud vale aqui: o simbólico é isto e não aquilo, as características da posição depressiva são estas e não outras, a repressão é antecedente do sintoma e não o inverso. A ignorância jamais é vantajosa, ela é apenas e estupidamente a ignorância: de um psicanalista, espera-se que seja cultivado ao menos naquilo que sua própria disciplina descobriu. Quanto à "transmissão", a meu ver, pode-se falar assim, desde que com cautela, pois é nítido aqui o risco de promover idealizações inanalisáveis.

Talvez o paradoxo da formação seja o de que, quanto mais ela avança, mais distante se torne o seu perfazer-se. Um analista "formado": o que significa isso? Se indicar um estado de acabamento definitivo, sem virtualidades de evolução ulterior, a ideia é contraditória com a postura psicanalítica e deve ser recusada. Já a expressão um tanto melancólica "formação interminável" se presta à demagogia e ao obscurecimento do fato de que em qualquer trajeto há etapas já vencidas e momentos que ficaram para trás: no caso da formação psicanalítica, conflitos resolvidos consigo mesmo, com a teoria, com a técnica, com os mestres e com as instituições.

É mais verdadeiro, segundo penso, falar na aquisição de condições suficientes, como no caso do artista. A disciplina necessária para tornar "seus" os instrumentos da sua arte pode ser dolorosa, mas sem ela não se atinge o momento no qual a criatividade e o talento (igualmente indispensáveis, embora longe de bastarem por si sós) vêm se materializar em obras conformes à intenção expressiva. Tal coisa só acontece a partir de certo patamar de familiaridade com a substância da arte. Isso implica vencer resistências em si mesmo e no objeto e, assim, tornar-se apto a identificar outras resistências e a lutar contra elas. Se isso puder ser realizado com um benefício de prazer, o aspirante a psicanalista tem boas chances de um dia se descobrir analista porque se tornou capaz de tolerar a angústia de não o ser a cada instante, em vez de se prosternar diante de um ideal para sempre além do seu alcance.

7. A psicanálise na cultura

Um pesadelo assombrava as noites de Freud: que a psicanálise acabasse por ficar restrita a uma especialidade terapêutica, nas mãos dos médicos, ou viesse a se converter naquilo que Philip Rieff chamou de "uma sutil ideologia da salvação pessoal", nas mãos dos sacerdotes – fossem estes devidamente ordenados pelas religiões instituídas ou não. Quando escreveu *Die Frage der Laienanalyse*, em 1926, não existia a profissão de psicólogo clínico; a psicologia era uma disciplina acadêmica fortemente infiltrada pela filosofia, em sua versão "compreensiva", ou, na versão experimental, ocupada com medições ainda mal diferenciadas da fisiologia. O título do libelo de Freud – uma das melhores apresentações de conjunto da psicanálise por ele redigidas – poderia induzir a engano: o *Laie* (leigo), do ponto de vista da medicina, é aquele que a pratica sem a ter estudado na universidade; mas, do ponto de vista da psicanálise, é aquele que posa de psicanalista sem ter passado por uma formação adequada, e principalmente sem ter vivido a experiência de uma análise pessoal. Dessa maneira, poderia haver médicos devidamente diplomados, porém leigos em psicanálise, enquanto o psicanalista que tivesse sido habilitado conforme as regras da profissão poderia ser oriundo de qualquer outra faculdade, além da de Medicina. O que Freud queria dizer é que, fosse qual fosse a formação universitária do psicanalista, quando passasse a exercer a psicanálise tal formação seria irrelevante para determinar a qualidade do seu trabalho clínico e eventualmente teórico.

Quase setenta anos depois de publicado o seu texto, qual é a situação? Poderíamos dizer que, embora existam, em quase todos os países, faculdades de psicologia, a frequência a essas instituições prepara tão pouco uma pessoa para ser psicanalista quanto o currículo médico que Freud considerava desnecessário para essa finalidade. E isso não porque tais faculdades sejam ruins – algumas o são, outras não –, mas porque, no espírito de Freud, a psicanálise não era fundamentalmente uma prática terapêutica. Ela *comportava* uma prática terapêutica, o que é coisa muito diferente. Comportava também uma teoria geral do ser humano, do seu funcionamento como indivíduo e da sua inserção na cultura. E precisamente porque não se reduzia à sua dimensão clínica, a psicanálise não devia, para o seu fundador, se limitar à esfera terapêutica: certa ou erradamente, Freud acreditava que o método psicanalítico era um instrumento valioso para compreender as formações culturais e dedicou boa parte de sua obra a empregá-lo dessa maneira.

A psicanálise "aplicada" não goza de boa reputação: acusam-na de reduzir tudo o que os homens são, inventaram e produziram a meia dúzia de fórmulas de bolso, mediante as quais tudo se transforma em soluções mais ou menos felizes para o complexo de Édipo. Não respeitando a especificidade do produto cultural sobre o qual se debruçam, reduzindo o que lhes passa pela frente a sintomas ou a sublimações, sabendo de antemão qual o resultado a que conduzirá seu estudo, os psicanalistas seriam abelhudos e grosseiros; seu instrumento, que julgam preciso e afiado, seria uma tosca ferramenta digna de neolíticos do saber.

É verdade que a psicanálise pode ser mal utilizada, e há exemplos de estudos analíticos sobre isso ou aquilo que envergonham o leitor. Mas também é verdade que, quando se deixam de lado as explicações universais e trabalha-se com os dados respeitando a finura de sua configuração, a perspectiva psicanalítica pode produzir resultados extremamente interessantes. Neste artigo, gostaria de dar notícia de alguns estudos desse gênero, escritos por psicanalistas e por não psicanalistas, nos quais a disciplina inaugurada por Freud funciona como lente ou como horizonte. São escritos heterogêneos, cada qual focalizando seus temas, nem sempre diretamente ligados uns aos outros; contudo, pareceu-me curioso notar certas correspondências entre livros à primeira vista muito distantes um do outro.[1]

Como em um jogo de dominó, procurei encaixá-los pelo lado no qual as questões de um evocam as questões do seguinte e do anterior; o leitor julgará se o resultado é um mostrengo ou se lhe parece convincente.

---

1 Ver "Nota sobre a origem dos textos" no final deste livro.
"Psicanálise e Discurso", *Revista Brasileira de Psicanálise*, 24.3.1990;
"Nos Espaços Intermediários da Reflexão", *O Estado de S. Paulo*, caderno 2, 28.1.1989;
"Narciso Fundamenta a Experiência Ocidental do Amor", *Folha de S.Paulo*, caderno Livros, 8.10.1988;
"Um Convite ao Prazer", revista *Isto É*, 25.4.1984;
"Scarlett Marton Revê a Cosmologia de Nietzsche", *Folha de S.Paulo*, suplemento Letras, 9.3.1991;
"Visitando a velha senhora", *Folha de S.Paulo*, Ilustrada, 25.11.1987; (reimpresso como posfácio de J. Petot, *Melanie Klein*, volume II, São Paulo, Perspectiva, 1988).
"Tausk Instiga o Diálogo Atual sobre a Loucura", *Folha de S.Paulo*, suplemento Letras, 7.7.1990;
"O Brilho das Brasas", revista *Percurso*, 5/6, 1991;
"Conrad Stein Faz Seminários e Lança Livro no Brasil", *Folha de S.Paulo*, Ilustrada, 18.11.1988.

1. Patrick Mahony, *Psicanálise e discurso*, Rio de Janeiro, Imago, 1989

Patrick Mahony, psicanalista e professor titular de inglês na Universidade de Montreal, notabilizou-se por dois livros importantes: *Freud e o Homem dos Ratos* (editora Escuta) e *Freud as a writer*, este ainda inédito em português. Em ambos, sua competência de investigador, capaz de formular questões instigantes e de colocar em sua resolução uma dose invulgar de energia e de erudição, nos proporcionou trabalhos de primeira qualidade. As mesmas características estão presentes em *Psicanálise e discurso*, coletânea de ensaios oportunamente traduzida por iniciativa de Elias Mallet da Rocha Barros, coordenador da Nova Biblioteca de Psicanálise da editora Imago. A requintada formação de Mahony em Linguística e em Teoria Literária, secundada por uma segura familiaridade com os escritos psicanalíticos em inglês, francês e alemão, coloca-se aqui a serviço da análise de textos variados, que vão de um poema de François Villon à correspondência de Freud com Jung.

São doze artigos que, embora escritos independentemente uns dos outros, foram arranjados de modo a formar uma sequência lógica. O primeiro trata de tradução enquanto conceito abrangente para uma série de fenômenos, psíquicos e semióticos. Em seguida, o autor estuda a livre associação, o "discurso onírico" e sua relação com a gramática gerativa de Noam Chomsky, e o lugar ímpar do tratamento psicanalítico enquanto experiência da linguagem, situando-o na história dos discursos. Um artigo clínico sobre os sonhos de uma paciente introduz a noção de "elaboração imitativa", sobre a qual diremos algumas palavras logo mais. Outros trabalhos focalizam o estilo literário de Freud, a ideia de "princípio nuclear simbólico" de um texto literário (exemplificada pelo estudo de um conto de Kafka e de alguns poemas renascentistas), a questão de saber se há uma escrita especificamente feminina... Vê-se que esses ensaios interessam ao leitor cultivado, e também ao psicanalista profissional, pois este, que faz da atenção ao discurso falado seu instrumento de trabalho, tem aqui um estimulante convite a questionar seus hábitos de escuta e um excelente antídoto contra a interpretação estereotipada.

O tema do discurso oferece o terreno comum entre as várias disciplinas que Mahony mobiliza para construir sua argumentação. Ora, o discurso não é apenas aquilo com que o analista se defronta todos os dias; é o meio no qual formula suas ideias e eventualmente as escreve. Mahony oferece-lhe a oportunidade de compreender melhor alguns aspectos dessa realidade de linguagem, utilizando categorias que só na aparência são estranhas à problemática da psicanálise. Esta se vê assim enriquecida com formas de pensar que o autor aclimata à organização teórica da disciplina freudiana. Mais do que resumir um a um os textos, convém discutir sua ideia central, a partir da qual edifica as pontes entre cultura e psicanálise *stricto sensu*: segundo ele, entre *forma* e *conteúdo* existem vínculos não arbitrários, de sorte que um estudo minucioso da forma pode conduzir a descobertas essenciais sobre o conteúdo.

Freud foi o primeiro a notar que a forma de um sonho e a maneira pela qual ele é narrado "são usadas com frequência surpreendente para representar seu sentido oculto". Esse fato decorre da natureza do aparelho psíquico, que sobrepõe e faz interferirem os processo primário e secundário. Mahony demonstra que essa observação, relativamente marginal no contexto da *Interpretação dos sonhos*, pode tornar-se uma ferramenta de notável eficácia, se for burilada com o auxílio das disciplinas semiológicas. O campo para essa demonstração é oferecido por uma ampla gama de situações, unificadas sob a égide abrangente do *discurso*. Esse termo compreende tanto a expressão falada como a escrita, em graus crescentes de organização e de densidade do processo secundário: sonhos, associações livres, anedotas, textos argumentativos e ficcionais, poesia. O relato de sonhos e a associação livre fornecem exemplos de como na linguagem falada a forma – neste caso, a sequência, a inversão de temas ou de séries temporais etc. – não apenas é determinada pelo conteúdo consciente e inconsciente, mas ainda é expressiva por si mesma, em virtude da polissemia inerente aos códigos linguísticos. Quanto ao discurso escrito, o estilo de Freud fornece a melhor ilustração de um texto que, além de ser uma exposição *sobre* o inconsciente, é também uma expressão *do* inconsciente, um espaço no qual ele emerge no próprio movimento de redigir. E, com os recursos da análise literária, pode-se afirmar tese idêntica para um poema ou um conto, como fica patente pela leitura dos últimos artigos da coletânea.

Vejamos um exemplo da fecundidade dessa abordagem. Em vez de tomar o sonho de Irma, cuja análise por Mahony é brilhante, porém exigiria numerosas citações, convém ilustrar a tese central com um fragmento clínico, o capítulo 6, intitulado "Elaboração imitativa no relato oral dos sonhos". O autor critica aqui a noção restritiva de "elaboração secundária" utilizada por Freud, que, como se sabe, via nesse mecanismo – destinado a conferir ao sonho uma fachada enganosa de coerência – apenas uma astúcia defensiva, uma demão racional de tinta aplicada pela censura sobre um material fragmentado e distorcido pela ação dessa mesma censura. Diz Mahony:

> *Minha própria posição é que a parte da elaboração onírica que se estende na narração do sonho pode ter uma importância em termos de sua forma, isto é, de que a forma possa ser imitativa ou mimética do conteúdo. Como tal, esta elaboração onírica é influenciada pelo processo primário. . . . A própria narrativa do sonho pelo paciente pode conter uma elaboração, com seu próprio tipo de coerência imitativa.*

Mrs. B., a paciente cujos sonhos são estudados nesse capítulo, apresenta material anal do tipo "mais explícito" (seguem-se citações do que ela contou em análise). Durante esse período do seu tratamento, contou vários sonhos em que aparecia, dos mais variados modos, o termo *back* como substantivo ("costas"), como adjetivo ("traseiro", "posterior"), como advérbio ("passado", "para trás"). Embora na tradução para o português essa repetição fique obscurecida pela omissão dos termos em inglês, aqui indispensáveis, com um pouco de imaginação é possível reconstituir a fala da paciente e a presença reiterada da palavra em questão. Ora, Mrs. B. tem o hábito de narrar seus sonhos começando pelo fim, e só depois relatando o início. Mahony argumenta, com mais elementos do que podemos reproduzir aqui, que essa narração reversa "imita a associação dinâmica de Mrs. B. com sua genitália e ânus, com suas partes dianteira e traseira". Em outro exemplo, um sonho dominado pela angústia de separação foi narrado de forma "separada", isto é, a sequência cronológica das cenas foi rompida e elas se misturam por completo. Segundo Mahony, essa ruptura faz parte da elaboração secundária, porém não tem nenhuma função defensiva: ao contrário, neste caso expressa e imita "a preocupação patológica da paciente a respeito da separação em todas as suas formas" (p. 146). De tal modo que a ênfase na parte "posterior" do material narrado, ou a maneira pela qual a sequência de cenas é desmontada e entretecida de forma a não deixar "vazio", indicam algo importante acerca do conteúdo referencial dessas cenas, que, na verdade, são os impulsos e angústias da paciente.

Caso seja verdadeira, a hipótese de Mahony tem importantes consequências, que, sem dúvida, vão muito além de um pormenor da técnica de interpretar sonhos. Uma delas diz respeito à contratransferência de maneira geral: a reordenação do material por parte do analista, segundo a lógica deste último, pode distorcer a apreensão do sentido latente, por exemplo, restabelecendo uma continuidade ilusória ali onde o importante seriam precisamente as lacunas. Mas o impacto principal da tese de Mahony não está aí: está na ideia de que a mimese, ou imitação, é "suprema em eventos psiquicamente relevantes, como a mimética ideacional, a sintomatologia histérica ou a reação defensiva". Deixando de lado a "mimética ideacional" – que designa os gestos e a entonação que acompanham a expressão de um pensamento –, não é difícil perceber que a "sintomatologia histérica" e a "reação defensiva" cobrem extensas áreas do funcionamento psíquico, de vital interesse para a clínica psicanalítica. Mahony dá grande importância a uma descoberta de Robert Waelder, o pioneiro do estudo da esquizofrenia, segundo a qual existe um isomorfismo entre o impulso afastado e a defesa erigida contra ele – outro exemplo de "mimese" ou imitação entre forma e conteúdo (pp. 203-204).

É essa ideia de "elaboração imitativa" que fundamenta, a meu ver, a importância concedida por Mahony a um aspecto pouco estudado do pensamento de Freud: sua teoria da tradução. Convém lembrar que as palavras "tradução", "transferência" e "metáfora" são etimologicamente sinônimas, e significam simplesmente "transposição". Freud estende o conceito de tradução – *Übersetzung*, que significa literalmente passar para o outro lado – até seu limite máximo, e Mahony enumera facilmente algumas dúzias de tópicos teóricos e clínicos em que comparece esta noção: tradução do consciente para o inconsciente e vice-versa, a repressão como falha na tradução das inscrições psíquicas no limiar entre uma fase e outra da vida, a interpretação como tradução do sentido latente, a tradução de afetos e ideias reprimidos em sintomas histéricos, a tradução intersemiótica de pensamentos verbais latentes em imagens visuais, oníricas etc. Por esse mesmo motivo, a discussão sobre a associação livre no capítulo 2 assume contornos decisivos – associação livre que Freud considerou, numa carta a Stefan Zweig, como a contribuição mais original da psicanálise para a civilização. Ela é o veículo privilegiado de tradução entre o inconsciente e a consciência, e há um paradoxo na exigência de liberdade – isto é, de suspensão da crítica racional ou moral sobre o dito pelo paciente – que constitui a regra fundamental do tratamento analítico. Ironicamente, há aqui um problema de tradução em sentido estrito, usual, de passagem entre duas línguas: a palavra *Einfall*, utilizada por Freud no sentido de ocorrência súbita, ideia imprevista, tem uma conotação de espontaneidade aleatória inteiramente ausente do termo "associação", cujo conteúdo semântico implica organização estável segundo regras. Strachey já o havia notado, quando se pergunta – em sua "nota do editor" às *Conferências* de 1916-1917 – se todo *Einfall* é ou não uma associação. Há igualmente paradoxo em se falar de "regra" da "livre associação", paradoxo explorado no artigo que estamos comentando e que induz Mahony a discutir diversas formulações de regra utilizadas pelos psicanalistas desde Freud.

Qualquer que seja o interesse do leitor pelas formas mais sofisticadas de análise linguística ou literária, o livro do professor canadense fervilha de ideias provocadoras. Para os que apreciam a engenhosidade da interpretação, Mahony reserva alguns momentos de raro deleite. Refiro-me aos artigos que analisam temas literários, especialmente os dedicados ao "sonho de Irma" e a François Villon. No primeiro, um estudo do léxico freudiano e das ressonâncias polifônicas de sua prosa mostra, no fraseado do sonho, a presença dos impulsos inconscientes do sonhador, conspicuamente ausentes (*et pour cause...*) da interpretação proposta no texto impresso. Esses impulsos, de natureza sexual e fálica, bem como narcísica, aparecem indicados pelas palavras do sonho: *wir empfangen* quer dizer "nós recebemos", mas *empfangen* também é conceber; *Lösung* é a solução de um problema, mas também a solução contida na "seringa suja"...

É na "Balada dos enforcados", poema escrito no século XVI por François Villon, que o método de análise proposto por Mahony dá resultados mais surpreendentes. A balada expressa o sofrimento dos enforcados, que se dirigem aos espectadores da cena e os exortam a ter fé e compaixão: "mas orai a Deus que queira nos absolver a todos". O estudo do espaço "interlocutório" – a relação entre a voz do orador e os ouvintes aos quais se dirige –, bem como o estudo da recorrência de grupos fonemáticos privilegiados, fornecem os meios para deduzir o "princípio nuclear simbólico", termo pelo qual Mahony designa o foco organizador de uma obra literária, aquilo que "em ampla medida governa o conteúdo e a forma e modela tanto seus elementos conscientes quanto inconscientes" (p. 204). A noção de um princípio nuclear simbólico condensa o que me parece ser a principal contribuição teórica de Mahony em seu livro, a saber, a tese de que o conteúdo não determina univocamente a forma, nem vice-versa. Em outros termos, não é verdadeiro afirmar que o conteúdo representa os impulsos, e a forma as defesas. O princípio nuclear simbólico seria a matriz de *ambos* os componentes, já que seleciona os elementos com vistas à expressão ótima do que deseja dizer o autor, ao mesmo tempo que veicula muito daquilo que ele não necessariamente quis dizer – mas disse.

No caso do poema de Villon, para se ter uma ilustração de como pode ser fecundo esse conceito, a análise mostra que os oradores, "afligidos pela alienação e reduzidos a serem objetos parciais em um sentido extremamente visual, esforçam-se em readquirir sua autoestima, identificando-se com os espectadores, uma identificação controlada pela ironia" (p. 245). A repetição de sílabas em *ci* (em *endurcis, mercis, six, occis, rassis, transis*, etc.) e em *ou* (em *nous, vous, tous, couldre, asouldre, sourcis*, etc.) ao longo de todo o poema é o recurso estilístico por meio do qual o poeta assinala o controle último da vida *ici-bas* (aqui embaixo, na Terra) e o destino das almas no céu (*où*, onde?), destino que interessa tanto aos enforcados como àqueles que contemplam o lúgubre espetáculo.

Para concluir, um reparo quanto à tradução do livro. Numa coletânea que aborda de modo tão sugestivo os fundamentos da linguagem a partir da própria superfície desta última, seria desejável que os tradutores tivessem sido mais atentos às peculiaridades da língua portuguesa, evitando anglicismos desnecessários, tanto na escolha do vocabulário como na sintaxe por vezes arrevesada. Traduzir é um ofício ingrato, e traduzir um autor incisivo como Mahony certamente não é tarefa simples; a versão brasileira, se não compromete em nada a compreensão do seu pensamento, deixa um tanto a desejar no tocante à elegância. De qualquer modo, é inegável o valor do livro de Mahony para todos os psicanalistas que, a exemplo de Freud e do autor, consideram que a linguagem não é um meio neutro para a comunicação, porém tanto ou mais veículo de ocultamento que de revelação. A ela, poder-se-ia aplicar o que Freud disse certa vez sobre Rembrandt: "um pouco de luz e uma grande quantidade de trevas".

2. André Green, *Sobre a loucura pessoal*, Rio de Janeiro, Imago, 1988

As observações precedentes sobre alguns deslizes na tradução do livro de Mahony podem parecer preciosismos, como se algum Catão, o Censor, estivesse à espreita de erros afinal não tão graves, para fulminar com sua condenação o trabalho do editor e do tradutor. No caso de *Psicanálise e discurso*, os equívocos são de fato menores e, como disse, não comprometem a compreensão do que quer dizer o autor. Infelizmente, não é esse o caso do livro que comentarei a seguir, a coletânea de ensaios de André Green intitulada *Sobre a loucura pessoal*. Diga-se, antes de mais nada, que

Green é um autor elegante, erudito e provocativo; sua obra vem-se tornando, nos últimos anos, disponível para o leitor brasileiro graças às traduções de *O discurso vivo* (Francisco Alves, 1982) e *Narcisismo de vida, narcisismo de morte* (Escuta, 1988). Na introdução à coletânea, ele mesmo traça uma retrospectiva do seu itinerário, que coincide com os anos mais fecundos da psicanálise francesa, pois, apesar do nome inglês, trata-se de um analista nascido no Cairo e que vive em Paris: sua visão da psicanálise é integralmente atravessada pelas balizas teóricas que a caracterizam na França.[2]

Justamente por ser pouco conhecido dos leitores de língua inglesa, Green selecionou alguns dos seus trabalhos mais representativos para os divulgar na Inglaterra: é a coletânea traduzida pela Imago, publicada sob o título *On personal madness* pela Hogarth Press (1986). Aqui começam os problemas da edição brasileira: pois é visível que o tradutor trabalhou a partir da versão britânica, colocando-se de saída na situação desvantajosa de traduzir a partir de uma tradução. Isso não seria o ideal, mas não teria consequências maiores se os textos tivessem sido cotejados com os originais franceses. Ocorre que o português não é um decalque do inglês, e o tradutor parece não ter ciência disso; daí a quantidade impressionante de erros e de contrassensos que infestam cada página do livro, e isso apesar das sucessivas revisões a que foi submetido. Sei que o ofício de tradutor é ingrato, que é fácil criticar traduções, que o tradutor é entre nós um profissional frequentemente mal remunerado e a cujo trabalho se concede pouco destaque. Mas nada disso desculpa os barbarismos, as frases mal construídas ou simplesmente sem sentido que encontramos a cada passo. Por uma vez, gostaria de substanciar essas críticas com

2 Nota de 2023: uma excelente introdução aos principais aspectos do pensamento de André Green pode ser encontrada no número especial que a revista *Percurso* (49-50, 2012) dedicou à sua obra.

um pequeno exercício, colocando lado a lado a tradução publicada (coluna da esquerda) e a tradução correta (coluna da direita) de uma passagem escolhida mais ou menos ao acaso: o início do capítulo 11, "O espaço potencial em psicanálise", que na edição inglesa se encontra na página 277. Estão grifadas as passagens em que, a meu ver, há problemas de tradução.

Tradução Imago	**Tradução correta**
1. Em diversas ocasiões, Freud foi levado a afirmar que os conceitos psicanalíticos possuem principalmente um valor heurístico, e *somente* secundariamente *podem eles* ser definidos *com maior rigor* ou substituídos por outros.	Em diversas ocasiões, Freud foi levado a afirmar que os conceitos psicanalíticos possuem principalmente valor heurístico, e *apenas* secundariamente *podem* ser definidos *de modo mais rigoroso* ou substituídos por outros.
2. Nenhum conceito desde a fundação da psicanálise foi mais amplamente utilizado que o *do* objeto.	Desde a fundação da psicanálise, nenhum conceito foi mais amplamente utilizado que o *de* objeto.
3. De acordo com Littré, o *dicionário da Academia Francesa* dá a mesma *ilustração* ao definir a palavra "*sujeito*" *como faz ao definir a palavra* "*objeto*": os corpos naturais são o *sujeito* da física, os corpos naturais são o *objeto* da física.	De acordo com Littré, o *Dicionário da Academia Francesa* dá o mesmo *exemplo* ao definir a palavra *"sujet"* e a palavra *"objet"*: os corpos naturais são o *tema* da Física, os corpos naturais são o *objeto* da Física.
4. *Antes que lamentar* a confusão que surge aqui, ou protestar contra filosofias que *dividiriam* o sujeito e o objeto de modo absoluto, *desejo*, em *vez disso, enfatizar que seu relacionamento é um relacionamento de simetria ou de complementaridade: nenhum objeto sem um sujeito, nenhum sujeito sem um objeto.*	*Mais do que deplorar* a confusão que surge aqui, ou protestar contra as filosofias que *separam* de modo absoluto sujeito e objeto, *quero sublinhar que a relação entre eles é de simetria ou de complementaridade: não há objeto sem sujeito, não há sujeito sem objeto.*
5. *Da época de Freud à nossa a teoria psicanalítica não foi capaz de enfrentar corajosamente a verdade deste fato.*	*Desde o tempo de Freud até hoje, a teoria psicanalítica não teve como deixar de se opor à veracidade desta afirmação.*
6. Freud *rompeu* completamente a *velha* relação entre sujeito e objeto.	Freud *estilhaçou* completamente a *antiga* relação entre sujeito e objeto.

7. *Em vez de opor ao objeto o sujeito como era definido pela tradição* filosófica, acoplou o objeto ao *impulso* – o anti-sujeito.	*Ao invés de opor ao objeto o sujeito, como o definia a tradição filosófica,* Freud acoplou o objeto à *pulsão* – o antissujeito.
8. Pois é *bastante claro que o impulso* não pode assumir uma função subjetiva.	Pois *é evidente que a pulsão* não pode assumir uma função subjetiva.
9. Em sua teoria, o *impulso* – e a instância que o conota, o id – representa para Freud aquilo que é mais impessoal, o menos capaz de uma vontade individual: tanto porque está *arraigado* no corpo como porque está associado *com as* características radicais da espécie como tal.	Em sua teoria, a *pulsão* – e a instância que a conota, o id – representam para Freud o que é mais impessoal, aquilo que é menos capaz de vontade individual, tanto porque está *enraizado* no corpo como porque está associado *às* características radicais da espécie enquanto tal.
10. *Muito embora o impulso da teoria freudiana seja nitidamente distinguido de noção clássica de instinto, os dois se mantêm relacionados* por sua "natureza" fundamentalmente *imprópria* – isto é, em seu abandono da propriedade da *autouniformidade do sujeito.*	Embora na teoria freudiana a pulsão seja nitidamente distinguida da noção clássica de instinto, *ambas* permanecem *vinculadas* por sua "natureza" fundamentalmente *inadequada* – isto é, porque se afastam da propriedade *do sujeito de ser idêntico a si mesmo.*
11. Contudo, com o desenvolvimento da teoria das relações objetais, o *conceito de ego, de Freud*, já não poderia fornecer um complemento teórico adequado às *recém-emergentes* formulações do objeto.	Entretanto, com o desenvolvimento da teoria das relações objetais, o *conceito freudiano de ego* já não podia fornecer um complemento teórico adequado para as formulações do objeto *que começaram a surgir.*
12. *Tentativas para suprir estas deficiências* levavam à elaboração de conceitos relacionados com o ego, *tais como o "self" e o "eu".*	*Para remediar estas deficiências,* buscou-se elaborar conceitos relacionados ao de "ego", como *os de "self" e "Eu".*
13. Assim, a subjetividade do sujeito (*que Freud usava, em todo o caso, entre parênteses*) reaparece na teoria analítica contemporânea.	Assim, a subjetividade do sujeito (*que Freud conseguira, de certo modo, excluir*) reaparece na teoria analítica contemporânea.
(p. 280-1 da edição Imago)	(tradução pessoal)

Creio que essa amostra é suficiente, tanto para dar uma ideia do pensamento e do estilo de Green como dos problemas que se colocam para o seu tradutor. Comparem-se as duas versões, propositadamente divididas frase por frase. Nas de nº 1, 2, 4, 6, 8, 9 e 12, os inconvenientes são relativamente menores: trata-se de questões de pontuação, de escolha de termos, de respeito pela sintaxe da língua portuguesa, ou simplesmente de ritmo e de eufonia. Nessas frases, a tradução brasileira – embora um tanto pesada e deselegante – não chega a confundir o leitor; as opções são apenas discutíveis, sem chegar a ser aberrantes.

As coisas se complicam, porém, nas frases de nº 3, 5, 7, 10, 11 e 13. Na nº 3, a polissemia dos termos *sujet* (francês) e *subject* (inglês) é transposta sem mais para o nosso "sujeito", que em hipótese alguma significa, como suas contrapartes, "assunto" ou "tema". Seria o caso de traduzir corretamente e colocar uma nota de rodapé, advertindo o leitor brasileiro da impossibilidade de reproduzir literalmente a ambiguidade do termo empregado por Green. Na frase nº 5, há uma inversão completa do sentido: onde Green escreve que a psicanálise desde o início *contestou a veracidade* da *afirmativa* filosófica que vincula e opõe sujeito e objeto, a tradução diz que a psicanálise *não foi capaz de enfrentar a verdade deste fato*. É claro que o tradutor não entendeu o original: ". . . has not been able to avoid facing up to the truth of this". Dessa forma, o que é uma sentença filosófica, uma teoria sobre o fato, transforma-se no próprio fato; a psicanálise, que, por boas razões, se opôs àquilo que a filosofia afirmava, vê-se reduzida a uma especulação que não consegue "enfrentar os fatos"; e a veracidade, que é uma propriedade do discurso, aparece transfigurada como verdade, além do mais predicada de um fato. O leitor conhece fatos falsos, ou verdadeiros? Eu não. Conheço afirmações, verdadeiras ou falsas, sobre fatos que em si não são nem verdadeiros nem falsos: ou são fatos, ou são invenções, mentiras, fantasias, etc.

Na frase nº 7, a consulta ao texto francês teria mostrado que Green se refere à pulsão, conceito que efetivamente se opõe em

Freud ao do instinto, e que os ingleses estão começando a traduzir por *drive*. É esse o termo vertido como "impulso". A escolha sumamente infeliz dessa palavra amputa a teoria psicanalítica de um conceito essencial e induz à confusão, já que sugere que Freud está falando de excitações ou de outras coisas de que efetivamente trata, mas não aqui.

Quanto à frase nº 10, a "self-sameness of the subject" – que significa simplesmente "a característica de ser idêntico a si próprio" – se transforma na enigmática "autouniformidade", termo obscuro e inadequado. A frase nº 11 contém um barbarismo desnecessário ("recém-emergentes" para *newly emergent*), mas a nº 13 se supera no absurdo: o que Green escreve é que Freud "had managed, as it were, to bracket off" a subjetividade do sujeito, ou seja, que ele havia conseguido evitar esse problema, excluí-lo de sua teoria, já que segundo esta a questão devia ser repensada de cabo a rabo. De modo nenhum, nem em Green nem em Freud, se pode dizer que um autor "usa a subjetividade do sujeito entre parênteses".

Falhas como essas, a meu ver graves, se encontram em numerosos trechos do livro, e só resta esperar que sejam corrigidas numa próxima edição. Se o leitor conseguir percebê-las e atravessar a desnecessária barreira que elas antepõem à compreensão do texto, defrontar-se-á com um pensamento dos mais estimulantes, sobre o qual convém dizer algumas palavras.

Como tantos outros da sua geração, Green conviveu com Lacan e frequentou os seminários; passou por um período de fascínio pelo grande mestre e foi poderosamente impulsionado para o trabalho teórico pelo pensamento de Lacan. Como tantos outros, acabou por se distanciar dele e por se servir do "retorno a Freud" para elaborar suas próprias ideias, cada vez mais críticas em relação à ortodoxia lacaniana. Esse foi, com variações, o itinerário de Piera Aulagnier, de Jean Laplanche, de Jean-Baptiste Pontalis, de Conrad

Stein e de outros autores, que representam, com suas obras, o que a psicanálise francesa produziu de mais original, rigoroso e criativo.[3]

O que distingue Green de seus *compagnons de route* é o interesse que, desde cedo, nele despertaram os trabalhos dos psicanalistas ingleses, entre os quais Bion e Winnicott. Em vez de trocar a fidelidade dogmática a Lacan pela fidelidade dogmática a outros ídolos, Green adotou uma perspectiva que na época (anos 1960) era bastante ousada: procurou perceber de onde provinham as divergências e convergências entre os vários autores, encontrando o solo de onde elas brotam. Esse solo é constituído pelos diferentes climas culturais em que se pratica a psicanálise, por pressupostos epistemológicos conflitantes, por experiências clínicas não homogêneas. Isso não o impediu de adotar as teses que lhe pareceram mais consistentes ou mais verdadeiras, nem de elaborar um pensamento rico e exigente. Contudo, esse interesse comparativo é um traço que impregna sua reflexão, num esforço para estabelecer um balanço muitas vezes esclarecedor entre as diversas concepções existentes na psicanálise acerca de um mesmo tema. São exemplos desse modo de proceder artigos como "Concepções do afeto" e "O espaço potencial em psicanálise".

Em termos propriamente clínicos, o interesse de Green centrou-se na questão do narcisismo e nos estados ditos fronteiriços. São assuntos complicados, e sem dúvida sua contribuição nos ajuda a compreendê-los de modo mais sutil. Neste livro, o tema do narcisismo é abordado explicitamente no artigo "Narcisismo moral", mas está presente como pano de fundo em quase todos os textos. Já quanto ao "limite", o texto sobre "O Conceito de Fronteiriço" apresenta suas principais ideias sobre o tema, embora, mais uma

3 Conferir a este respeito, o capítulo "Três concepções do originário: Stein, Le Guen, Laplanche", in R. Mezan, *Figuras da Teoria Psicanalítica*, Casa do Psicólogo, 2010.

vez, essa problemática infiltre quase todos os escritos aqui reunidos.[4] E isso não porque Green seja um maníaco da repetição, mas porque o *intermediário* é a zona em que seu pensamento se move com mais facilidade, como se por uma "afinidade eletiva". Intermediário, porque navega entre diferentes concepções da psicanálise, como disse anteriormente; intermediário, porque a problemática do ego o fascina como questão clínica e como terreno de reflexão teórica (e Freud define o ego como um intermediário entre o id, o ego e as exigências da realidade); intermediário, porque tal é o estatuto da escuta analítica, já que o psicanalista está sempre situado em algum ponto entre seu paciente e os outros analistas (predecessores, colegas, adversários, polos transferenciais...). Intermediário, enfim, porque este é o objeto da sua investigação: o espaço psíquico, no qual circulam afetos, representações e outros elementos mais, o espaço psíquico no qual o sujeito se constitui com referência aos outros, e cuja conformação não se dá sem obstáculos. E será da natureza, da intensidade e do modo de organização desses obstáculos que dependerá o grau, maior ou menor, da permeabilidade de cada um à sua própria realidade psíquica.

Além de psicanalista e escritor, Green é um homem cultivado; seus escritos são pontilhados de referências literárias e de reminiscências de leitura. É o autor de vários trabalhos sobre teatro, em especial a tragédia grega de Shakespeare, que seria oportuno traduzir para o português. Neles se coloca o problema da "psicanálise aplicada", mas, para melhor discuti-lo, convém passarmos a outro livro.

---

4 Um estudo mais detalhado da maneira pela qual Green trabalha encontra-se no artigo "Que significa 'pesquisa' em psicanálise?", neste livro.

3. Julia Kristeva, *Histórias de amor*, Rio de Janeiro, Paz e Terra, 1988

Este não é um livro de psicanálise usual; apresenta-se antes como "reunião de leituras", do *Banquete* de Platão a obras de literatura contemporânea, passando por textos poéticos, filosóficos e teológicos da Idade Média. O livro faz pensar num trabalho semelhante de Erich Auerbach, *Mimesis: A representação da realidade na literatura ocidental*, que também lida com textos que vão da Bíblia e da Odisseia a Virginia Woolf. Se Auerbach está interessado na representação da realidade, Kristeva centra-se na questão do amor; e o leitor que se afugentar diante de temas aparentemente tão pouco atuais estará perdendo um festival de inteligência e de generosidade intelectual. Kristeva não é desses autores que menosprezam o público, julgando-o incapaz de acompanhar um raciocínio articulado. Com delicadeza para com o leitor e para com aquilo que estuda, ela desmonta pacientemente o que é complexo e o restitui de modo compreensível, ainda que por vezes envolto numa prosa um tanto rebuscada.

Kristeva parte de uma ideia que lhe é inspirada pela frequentação da literatura e pela prática da psicanálise: nossa época já não dispõe de códigos estáveis, capazes de proporcionar modelos para a vivência e para a compreensão do amor. Outras épocas os tiveram: exemplos desses códigos são o amor cortês, a caridade cristã, a tese da maternidade virginal de Maria. O primeiro desses códigos é formulado no *Banquete*: o amor é aí configurado como Eros, isto é, como desejo por aquilo que nos falta, e impulso para obtê-lo. O que amamos nos obriga a uma ascese, e nossa alma se educa nessa subida rumo à Ideia de Amor. Já no *Cântico dos cânticos*, a ausência do amado e a espera por ele dão origem ao transbordamento da paixão pelo sexo oposto, num movimento em que o sujeito/narrador (a bela Shulamit, "morena e negra") se abre para o outro e goza com isso.

Entre Platão, a Bíblia e nós, constituiu-se e ruiu um espaço muito particular, no qual o amor foi vivido, pensado e cantado: o espaço do narcisismo. Essa é a ideia central de Kristeva: de Ovídio a Freud, o mito de Narciso fornece a baliza essencial para a experiência ocidental do amor, que, em suas diversas formas literárias, reproduzirá uma constelação sempre idêntica. As figuras emblemáticas dessa constelação são Romeu e Julieta, Don Juan, a Virgem Maria, Tristão e Isolda, os personagens de Stendhal: a lista é longa, e o livro de uma riqueza impressionante. Mas a diversidade aparente borda, segundo as épocas e os estilos, um mesmo desenho de fundo.

Qual é esse desenho? É a vertigem de um amor cujo único e essencial objeto é uma miragem, um reflexo, diante do qual o jovem do mito se exalta até o paroxismo final. Circuito fechado que vai da ilusão ao espelho, nele nos vemos através da imagem que nós mesmos projetamos, e nele se desencadeia uma paixão que, acreditando buscar o outro, na verdade se perde em um abraço impossível com seu próprio duplo.

Kristeva sustenta que essa estrutura subjaz à extraordinária variedade dos temas que aborda. Um exemplo: o ágape, o amor cristão materializado na injunção "amarás teu próximo como a ti mesmo". O que devemos amar no próximo? O reflexo de nós mesmos; mas somos salvos do delírio megalomaníaco porque o amor que temos por nossa própria pessoa já é um reflexo, uma consequência do amor que Deus tem por nós. A diferença entre Eros e ágape, entre o amor grego e a caridade cristã, está precisamente em que Eros necessita buscar o que lhe falta, enquanto Deus cristão (e o judaico – veja-se a ideia de Povo Eleito) começa por amar incondicionalmente, gratuitamente, a ponto de enviar seu filho para salvar a humanidade. No espaço fechado entre o olho e a imagem, diz Kristeva, constituir-se-á o que os ocidentais chamam de "alma", isto é, um espaço interior que é a imagem de outro Deus idealizado, que "criou o homem à sua imagem e semelhança". Desde Plotino, que viveu no século I d. C., os filósofos, os místicos e os poetas irão refinar e tornar mais complexa essa construção, que forneceu o modelo de base para a vivência e para a reflexão sobre o amor por quase 2 mil anos.

Ora, essa construção desmoronou no nosso século. O narcisismo está em crise, e a psicanálise dá testemunho dessa crise. Kristeva não é a única a fazer essa constatação – os estudos de Green e de vários outros dão desse fenômeno uma descrição e uma explicação em termos metapsicológicos –, mas ela a leva a consequências audaciosas. Pois, para ela, a transferência que se estabelece durante o processo analítico está governada pelos estilhaços desse narcisismo despedaçado. Freud teve o lampejo de transformar o amor em meio de cura, ao criar um dispositivo que permite revelar os mecanismos pelos quais ele se constrói. Esses mecanismos, na perspectiva narcísica, são a identificação e a idealização: a argumentação de Kristeva sobre esse tópico, cerradamente técnica, é o ponto de partida de todo o livro, e figura apropriadamente no capítulo 1. Essas posições a levam a ter uma ideia bastante clara do que é uma psicanálise: não se trata de reparar os cacos da unidade desfeita, mas de "ajudar o paciente a construir o seu espaço próprio".[5] Espaço em que a miragem do "Um" já não governe o imaginário, em que a ausência de um "próprio" não exija ser compensada pela anulação de um outro. Kristeva se permite narrar e comentar

---

5 Um comentário sobre esta prática clínica encontra-se em: Mezan, R. (2010). Sobre a psicanálise e o psicanalista. In *Figuras da teoria psicanalítica*. Casa do Psicólogo.

alguns momentos de sua prática clínica, o que deixa entrever de que maneira essas ideias podem tomar corpo com seus pacientes.

Não é seguro, porém, que o ser humano esteja condenado a navegar entre a vertigem do "Um" e os estilhaços de uma psique fragmentada; Kristeva acentua a dimensão cindida da experiência moderna do amor, inclusive na psicanálise, e nisso tem razão – mas deixa de lado na sua teorização algo que a leitura atenta de seus relatos clínicos revela nas entrelinhas: é possível construir um espaço psíquico que integre o narcisismo, sem por isso sucumbir à fragmentação. O que falta em seu livro é uma teoria do objeto, que ela reduz – com brilho, mas também com teimosia – a um duplo do duplo do duplo... Pois, se a imagem de Narciso é o que Narciso contempla, disso não se segue que a imagem de Narciso seja capaz de contemplar Narciso. O livro de Kristeva, admiravelmente traduzido e prefaciado por Leda Tenório da Motta, vem reabrir de modo instigante essa questão, uma das mais espinhosas para a psicanálise.

Outro mérito desse livro é a sua concepção do que significa utilizar a psicanálise como instrumento de compreensão da cultura. Aqui não encontraremos nada de "complexo de Édipo" dos personagens, nem a reiteração enfadonha da universalidade dos mecanismos desvendados por Freud. O que temos é uma hipótese originada na psicanálise – a de que o amor envolve uma dimensão narcísica – e o paciente esforço de verificá-la por meio da análise de textos escritos que pertencem à tradição ocidental.

A leitura psicanalítica não *reduz* nada, mas amplia o raio de alcance do crítico, permitindo-lhe operar recortes que de outra maneira não seriam possíveis. Pois o amor não é somente um sentimento; ele é isso, certamente, mas também uma maneira de dar forma à experiência do outro, e essa forma é cristalizada na cultura por meio de figuras literárias, que servem de exemplo e de polo de referência para *constituir* essa experiência. Em outros termos, a cultura não é exterior ao indivíduo, mas interiorizada por ele, segundo maneiras específicas que dependem tanto dos conteúdos a serem interiorizados como das formas de constituição da subjetividade em épocas e em lugares diferentes.

4. Marilena Chaui, *Repressão sexual: Esta nossa (des)conhecida*, São Paulo, Brasiliense, 1984

Este é o eixo de outro livro, que, sem ser propriamente de psicanálise, dialoga constantemente com essa disciplina. Trata-se de um ensaio de filosofia, escrito por uma autora para quem pensar é um exercício de alegria e de carinho: Marilena Chaui. Um livro de filosofia sobre repressão sexual? Alguns especialistas torcerão o nariz: vã pretensão da filósofa onipotente, que mais uma vez invade searas alheias... Tanto pior para eles: privar-se-ão da leitura de um texto brilhante, e, além do mais, a crítica será infundada – não se trata de descrever a metapsicologia da repressão, mas de abordar as ideias, práticas e instituições que a veiculam e a interiorizam. Sexualidade e repressão configuram, na perspectiva filosófica, fenômenos históricos e culturais, de onde a necessidade de decifrá-los numa série de registros, da literatura ao cinema, da doutrina cristã à música popular, dos contos de fadas à publicidade.

Tese central do livro: não sendo natureza, mas cultura, é pelas vias sinuosas da simbolização que o sexo se manifesta e se oculta. Daí decorre, igualmente, a opção de transcrever inúmeros textos e de citar dezenas de autores. As “visitas” que Marilena propõe a seu leitor vão de comentários sobre Chico Buarque à discussão de textos dos padres da Igreja, de Santa Teresa de Ávila a um anúncio de geladeira; entretanto, jamais temos a impressão de alguém “vivido”, “liberado” e “culto” falando para uma plateia inexperiente. A maneira pela qual Marilena discute seu tema revela como concebe o próprio pensamento e sua transmissão: nada de "faça como eu", sempre um "faça comigo". O vastíssimo cabedal de informações não é uma arma para intimidar o leitor, mas doação generosa dos frutos de um trabalho feito com paixão. Filósofa chinesa, Marilena não se limita a nos dar um peixe: ensina-nos a pescar, pois o pensamento é obra de prazer, e não mortificação do espírito.

Uma estratégia preside à construção do livro: diferenciar o que parece uniforme, multiplicar as perspectivas, abrir caminhos no que à primeira vista se anuncia como liso e compacto. Nada de simples oposição, o "sexo" de um lado e a "repressão" do outro: cada um dos termos se desdobra, refrata-se, metamorfoseia-se em seu contrário. A discussão das práticas contemporâneas de "liberação" sexual, por exemplo, revela seu avesso rigidamente normativo: por trás do direito ao orgasmo, emerge o *dever* do orgasmo, exigido tanto pela sexologia como pelas ilusões do nomadismo conjugal. Marilena mostra que a transformação social não elimina a repressão, mas cria para esta figuras novas e sutis. Não é a existência de regras para a esfera sexual que a torna o domínio por excelência do proibido, mas sim o que a constitui como "duplo nó". O duplo nó consiste em "afirmar e negar, proibir e consentir alguma coisa ao mesmo tempo". O pudor, por exemplo, é tanto meio de proteção da mulher quanto formidável instrumento de sedução; o namoro longo exige a castidade, mas excita até o paroxismo a sensualidade dos noivos; o aborto pode ser exercício do direito à maternidade, mas é simultaneamente extirpação de uma parte de si, a respeito da qual a mulher não pode viver sem uma elaboração dolorosa.

Essa estrutura de "duplo nó" é inerente à sexualidade tal como é vivida, instituída e representada no Ocidente porque, para nossa civilização, o sexo é a um só tempo garantia de perpetuação da vida e marca indelével da finitude, da morte e da dor. Desvendando a urdidura secreta em cujos fios a sexualidade é pensada, regrada e transmitida, Marilena ilumina o motivo pelo qual a repressão é tão eficaz: ela não se limita a proibir, mas procede pela instituição de práticas *afirmativas*, como a pedagogia, a vigilância, a estigmatização e o castigo. Como se vê pela análise do *De Profundis*, de Oscar Wilde, a repressão reprime porque "lança sobre a vítima o medo, a vergonha e o ressentimento que deveriam ser do carrasco".

O leitor figurado por Marilena não é apenas jovem: é também brasileiro e contemporâneo. Por isso, a presença constante do que, entre nós, constitui o pano de fundo da repressão sexual: a privatização do espaço público e o autoritarismo racista que subjazem à nossa formação cultural e social. Daí também fazer passar o gume da análise pela desmontagem lúcida e indignada das representações clássicas sobre o trabalho, a família, a educação, o lazer, a doença mental, convocando textos impregnados daquilo que conforma nosso imaginário coletivo. Nesse périplo pelo "pecado ao sul do Equador", são peças fundamentais documentos como a crítica de Rui Barbosa à educação mista e o tenebroso Catecismo da Doutrina Cristã de 1921, mas também uma saborosa bricolagem de letras de música popular ou fragmentos do *Álbum de Família*, de Nelson Rodrigues.

Uma sombra grandiosa percorre o livro: a de Freud. O debate de Marilena com a psicanálise é pungente e apaixonado, transparece a cada página e permanece em aberto. Talvez se possa ver aí o indício de um repúdio visceral à pretensão de qualquer teoria de dizer a verdade, a última palavra sobre o que quer que seja. Na determinação de buscar o possível sob as vestes do dado, na incitação a pensar e a pensar amorosamente, servindo-se do que outros pensaram para construir seu próprio pensamento e para deixar aos outros um espaço para pensar, o livro de Marilena é um antídoto contra a repressão porque se recusa a dizer definitiva e, portanto, repressivamente o que ela *é*.

5. Scarlett Marton, *Nietzsche: Das forças cósmicas aos valores humanos*, São Paulo, Brasiliense, 1990

Tornou-se moda, recentemente, dizer que a psicanálise não é uma ciência: é uma ética. Inspirada num seminário de Lacan (*A ética da psicanálise*), que fala do desejo e da transferência, essa concepção acabou por se tornar emblema de certa psicanálise *aggiornata*, que se permite tratar a filosofia com um ar de superioridade – basta ver os que se cobrem de ridículo "comentando" a ingenuidade de Aristóteles e de Kant, que ousavam falar do Supremo Bem... É por essa razão que o livro de Marilena Chaui se reveste de um grande valor: ele repõe um pouco as coisas nos seus lugares, pois o tema que serve de contraponto ao da repressão sexual é precisamente o da ética. Já o texto de Scarlett Zerbetto Marton reflete sobre outro grande pensador, que faz da crítica à moral o martelo com que demolir alguns dos preconceitos mais caros à nossa civilização. Nietzsche se via como um psicólogo, e são surpreendentes os ecos que a leitura de suas obras despertam em quem está familiarizado com a psicanálise. Sem querer estabelecer filiações precipitadas, pode-se dizer com segurança que o pensamento nietzschiano oferece, do homem e das forças que o governam, uma imagem muito próxima daquela que Freud forjou. Mas, à diferença deste último, Nietzsche inscreve o homem numa grande cadeia universal, numa visão do mundo que, aparentemente assistemática, é, contudo, dotada de grande coerência. Eis porque o estudo de Scarlett Marton é bem-vindo: ele assenta a "genealogia dos valores" proposta pelo filósofo sobre a base de suas concepções mais amplas, de natureza cosmológica.

O primeiro capítulo da autobiografia de Nietzsche, *Ecce Homo*, intitula-se "Por que sou um destino"; mas os filósofos não apenas *são* um destino, também *têm* um destino. E o de Nietzsche foi deveras singular: quase desconhecido enquanto produzia sua obra, começava a se fazer notar quando sucumbiu à doença mental e passou o resto da vida internado num asilo. No dizer de Scarlett Marton, "tornou-se célebre – antes talvez de se tornar conhecido". Sua influência nos meios literários e, depois, nos políticos precedeu o estudo atento do que escreveu, tarefa aliás dificultada pela edição parcial e facciosa de sua obra realizada pela irmã, Elizabeth Forster-Nietzsche. Somente a partir dos anos 1930 é que, com os estudos de Karl Löwith, Karl Jaspers e Charles Andler, os historiadores da filosofia começam a resgatar as ideias de Nietzsche. Nos anos 1960 e 1970, a publicação dos estudos de Heidegger e os colóquios de Royaumont (1964) e Cerisy-la-Salle (1972) o colocaram mais uma vez sob a luz dos refletores, agora aliado da esquerda filosófica – numa guinada de 180 graus ante a situação anterior, na qual fora apropriado pela ideologia de direita e (cúmulo do absurdo) considerado um dos pilares do nazismo.

Na esteira da sua releitura pelos filósofos franceses, em especial por Foucault e por Deleuze, Nietzsche aportou em grande estilo às praias tropicais, a partir dos anos 1970. Não cabe retomar aqui os motivos nem as consequências desse fato; convém, no entanto, assinalar que o estudo de Scarlett Marton envereda pela contramão da tendência dominante entre nós, pois se propõe não a pensar a atualidade *através* do texto nietzschiano, nem mesmo a pensar a atualidade *do* texto nietzschiano, mas apenas a *compreender* o que diz essa obra, cujo sentido foi frequentemente ofuscado pela fascinação com o brilho do seu envoltório literário.[6]

O livro de Scarlett reveste-se, por isso mesmo, de extrema importância. Escrevendo em linguagem clara, combinando um extenso conhecimento dos textos com um talento incomum para

6 Nota de 2023: um estudo da notável trajetória intelectual de Scarlett Marton pode ser encontrado em R. Mezan,"Mudou o Natal, e mudei eu", in *Sociedade, Cultura, Psicanálise*, Blucher, 2017.

organizar e expor ideias, a autora produz um texto vigoroso, preciso e estimulante. Na melhor tradição do Departamento de Filosofia da USP, onde o livro foi apresentado como tese de doutorado, o que nos proporciona é uma sólida monografia, alicerçada em anos de paciente pesquisa e na frequentação dos críticos, comentadores e historiadores que a precederam. Como tese, o livro sustenta uma posição polêmica quanto à obra de Nietzsche; compreende-a como esforço para "administrar o legado kantiano" (p. 219), refazendo com mais radicalidade do que o "chinês de Koenigsberg" a tarefa crítica e o combate às ilusões da razão. A tese de Scarlett é que o filósofo buscou construir uma cosmologia, uma filosofia da Natureza, e que, desse solo, brotam as diretrizes para todo o seu pensamento. O eixo central dessa cosmologia é a noção de *vontade de potência*, que, por sua vez, identificada à ideia de vida, fornecerá o critério para a crítica e para a avaliação dos valores morais. Essa avaliação, levada a efeito pelo "procedimento genealógico", é o que Nietzsche denomina *psicologia* e constitui sua contribuição original à filosofia.

O livro abre-se, portanto, com o estudo do conceito de vontade de potência. Operando com a periodização como critério para se orientar diante da multiplicidade dos textos e para discernir a organização de um pensamento que se expressa preferencialmente pelo aforismo e pelo fragmento, Scarlett descreve a trajetória dessa noção nos escritos de Nietzsche, mostrando como ela se constrói e como acarreta a crítica de toda a metafísica dogmática. Considerar o mundo um campo de forças cuja expressão é a vontade de potência implica demolir categorias clássicas com as quais trabalhava a filosofia: sujeito, substância, objeto, causalidade, finalidade etc. Isso porque o mundo se constitui como teia de relações e de processos, em um vir-a-ser permanente cuja regra é a instabilidade e cuja forma é a luta, luta pelo domínio e pela preeminência. Nietzsche concebe a luta como operante em todos os níveis da realidade, desde a matéria inorgânica até as atividades mais complexas dos homens vivendo em sociedade. É essa abolição das fronteiras entre o físico e o psíquico que o autoriza a colocar a psicologia na intersecção entre as ciências da natureza e as ciências do espírito, na medida em que ela lida com a expressão das forças no plano dos valores e dos sentimentos morais.

Descrever o homem como ele é, praticar a "anatomia moral", dissecar com sutileza e profundidade os motivos e as paixões que o animam, é uma das tarefas do psicólogo; por outro lado, compete-lhe avaliar os valores e as próprias avaliações que os engendram. O filósofo tem da filosofia e da psicologia uma concepção normativa e, para efetivar sua intenção, necessita de um critério que possa funcionar como ponto fixo. Tal critério é para Nietzsche o valor da vida; e, segundo a contribuição que oferece para o aumento ou para a diminuição da intensidade vital, julgará os valores.

A expressão mais célebre desse método – o "procedimento genealógico" – é a concepção das duas morais, a dos senhores e a dos escravos, aquela baseada na afirmação da vida e esta na negação, no ressentimento e no desejo de vingança.

Assentando sua interpretação da filosofia nietzschiana na relação interna entre cosmologia e psicologia/genealogia, Scarlett é levada a um exercício dos mais raros na literatura brasileira sobre Nietzsche: recria o incessante diálogo do filósofo com seus predecessores e adversários, reconstruindo o debate do qual emergem suas ideias. É assim que a vemos acompanhar a crítica nietzschiana à doutrina moral de Kant, às teorias dos utilitaristas ingleses, à filosofia evolucionista de Spencer, à ciência da época – pela qual o filósofo se interessou vivamente – bem como a recusa que opõe à filosofia racionalista de Descartes tanto como ao empirismo inglês. Restaurar o campo de ideias no qual o pensamento de Nietzsche se enraíza e contra o qual ele se estrutura não é certamente o menor dos méritos desse estudo; no processo, o leitor recebe algumas primorosas aulas de história da Filosofia, sendo introduzido a temas e a argumentos sem os quais se torna incompreensível a evolução do pensamento de Nietzsche. Este não é um autor sistemático, mas, como bem lembra Scarlett, repúdio ao sistema não quer dizer afirmação da incoerência. E as "contradições" de Nietzsche se tornam compreensíveis como momentos diferentes da sua trajetória, às vezes podendo ser suprimidas por uma interpretação sagaz, outras não: é o tributo que o próprio autor pagou à sua doutrina do perspectivismo, ao seu desejo de "experimentar com o pensamento", de fazer jus por seu texto à dinâmica do mundo e da cultura que tenta pensar.

Por fim, uma palavra sobre as abundantes notas que acompanham o livro. As notas são para Scarlett mais do que o lugar das referências bibliográficas ou dos esclarecimentos que, por secundários, não encontram lugar no texto argumentativo. Um pouco como os escólios da *Ética* de Spinoza, formam a arena do debate com seus colegas historiadores e comentadores – e que debate! Ali a vemos terçar armas com Deleuze, Heidegger, Fink, Jaspers, Kaufmann e outros, cuja sombra acompanha a andarilha em sua viagem pelos escritos de Nietzsche. Ao leitor interessado em avaliar a pertinência das interpretações eruditas ou polêmicas a que deu origem o pensamento nietzschiano, só se pode recomendar o estudo dessas notas, nas quais a autora aponta quão frequentes são as incoerências e *parti-pris* que recobrem o que Nietzsche pensou, usurpando o lugar das marteladas do filósofo.

Diz Gérard Lebrun que Nietzsche "desejava um leitor atento, e não um leitor entusiasta". O livro de Scarlett realiza esse desejo: sereno, documentado e escrito com invejável fluência, representa uma excelente introdução à filosofia de um autor, não raro, maldito, recentemente incensado e poucas vezes simplesmente *lido*.

6. Jean-Michel Petot, *Melanie Klein I: Primeiras descobertas e primeiro sistema, 1919-1932*, São Paulo, Perspectiva, 1987

Os livros de Scarlett e de Marilena não tratam explicitamente de psicanálise, embora dialoguem em surdina com ela; com o de Jean-Michel Petot, retornamos ao território propriamente psicanalítico. Mas a fronteira entre os campos da filosofia e da psicanálise é menos nítida do que parece à primeira vista, porque, ao tratar do funcionamento psíquico do homem, a disciplina freudiana é inevitavelmente arrastada à consideração de temas tradicionalmente vinculados ao pensamento filosófico: sujeito, desejo, realidade, valores... Além do mais, o modelo para elaborar uma história da psicanálise – especialmente entre os autores franceses – tem sido o estabelecido pelos historiadores da filosofia. Refiro-me não tanto aos que se preocuparam com a história do movimento ou das instituições psicanalíticas, mas a autores como Laplanche, que há 25 anos realiza um trabalho de história das ideias, tendo como objeto a obra de Freud. Petot não é discípulo de Laplanche, mas há um parentesco indiscutível entre seu livro e o trabalho materializado nas *Problemáticas* do psicanalista parisiense. Talvez uma boa forma de descrever esse volume seja dizer que ele é uma *Trama dos conceitos*, fazendo com a obra de Melanie Klein o que o autor dessas linhas buscou fazer com a de Freud: um estudo cronológico-temático, que situa os problemas e procura descrever os caminhos seguidos para a construção das respostas.

Se Freud é indiscutivelmente o Pai da psicanálise, e se a Lacan puder ser atribuído o lugar de Filho, em que posição colocar Melanie Klein? Talvez na do Espírito Santo... ou na da Virgem Maria, que alguns espíritos maldosos quererão reservar para Anna Freud. O fato é que, na galeria dos mestres da psicanálise, a figura da simpática senhora de cabelos brancos tem vaga garantida. Costuma-se apresentá-la como a inventora da psicanálise com crianças, mediante a ideia genial de considerar a brincadeira como expressão do inconsciente infantil, e portanto passível de interpretação, na medida em que equivale às comunicações verbais do paciente adulto. Isso é verdadeiro, mas está longe de esgotar o alcance da contribuição feita por ela à disciplina freudiana.

Melanie Klein chega à psicanálise relativamente tarde; tem 40 e poucos anos quando, em meados da década de 1920, começa a esboçar as grandes linhas de seu pensamento. O mérito do livro de J. Petot, *Melanie Klein I*, consiste, a meu ver, em traçar minuciosamente a evolução desse pensamento, de forma a mostrar como ele vai se constituindo e como vai se modificando em contato com o trabalho clínico e com o debate teórico. Como todo grande pensamento, o de Melanie Klein se apoia no de seus predecessores – no caso, Freud e seus discípulos Ferenczi e Abraham, com ambos os quais ela se analisou. Contudo, opera um recorte no que recebe deles, formula questões que não eram as de seus contemporâneos e oferece respostas extremamente originais tanto para essas novas questões como, por um efeito de reverberação, para aquelas que já se pensava estarem resolvidas de uma vez por todas.

É importante ressaltar esse fato, pois a figura de Klein permaneceu durante muito tempo envolvida por um clima passional, que dificultou a justa apreciação da sua obra. Muito cedo, e já durante a vida de Freud (anos 1920 e 1930), percebeu-se que o escândalo kleiniano consistia em que, aplicando rigorosamente os princípios freudianos – isto é, limitando-se a interpretar transferencialmente o que seus pequenos pacientes diziam e faziam –, ela chegava a conclusões que discrepavam em pontos importantes das formulações de Freud: é o caso, por exemplo, da importância concedida à relação primordial com a mãe, do momento de estruturação do complexo de Édipo, da origem do superego etc. Isso provocou críticas contundentes da ortodoxia e tentativas nada sutis de expulsar Klein e seus colaboradores da Associação Psicanalítica

Internacional. Atacados com violência, acusados de heresia e de traição, estes se defenderam como podiam: protestando a mais estrita fidelidade à herança e apresentando suas hipóteses como se fossem desdobramentos, ampliações e aprofundamentos de certos aspectos do pensamento de Freud. Essa estratégia deu resultados no plano político: não apenas os kleinianos não foram excluídos da Internacional, mas ainda tornaram-se, dentro dela, um dos pilares do *establishment*, e sua influência estendeu-se especialmente para a América Latina, sendo preponderante no pensamento psicanalítico argentino e brasileiro até meados dos anos 1970. Do ponto de vista histórico e epistemológico, porém, o resultado foi uma grande confusão, já que as divergências são de fato grandes e tocam em questões fundamentais da teoria e da técnica psicanalítica. Daí a vantagem de, por meio da obra de Petot, poder-se seguir passo a passo a formulação dos "problemas" a que vêm responder as ideias de Melanie Klein, problemas que surgem do seu trabalho clínico e visam elucidar o que nele ocorre; problemas que obviamente evoluem ao longo dos quarenta anos em que praticou e pensou a psicanálise e que, independentemente do que se possa pensar das soluções a eles trazidas pela reflexão kleiniana, permanecem como questões centrais para todos os psicanalistas: o que é a transferência? Como se estrutura um sistema defensivo? O que deve ser a interpretação para alcançar os fulcros do funcionamento psíquico? E outras do mesmo gênero.

Pode-se dizer que, no referente a essas questões, o eixo do pensamento de Melanie Klein é a ideia de que o ser humano é habitado por angústias extremamente intensas, provenientes da ação interna da pulsão de morte, e que o funcionamento mental é estruturado para afastar ou conter, na medida do possível, essas angústias. Isso é feito por meio de mecanismos de defesa que visam manter a integridade do sujeito e a integridade dos seus objetos internos, protegendo-os de ataques destrutivos fantasiados no inconsciente.

Boa parte da obra kleiniana consiste no inventário dessas situações angustiantes e na descrição pormenorizada destes três aspectos, para ela intimamente relacionados: as angústias, as fantasias correspondentes a elas e as defesas mobiliadas para ignorá-las ou atuá-las. Desse ponto de vista, a evolução psíquica consiste numa série de passos acidentados no rumo de uma maior integração, tanto dos impulsos inconscientes como dos aspectos "bom" e "mau" dos objetos internos, isto é, das qualidades imaginariamente atribuídas a eles pela fantasia inconsciente. E essa ideia de "integração" a conduz a operar, nos esquemas conceptuais herdados de Freud, importantes alterações, em particular no que se refere à questão dos "objetos". Esse é um dos pontos em que podemos perceber como as "questões" teóricas e clínicas são modificadas pela abordagem kleiniana, de modo que convém expor brevemente do que se trata.

Freud fala de "objetos" num sentido muito preciso: o objeto é o objeto de uma pulsão. Isso quer dizer que existem tendências psíquicas, principalmente de natureza sexual, que buscam satisfazer-se por meio de uma descarga; um objeto é qualquer coisa que torna possível essa descarga. Por exemplo, a pulsão oral nasce na região erógena da boca, e busca descarregar-se "ingerindo" alguma coisa; um objeto oral é qualquer coisa que possa ser imaginariamente ingerida desse modo, digamos um livro para um "devorador de livros", a força do braço do inimigo que o canibal devora para dela se apropriar, etc. O interesse nessa noção de objeto é que ela não tem como correlato a ideia de sujeito: a boca não é o sujeito da pulsão oral, nem o ânus da pulsão anal. Trata-se de atividades parciais e que visam sua satisfação de maneira mais ou menos anárquica, mesmo depois de obtida a "síntese genital", que é sempre precária e tardia, e não aniquila as tendências anteriores: o beijo, por exemplo, é um ato ligado à pulsão oral que pode conviver com atividades sexuais "genitais".

Para Melanie Klein, o objeto não é objeto de uma pulsão, nesse sentido preciso que o termo tem em Freud. O objeto é algo que se encontra preso nas malhas de uma "relação objetal", constituída por ele mesmo, por fantasias que o concernem, por emoções que o acompanham, por defesas características, por angústias específicas; todos esses elementos figuram no que ela denomina "relação de objeto". É bastante claro que essas emoções, fantasias, angústias e defesas são "de alguém", de uma pessoa, de um sujeito: o que torna possível falar em "integração" maior ou menor desses diferentes aspectos, e atribuir ao processo psicanalítico a tarefa de promover essa integração por meio da interpretação exaustiva dos mecanismos de defesa mobilizados para impedi-la. De certo modo, podemos dizer que a óptica kleiniana facilita uma "psicologização" da psicanálise, no sentido de que a psicologia trabalha com a noção de uma "pessoa" que pode ter problemas, etc. Pouco importa, neste momento, saber se é Freud ou Melanie Klein quem tem razão, se o ser humano corresponde mais à descrição freudiana ou à descrição kleiniana; o que quero mostrar é que, apesar do uso do mesmo termo ("objeto"), os conceitos recobertos por esse termo e os fenômenos que esses conceitos visam são muito diversos. E não creio ser útil fingir que a concepção kleiniana corresponda apenas a uma "ampliação" ou a um "aprofundamento" da concepção de Freud: trata-se de outra coisa, e o primeiro passo para adotar esta ou aquela posição deve consistir em perceber que se trata de outra coisa.

O mesmo ocorre com inúmeros outros pontos da teoria e da prática analíticas. Melanie Klein, como Lacan depois dela, inova profundamente nas quatro vertentes que constituem esta disciplina, a saber, a metapsicologia (teoria do funcionamento mental), a teoria do desenvolvimento psíquico, a psicopatologia e a teoria do processo psicanalítico. E isso não é pouco: muitos analistas contribuíram com ideias e esquemas teórico-interpretativos para um ou outro desses quatro eixos, porém foram muito poucos os que conseguiram a proeza de refundi-los todos de modo coerente, dando origem a uma "escola" de psicanálise reconhecível como tal por adeptos e por adversários. A obra de Melanie Klein recentra a psicanálise em torno do problema da angústia, propõe teorias inteiramente novas sobre a estrutura do psiquismo (as "posições" esquizoparanoide e depressiva), renova de modo impressionante a teoria do desenvolvimento (por exemplo, dando ao complexo de Édipo o papel de organizador dos conflitos a partir de uma idade muito precoce), introduz na psicopatologia psicanalítica ideias originais sobre a depressão e sobre a esquizofrenia... a lista seria longa. E, dado isso tudo, é óbvio que suas concepções acerca do processo psicanalítico, das razões pelas quais ele funciona ou emperra, do que é o fim de uma análise, da maneira apropriada de comunicar as interpretações, do que em geral deve ser interpretado, não podem ser idênticas às da tradição freudiana. Melanie Klein é uma formidável inventora de conceitos, criadora de um sistema de psicanálise com o qual podemos ou não concordar, que podemos ou não utilizar sistematicamente em nosso trabalho terapêutico, mas de modo algum uma mera "continuadora" de Freud.

Há problemas sérios, porém, a serem considerados pelos leitores atuais de Melanie Klein que não quiserem simplesmente repetir o que ela escreveu. Um desses problemas é o do estatuto da realidade. Em muitas de suas obras, ela concebe a fantasia inconsciente como algo que "deforma" a realidade: por exemplo, a criança pode ter pais relativamente benignos, mas a agressividade dela, ao ser projetada nesses pais, os fará aparecer como seres terríveis, perseguidores e cruéis. Nesse caso, a "realidade" seria que os pais são até afáveis, porém as imagos internas desses pais, "deformadas" pela fantasia, serão sumamente aterradoras. A partir de notações como essa, é fácil imaginar que a psicanálise tenha por função adequar as representações inconscientes "deformadas" à "realidade", mostrando, por exemplo, que os pais não são tão terríveis etc. Em outras palavras, abre-se o caminho para uma normatização da psique e para uma prática ideológica, posto que o porta-voz dessa realidade "não deformada" é o psicanalista; com seu transferidor implacável, ele mediria o "ângulo de deformação" inerente às fantasias de seu paciente e dosaria a interpretação para "retificá-las", isto é, torná-las retilíneas e paralelas a essa realidade ortogônica.

Não digo que os analistas kleinianos trabalham assim; se o fizessem, já não seriam analistas, mas funcionários da repressão. Digo, porém, que é possível ler assim o que Melanie Klein escreve sobre a relação entre a realidade e a fantasia, e que essa leitura seria um contrassenso absoluto. Por isso mesmo, é indispensável refletir sobre essa noção de modo a não confundir a integração e a maturidade emocionais buscadas pela análise kleiniana com uma "adaptação à realidade" num sentido tosco e reacionário.

Uma via de saída para evitar esse risco – que, repito, é muito presente e real nos textos kleinianos – seria prestar atenção a uma de suas ideias mais interessantes, a de que a realidade psíquica e a realidade "exterior" se constituem de modo paralelo e simultâneo para a psique da criança. Isso lembra a tese de Spinoza, segundo a qual a ordem e a conexão das ideias reproduzem a ordem e a conexão das coisas; mas como Melanie Klein não dispõe de noção de Deus, que, em Spinoza, garante esse paralelismo, ela recorre a uma elaborada descrição do modo pelo qual os diferentes aspectos da vida interna se integram ao mesmo tempo, e pelos mesmos mecanismos, por meio dos quais a realidade dita "externa" vem a fazer sentido para a psique infantil. Sua teoria do simbolismo repousa sobre esse pilar, e eu diria também que sua teoria do processo psicanalítico – acusada tantas vezes de idealismo por colocar entre parênteses a verdade das comunicações relativas à realidade "exterior" – repousa igualmente sobre esse princípio. O mediador entre a realidade psíquica e a realidade "externa" é, segundo Klein, constituído pelas fantasias concernentes ao corpo materno e ao corpo da própria criança, cujas partes, pela via do simbolismo, vêm a se constituir em "pontes" pelas quais se processa o investimento libidinal e cognitivo do mundo "externo". Todas essas expressões estão, nesse artigo, entre aspas, porque não é possível entrar aqui na discussão aprofundada desse aspecto: pois o "interior" não coincide com o que está "dentro da minha cabeça" nem o "exterior" com "o que está fora da minha pele". Mas isso é outro problema.

É por abrir caminho para uma leitura desse tipo, que recupera a evolução das ideias e a evolução dos problemas teóricos e clínicos a que essas ideias visam oferecer resposta, que o livro ora editado em português merece que o leiamos com atenção. Já era tempo de resgatar Melanie Klein do altar em que seus discípulos mais zelosos a haviam colocado, e do limbo ao qual a relegavam os que, repetindo tolamente um gracejo de Lacan ("Ela é uma açougueira, mas uma açougueira genial"), achavam ser possível desembaraçar-se da velha senhora com um muxoxo de desprezo: "tudo isto é muito bom, mas fica no plano do imaginário". Petot repõe as coisas em seu devido lugar; e, no caso da obra de Melanie Klein, esse lugar é cristalinamente claro: o de um pensamento instigante para a teoria psicanalítica, o de uma reflexão que tem seus limites e seus impasses, mas sem a qual a psicanálise não seria hoje o que ela é.

As questões levantadas pela obra kleiniana são de várias ordens, inclusive, como acabamos de ver, de ordem filosófica ou epistemológica. Mas, entre elas, a relação entre psicanálise e cultura não parece ser das mais centrais. Essa impressão vê-se reforçada pela postura "profissional" de muitos analistas kleinianos, aparentemente alheios a tudo o que não seja a identificação projetiva em suas vinhetas clínicas. Contudo, a um olhar mais atento, essa imagem se revela equivocada. Em alguns de seus artigos, em primeiro lugar, Melanie Klein ilustrou suas ideias quanto ao funcionamento psíquico por meio da análise de obras literárias, plásticas ou teatrais;[7] são textos interessantes, mas, a meu ver, mais úteis para compreender Klein do que Ésquilo, Julian Green ou Ravel. Mas talvez, em outros aspectos do seu pensamento, se encontrem vias mais fecundas para interrogar essas enigmáticas relações entre cultura e psicanálise, que cada vez mais se mostram como vínculos de inerência recíproca e cada vez menos como ligações *a posteriori* entre dois territórios externos um ao outro.

Três problemas parecem ser, nesse sentido, os mais promissores: a técnica de interpretação, o pano de fundo do movimento cultural dos anos 1920, a questão da psicose. É por esse último que a obra kleiniana estabelece um diálogo com a de Victor Tausk, objeto da coletânea que comentaremos a seguir. Mas antes uma palavra sobre os outros dois, ainda que só a título indicativo.

A técnica de interpretação: sabe-se que para os kleinianos tudo aquilo que concerne ao mundo fora da análise é sistematicamente compreendido como referência cifrada ao momento atual da relação entre paciente e analista, cabendo à interpretação formular, da maneira mais precisa e completa possível, as características desse momento. Isso conduziu certos críticos a tachar de "idealista" a prática kleiniana, a qual teria pela "realidade" um desinteresse beirando o desprezo: só importaria a realidade emocional cristalizada na fantasia. Concedamos por um instante que essa descrição sumária corresponde à verdade (que é, como de costume, um pouco mais complicada): não seria esse um vértice original para pesquisa da representação da "realidade" na "mente" ou, em outros termos, o modo de presença da cultura na psicanálise? Pois a experiência

7 Ver, por exemplo, "Infantile anxiety situations reflected in a work of art and in the creative impulse" (1929); o estudo dedicado a *If I were you*, de Julian Green, em "On identification" (1955); e o ensaio – publicado postumamente – "Some reflections on the *Oresteia*" (1963). (Traduções brasileiras em Elias da Rocha Barros (org.), *Melanie Klein – Obra Completa*, Imago, 1996).

individual das relações sociais e econômicas, do poder, dos conflitos políticos, não fala apenas do sujeito que a vive, mas também, com toda a evidência, dos conflitos políticos, do poder, das relações econômicas e sociais. O imaginário tem uma raiz nas pulsões e outra nos elementos com que a sociedade o municia, elementos que serão absorvidos e transformados pela psique segundo as modalidades que a psicanálise descreve: processo primário, desarticulação defensiva etc.

Quanto ao pano de fundo histórico para a construção dos conceitos kleinianos, ele é o da Berlim e, de modo geral, o da cultura europeia, no período entre guerras. É certo que Melanie Klein viveu boa parte de sua vida em Londres, mas ali chegou adulta, aos 44 anos, com seu universo de interesses já constituído. Nunca fez parte da elite intelectual inglesa, apesar de conviver, na Sociedade Britânica, com vários membros do chamado Círculo de Bloomsbury (Leonard Woolf, marido de Virginia e proprietário da Hogarth Press, a editora oficial da psicanálise inglesa; os Strachey, tradutores de Freud; e outros mais). Há uma surpreendente analogia entre os conteúdos psíquicos mais arcaicos descobertos pela clínica kleiniana e as imagens do expressionismo alemão, como as vemos no cinema, na pintura e na gravura. É claro que se pode dizer que esses artistas viviam no universo pré-genital, mas convenhamos que é um pouco estúpido reduzir as coisas a esse grau de banalidade. Um dia será preciso investigar – como já se fez para a questão Freud/Viena – os caminhos subterrâneos pelos quais se comunicam o estilo de teorização característico de Klein, sua concepção do que é a mente humana (e não apenas infantil), e certos elementos provenientes da vanguarda cultural e artística, cujas características principais me parecem ser, por um lado, *a ausência ou a recusa da forma integrada*; e, por outro, a forte ênfase na relativa *autonomia das partes dissociadas*. Eis aí uma tarefa fascinante, ainda que difícil, pois coloca problemas metodológicos e teóricos extremamente intricados.

A terceira área na qual se poderia pensar as relações entre psicanálise e cultura, utilizando elementos do sistema kleiniano, quer como interpretantes, quer como aquilo que deve ser interpretado, é a questão da psicose. Esse é o termo psicanalítico para designar o que se chama, popularmente, de loucura. Desde Foucault, sabemos que a loucura não é só um fenômeno individual, uma linguagem privada sem conexão com o mundo. Não apenas existe o que Thomas Szasz denominou "fabricação social da loucura", mas ainda a própria categoria de loucura entrelaça dimensões claramente sociais com outras absolutamente singulares. Na retração diante da realidade compartilhada com os demais, o louco não sofre de um "a menos", mas de um excesso – talvez o excesso desta mesma realidade que nós, sãos de espírito, podemos ignorar ou neutralizar graças a um ego mais coeso e mais funcional.

7. Joel Birman (org.), *Tausk e o aparelho de influenciar na psicose*, São Paulo, Escuta, 1990

Seja como for, a teorização kleiniana se inscreve numa linha que começa com Freud, Jung e Abraham, e que, antes de passar por Klein, tem um dos seus pontos eminentes na obra de Victor Tausk. Ora, até recentemente não dispúnhamos, em português, de nenhum escrito desse autor: cabe, portanto, saudar a iniciativa de Joel Birman e da editora Escuta, que enriquece a literatura psicanalítica em nosso idioma com um livro de grande valor.

Ele se compõe de cinco partes, que se completam mutuamente. O núcleo é constituído pelo artigo clássico de Tausk, "Da gênese do aparelho de influenciar no curso da esquizofrenia", publicado em 1919, um marco indiscutível na história do pensamento psicanalítico. A figura do autor, com seu destino trágico – suicidou-se aos 40 anos, no final da Primeira Grande Guerra –, é estudada pelo texto introdutório de Joel Birman. O conteúdo propriamente teórico e clínico da contribuição de Tausk é esmiuçado em dois outros artigos: um assinado por Chaim Samuel Katz; o outro, pelo organizador da coletânea. Um breve prefácio e uma bibliografia dos escritos de Tausk completam o volume, bem apresentado com uma elegante capa gráfica.

A história de Tausk, um dos pioneiros da psicanálise nos tempos heroicos em que se tornar analista era uma opção arriscada e que punha em xeque o futuro profissional de quem assim se decidisse, foi objeto há alguns anos de um livro de Paul Roazen, traduzido no Brasil com o título de *Irmão animal*. Roazen, professor de Teoria Política em Harvard, colhia material para seu estudo sobre *Freud e Seus Discípulos* quando se deparou com um verdadeiro cadáver no armário da instituição psicanalítica – o suicídio de Tausk. O extraordinário nesse suicídio não era tanto o próprio fato, já que naquele período histórico muitos escolheram o caminho da morte voluntária; era a possibilidade de que tivesse sido induzido, indiretamente, pela posição ocupada por Tausk no movimento psicanalítico e na complexa rede de afetos que unia Freud a seus alunos e estes entre si. Pesquisando os fatos, Roazen sugeriu que Freud havia sido indiretamente responsável pela morte de Tausk, ao criar para este último vários obstáculos, entre os quais alguns que diziam respeito à sua análise pessoal. Com efeito, Tausk desejava analisar-se com Freud, mas este não o aceitou; indicou-lhe como analista a jovem Helene Deutsch, que, por sua vez, estava em análise com o próprio Freud.

Ocorre que, num determinado momento da análise de Deutsch, Freud colocou como condição para prosseguir o tratamento que sua paciente interrompesse a análise de Tausk. Algumas semanas depois, Tausk se mata. Contadas assim, as coisas parecem um tanto esquisitas; o mérito de Roazen foi trazer à tona essa história, propiciando que a figura de Tausk fosse resgatada do esquecimento em que mergulhara. Roazen diz com todas as letras que esse esquecimento fora explicitamente imposto pela instituição analítica em nome da idealização da pessoa de Freud: este jamais poderia ter tido qualquer envolvimento, por remoto que fosse, numa tragédia tenebrosa como essa. Em seu artigo introdutório, Joel Birman relata esse e outros fatos, compara a versão oferecida por Roazen com as de Kurt Eissler e de François Roustang e apresenta sua própria interpretação do sentido desse "esquecimento", muito próximo de um recalque na história do movimento psicanalítico.

A tragédia de Tausk, porém, não diz nada sobre o valor psicanalítico do seu trabalho, que poderia muito bem ser totalmente medíocre. O emocionalismo não é um bom auxiliar do espírito crítico, como bem se sabe. Mas, neste caso, é indiscutível que o trabalho de Tausk, com ou sem o conhecimento da biografia de quem o assina, é uma pequena obra-prima tanto do ponto de vista clínico como do ponto de vista teórico. O "aparelho de influenciar" é uma máquina complicada e de funcionamento incompreensível, à qual certos pacientes delirantes atribuem a causa de seus sofrimentos. O que Tausk faz, baseando-se num caso desse gênero atendido por ele, é propor uma explicação teórica para a gênese e para a significação dessa formação delirante. A originalidade de seu artigo está em ter utilizado, para esse fim, algumas ideias que, à época, estavam ainda em estado embrionário e pouco articulado, como a identificação, a relação de objeto, a noção de ego etc. O texto se apoia na contraposição de duas hipóteses aparentemente contraditórias: a estranha máquina corresponderia ou bem à projeção para o exterior do próprio corpo do paciente, ou bem à projeção de uma parte dele, os órgãos genitais. O desenvolvimento desse argumento, bastante técnico, não precisa nos deter aqui; basta dizer que

Tausk acaba por conciliar as duas hipóteses mediante o recurso audacioso ao conceito de *corpo sexual*.

É à elucidação do argumento de Tausk que se dedicam Chaim Katz e Joel Birman em seus respectivos artigos. Chaim Katz focaliza passo a passo a argumentação, numa perspectiva clínica, tecendo um contraponto entre a posição de Tausk e algumas concepções mais recentes da psicose, como a de Lacan; o texto de Birman procura colocar em seu contexto a contribuição de Tausk, numa dimensão mais histórica, referindo-se a autores que se inspiram nesse trabalho para desenvolver suas próprias concepções (entre os quais Paul Federn e Melanie Klein). Inclui também uma discussão original do problema da sexualidade na psicose, já abordada em outros trabalhos seus.

Essas breves notas dão uma ideia do interesse desse pequeno volume para os psicanalistas e para todos os que, de um modo ou de outro, defrontam-se com os enigmas da loucura. Diga-se, para concluir, que a fórmula adotada – traduzir um texto clássico, fazê-lo dialogar com pesquisadores contemporâneos, situar histórica e cientificamente o autor e sua obra – é extremamente feliz. Ela evita um risco sério não apenas em psicanálise, mas em qualquer disciplina, que é o de mitificar a obra de um autor pouco conhecido, saudando-a como a verdade enfim revelada nas dobras de misteriosos pergaminhos perdidos. Não sonegando informações ao leitor, esclarecendo-o quanto ao contexto no qual foram produzidas as ideias, esse tipo de livro favorece a recepção de um pensamento novo, sugerindo vias de compreensão que o tornam capaz de estimular a imaginação e a inteligência do seu destinatário final. Em suma, o contrário de um "aparelho de influenciar": um jogo com alguns lances já realizados, e no qual compete ao leitor movimentar as peças com alguma chance de vencer.

8. Cyro Martins/Abrão Slavutzky, *Para início de conversa*, Porto Alegre, Editora Movimento, 1990

O tema "A psicanálise na cultura" é, evidentemente, inesgotável. Entre as várias direções que poderíamos tomar depois de apresentar o livro sobre Tausk, escolhi focalizar a perspectiva das figuras humanas. Disse antes que, apesar de seu destino trágico, Victor Tausk poderia ter deixado uma obra medíocre, incapaz de nos interessar hoje. Mas é inegável que conhecer algo da vida de quem escreveu um texto nos faz lê-lo com olhos diferentes, mesmo que não se queira "explicar a obra pela vida". As relações entre a biografia de um autor e aquilo que ele produz como obra científica, literária ou artística são um dos problemas mais espinhosos com que se pode defrontar o investigador: pois, se é evidente que *alguma* relação existe, não é nada simples formular *qual* é ela. Isso porque – ao contrário do que acreditavam os primeiros "psicobiógrafos", inclusive Freud – o material da vida, as experiências e lembranças passam por uma transfiguração que as tornam *outras* quando, emergindo da memória ou da imaginação, ganham a forma de uma obra de arte. Esta tem sempre alguma relação com a vida de quem a produz, mas essa relação é indireta, sinuosa, cheia de saltos e de lacunas: e, ainda assim, é preciso obedecer às leis do *meio* no qual experiências, lembranças ou anseios tomarão forma: em música, em literatura, em cinema, em artes plásticas, há fatores incontestáveis cuja ignorância não favorece, mas impede, que a matéria da vida se transforme em obra. Sem saber como se escreve música, não posso musicar a dor que sinto; sem saber como combinar os timbres, não posso transformar em sinfonia a emoção que me avassala. E o mesmo vale para qualquer outro gênero artístico ou literário.

Mas quando o autor de uma obra é ao mesmo tempo psicanalista e escritor de ficção, com uma longa e consagrada carreira nas duas áreas, abre-se a possibilidade de interrogar, a partir da própria experiência, o misterioso processo pelo qual o vivido se metamorfoseia em literatura. É um dos eixos, esse, que organiza o livro *Para início de conversa*: Cyro Martins, nascido em 1908, é um dos pioneiros da psicanálise em Porto Alegre, e é um escritor prolífico, com mais de dez obras consagradas, entre romances, livros de contos e novelas. Durante mais de dois anos, em longas conversas com Abrão Slavutzky, Cyro Martins falou sobre essas e sobre inúmeras outras questões, narrando dezenas de "causos". Assim nasceu esse livro, que descortina uma admirável figura humana. O tom sereno e coloquial e a linguagem pitoresca, pontilhada de gostosas expressões gaúchas, o tornam uma leitura amena, contribuindo para que as ideias, por vezes polêmicas, sejam recebidas com simpatia pelo leitor. Não pretendo resumir as histórias, nem fazer obra de crítico literário: quero apenas dar notícia do livro, na medida em que permite entrever outro ângulo do tema "psicanálise na cultura", mais ligado à personalidade concreta de alguém que transita por ambas com invulgar talento.

Cyro Martins nasceu no começo do século, na campanha gaúcha de Garupá, filho de um comerciante – o "seu Bilo" – cuja figura comparece em diversos dos seus escritos. Estudou Medicina em Porto Alegre, convivendo ao redor de 1930 com os principais nomes das letras gaúchas e entusiasmando-se com as ideias revolucionárias então no ar. Seus livros retratam a trajetória do Rio Grande ao longo do século XX, recuperando seus tipos característicos, os conflitos humanos em escala grande e pequena, a atmosfera conturbada de uma região que, em seu microcosmo, reproduz como poucas a diversidade da vida. Mas Cyro Martins não se considera um regionalista: procura, antes, acentuando o particular e o transpondo para o registro do ficcional, atingir a universidade do homem.

Médico jovem, debatendo-se com a pobreza, com os recursos escassos da ciência da época e com a sina dos facultativos recém-formados – "os três pês, parentes, pobres e putas" –, encaminha-se para a psiquiatria e, no final da década de 1940, interessa-se pela psicanálise. Seguindo a trilha então comum entre os brasileiros, muda-se para Buenos Aires e ali vive por cinco anos, analisando-se com Arnaldo Rascovsky e acompanhando seminários e supervisões com os principais analistas argentinos daquela época. De volta a Porto Alegre, torna-se um dos fundadores da Sociedade Psicanalítica local e, desde então, tem sido, na psicanálise gaúcha, uma figura de destaque.

As recordações de Cyro Martins e seu olhar bem-humorado sobre a vida, os amigos, a psicanálise e um sem-número de outros assuntos são de impressionante riqueza. Não é um saudosista, mas um amigo da humanidade: "a gente fala em matar saudades, porém eu creio que se trata mais de remexer nas lembranças, como quem assopra as cinzas do borralho para se deliciar com o brilho das brasas", diz a certa altura. A alegria de viver, o trabalho constante com a linguagem e com os pacientes, a sabedoria de um conhecedor dos homens e de si mesmo permeiam essas páginas e tornam-nas um bem-vindo convite a ver como novas coisas antigas. O cuidadoso trabalho de edição realizado pelo entrevistador cria a impressão de uma única "charla", ao pé do fogo e com uma boa cuia de chimarrão a esquentar as mãos.

Um livro agradável, pois, e um "início de conversa" que nos dá vontade de continuar, e de conhecer de perto a obra literária do psicanalista-escritor. Pois, para falar de psicanálise e literatura, falta-me a competência necessária: nesta nota, fala apenas o leitor que acaba de travar conhecimento com Cyro Martins.

Este não é o caso de Abrão Slavutzky, que naturalmente conhece bem a pessoa e a obra de seu entrevistado. Sente-se entre eles uma cumplicidade silenciosa, um canal aberto de comunicação que, na superfície do livro, parece sempre desimpedido; mas, conhecendo o que são os homens e o que são as amizades, não é difícil imaginar quanto trabalho, quanta paciência, quanta tolerância de parte a parte terão sido indispensáveis para levar a cabo este projeto, que, sem sombra de dúvida, significa coisas diferentes para os dois colaboradores.

Relendo o livro para escrever o presente artigo, encontrei dobrado entre suas páginas um recorte de jornal: o título era "Conrad Stein faz seminários e lança livro no Brasil". Trazia a data de sexta-feira, 18 de novembro de 1988, e, num primeiro momento, estranhei encontrá-lo ali: por que havia guardado o recorte justamente no livro de Abrão e de Cyro Martins? Ao reler as velhas colunas, amareladas e com a indicação de que haviam sido parte de uma "Folha Ilustrada", compreendi o motivo – fácil de adivinhar, como verá o leitor – que me fizera guardar precisamente nesse lugar um texto aparentemente sem a menor conexão com as recordações do psicanalista gaúcho. Transcrevo-o a seguir, sem comentários; ele servirá de fecho para estas notas e, sem precisar de grandes explicações, introduzirá um elemento do qual não tratei nelas, mas que sem dúvida está presente quando se fala de psicanálise e de cultura: a dimensão da transferência.

Conrad Stein faz seminários e lança livro no Brasil

"Conrad Stein faz parte do primeiro time da psicanálise francesa, ao lado de Jean Laplanche, André Green, Serge Leclaire e outros que, nos últimos anos, tornaram-se familiares ao público brasileiro. Pertence à Sociedade Psicanalítica de Paris, da qual é o membro titular, e possui uma obra escrita que inclui quatro livros, dezenas de artigos e um grande número de textos inéditos."

Poderia apresentar ao leitor, dessa forma um tanto seca, o psicanalista que dentro de mais alguns dias chegará ao Brasil. Mas também poderia começar assim:

"Há encontros que mudam o destino de uma vida. Há pessoas que, em sua generosidade intelectual e afetiva, têm um papel fundamental na orientação e no conteúdo dos interesses daqueles que as cercam..."

Nesse tom mais lírico, falaria da importância que teve Stein em minha formação psicanalítica, tanto do ponto de vista teórico como na qualidade de orientador informal; falaria do enorme impacto que deixavam seus seminários semanais, de como a partir de ideias ou de frases soltas toda uma situação se tornava clara para mim, nos anos em que, em Paris, buscava compreender do que falava um certo Dr. Freud. Mas o estilo intimista, um pouco confessional, tampouco me parece adequado para este pequeno artigo.

"Apresentar ao público de língua portuguesa um autor como Conrad Stein, até hoje inédito em nosso idioma, é para mim um prazer e uma honra. Uma honra, porque se trata de um pensador original, cuja obra representa, a meu ver, uma das mais importantes contribuições realizadas à psicanálise desde a morte de Freud. Um prazer, porque Stein sabe unir em seus escritos a profundidade do pensamento à limpidez do estilo, o que os torna uma bem-vinda exceção à aridez e à platitude da literatura psicanalítica habitual."[8]

---

8 Nota de 2023: após a primeira publicação do presente livro, voltei em diversas ocasiões a refletir sobre a figura e o pensamento de Conrad Stein. Cabe aqui mencionar dois destes trabalhos: "Prazer de criança: sobre o vínculo entre sublimação e identificação", in *Sociedade, Cultura, Psicanálise*, São Paulo, Blucher, 2017; original francês na obra coletiva *L'Écriture et la parole – mélanges en hommage à Conrad Stein*, Paris, P.A.U. Éducation, 2012); e o estudo *Lacan, Stein et le narcissisme primaire*, publicado em formato livro (Paris, Les Éditions d'Ithaque, 2020). A versão brasileira forma um capítulo de Leopoldo

Bem melhor, não acha, o leitor? Falaria da satisfação pessoal em apresentar um autor que admiro, sem entrar no patético, e diria de passagem que esse autor, distinguindo-se entre seus pares, merece ser lido e lido com prazer. Mas infelizmente já usei essas expressões, *ipsis litteris*, na abertura do prefácio que redigi para o primeiro livro de Stein em português, a coletânea *O psicanalista e seu ofício* (São Paulo, Escuta, 1988).

"Este volume contém dezesseis artigos, que abordam temas variados e foram escritos ao longo de 25 anos (1961-88); dão, portanto, uma idéia das questões que preocupam Stein e da forma como foi evoluindo sua maneira de tratá-las. Quais questões? As mesmas que interessam, ou deveriam interessar, a todos aqueles que trabalham com a psicanálise e em setores afins: aspectos do processo terapêutico, motivos da eficácia da interpretação, percalços da formação profissional, embaraços do psicanalista em função..." Mas que diabo! Tais questões já foram abordadas, por mim mesmo, neste prefácio, e não é elegante repetir-se. O público merece respeito, este mesmo público do qual alguns, por um deslize de atenção, deixaram passar em branco a publicação do referido volume...

"Neste livro, o leitor encontrará – ou quem sabe reencontrará – as mesmas qualidades que conferem ao primeiro um interesse considerável: a total ausência de pretensão, a densidade do pensamento, a clareza levemente irônica do estilo e a capacidade de jamais tomar por óbvio o 'óbvio'. Pois, ao longo deste século de existência da psicanálise, sedimentou-se algo a que poderíamos chamar 'o bom senso psicanalítico': bom senso do qual, como dizia Descartes do outro, cada um se estima provido em quantidade suficiente e não deseja em absoluto ter mais do que já possui. O bom senso analítico nos conduz a não mais nos espantar diante daquilo

Fulgêncio e Decio Gurfinkel (orgs.), *Relação e Objeto na Psicanálise*, São Paulo, Blucher, 2022.

que, para todos nós, constitui o instrumento privilegiado de trabalho: a situação analítica e os processos que nela se desencadeiam."

Você, leitor, já adivinhou: trata-se das primeiras linhas de outro prefácio! Decididamente, hoje o articulista não está inspirado... Não bastava um prefácio? Era preciso pilhar o segundo, escrito para *As erínias de uma mãe: ensaio sobre o ódio* (São Paulo, Escuta, 1988)? Aliás, que título estranho: o que eram mesmo as Erínias? As Parcas, as Graças, as Musas, são ainda entidades relativamente familiares aos que apreciam a mitologia grega; mas as Erínias?! Francamente... E, além disso, quanta insolência – ir pisando assim sem mais nos calos do bom senso analítico, quando se sabe que psicanálise e bom senso são inimigos jurados!

Mas, pensando bem, não é isso mesmo o que acontece? Todos nós, psicanalistas, psicólogos, psicoterapeutas, temos nossa pequena metafísica portátil, nosso elenco de princípios fundamentais, que nos guiam em nossa maneira de trabalhar. Esses princípios costumam ser tão silenciosos quanto inabaláveis; fazem-nos ver ou escutar as coisas sempre da mesma maneira, e dão conta, com frequência, dos aspectos mais rotineiros do trabalho com os pacientes. E vem Stein, como quem não quer nada, recolocar em questão coisas tão sabidas como a noção de transferência, o jeito como se constitui o complexo de Édipo, as formas pelas quais a contratransferência se imiscui nas associações e nas interpretações... Que desmancha-prazeres!

Mas reflitamos: não haverá antes outro prazer, reparação do que foi desmanchado, quando podemos acompanhar passo a passo a invenção de um conceito, a análise minuciosa de uma passagem de Freud, a descrição atenta e finíssima de um momento crucial num tratamento analítico?

Pois é: estou gastando as escassas laudas de que disponho para filosofar acerca de como começar um pequeno artigo de divulgação... Só que, como às vezes ocorre numa análise, dou-me conta de que o artigo não só já começou, mas está em pleno andamento – e Stein vai se tornando, espero, uma figura interessante para o leitor que consentiu em me acompanhar até aqui.

Esse mesmo leitor, se desejar, poderá conhecer o próprio Stein dentro de mais alguns dias: ele vem a São Paulo para realizar duas conferências públicas e dois *workshops*, seminários de várias reuniões cada um e dirigidos a psicanalistas e estudantes de psicanálise. Quem não quiser ou não puder assistir a essas intervenções, tem o consolo de informar-se lendo os livros que mencionei; e quem não quiser nada com o personagem poderá divertir-se com o aturdimento dos outros.

Conrad Stein entre nós: oportunidade de entrar em contato com um pensador da psicanálise; com um analista atento aos detalhes e às sutilezas do processo terapêutico; com um autor que já não é inédito entre nós e que se caracteriza por questionar, de modo inteligente e muitas vezes inovador, aquilo com que – psicanalistas e aficcionados do inconsciente – estamos envolvidos: o inconsciente, nosso e dos outros, a obra imponente, provocante e enigmática que Freud nos legou, os meandros pelos quais passa um sujeito singular em seu caminho rumo a si mesmo.

Mas quantos visitantes nos chegam assim de súbito, se perguntará o leitor? Não, você se enganou: não são vários, estou falando da mesma pessoa, o citado Stein ... E sinta-se convidado para conhecê-lo, se é que já não teve esse prazer.

8. “Violinistas no telhado”: clínica da identidade judaica

Em primeiro lugar, quero agradecer às entidades que promoveram esta conferência e parabenizar vocês pelo trabalho que estão desenvolvendo. Estamos hoje reunidos para comemorar o primeiro aniversário desta iniciativa, e minha forma de homenageá-la será apresentando a vocês algumas reflexões sobre a questão da identidade judaica.

É um problema ao qual volto periodicamente, desde os tempos em que participava do movimento juvenil; naquela época – falo do final dos anos 1960 –, a resposta que eu procurava era sobretudo de cunho histórico e político, sem entrar no território propriamente psicológico. Hoje, acho possível focalizar essa problemática de um ângulo clínico, utilizando a teoria e a prática da psicanálise para levantar algumas hipóteses que em seguida poderemos discutir. Também quero deixar claro, desde o início, que não pretendo trabalhar numa perspectiva axiológica, ligada aos valores e às normas. Essa dimensão é difícil de ser afastada quando se aborda a questão da identidade judaica com uma plateia constituída essencialmente por judeus porque não é inocente o desejo de refletir sobre esse tema. A própria necessidade de pensar sobre ele já é um sintoma, um sinal de que essa identidade não é transparente para nós mesmos. De onde provém tal opacidade? Ela resulta integralmente de processos históricos e sociais complexos, dos quais falarei a seguir, e que afetam a ideia de que os judeus fazem de si mesmos. Essa característica de não transparência faz com que, na maioria das vezes, as pessoas desejem ouvir, para a pergunta sobre a identidade judaica, uma resposta em termos normativos. "A identidade judaica é isto ou aquilo, e é assim que um bom judeu deve ser." Ao dizer que me situo numa perspectiva diferente, o que quero enfatizar é que vou procurar apresentar uma análise não em termos morais, e sim em termos descritivos. Não desejo tirar dessa reflexão norma alguma, modelo algum do que se *deve* ser ou fazer; meu foco não é o do ativista, nem o do militante, nem o do rabino, nem o de quem precisa tomar uma decisão fundamentada em valores. É o foco de um psicanalista que, com o auxílio dos instrumentos da sua disciplina, deseja elucidar um problema antropológico e psicológico.

Questões preliminares

E, em primeiro lugar, cabe esclarecer um ponto de método: será legítimo colocar o problema como estou fazendo? Todos sabemos quão delicada é a questão das generalizações, quão arriscado é falar em termos que se prestam a mal-entendidos. Em minha prática clínica, atendo pacientes judeus e não judeus; ambos os grupos apresentam uma enorme diversidade de problemas, sem que se possa dizer que tal ou qual dificuldade psíquica seja exclusiva dos judeus ou que, ao contrário, eles nunca se queixam de determinado conflito. Entre judeus e não judeus, existem histéricos, obsessivos, perversos, esquizofrênicos, *borderlines* e toda a gama de organizações de personalidade que conhecemos. Os neuróticos judeus sofrem exatamente dos mesmos conflitos edipianos que os não judeus, mobilizam para aplacar sua angústia exatamente os mesmos mecanismos de defesa, precisam atravessar as mesmas etapas fundamentais que qualquer outro ser humano para atingir um grau razoável de normalidade psíquica e de maturidade emocional. Mas então, com que direito se pode falar de uma problemática específica da identidade judaica? Não estaremos aqui sendo iludidos por uma construção ideológica, alicerçada no desejo de sermos diferentes, ainda que essa diferença se manifestasse por um "a mais" de sofrimento?

Por outro lado, a experiência e o senso comum nos dizem que as pessoas são diversas umas das outras não apenas por sua personalidade singular, mas também pela pertinência a blocos étnicos ou religiosos, no interior dos quais existe alguma semelhança intragrupal. Confrontado com uma dada situação, um alemão provavelmente a interpretará e reagirá a ela de modo diferente do que um chinês ou um índio ianomami. A questão é: em que medida, e por meio de quais mecanismos, essas reações diferentes podem ser vinculadas às diferentes culturas? Será essa vinculação arbitrária, produto de preconceitos ou de ideias vagas, ou, ao contrário, estamos justificados ao considerar que a pertinência a um dado grupo social favorece a expressão de emoções por meio de certos códigos, ou a leitura da realidade por meio de certos prismas de explicação?

Esse problema foi abordado por diversos autores, e – o que me interessa ressaltar – por autores que trabalham com uma perspectiva psicanalítica. Edmond e Marie-Cécile Ortigues, dois psicanalistas que atuaram muito tempo no hospital psiquiátrico de Dakar, escreveram um livro fascinante intitulado *Édipo africano* e publicado no Brasil pela editora Escuta. Ali descrevem tratamentos de orientação psicanalítica realizados com pacientes senegaleses, de três etnias diferentes: wolof, serer e lebu. Os pacientes apresentavam todos os tipos de distúrbios, de dificuldades escolares a delírios de perseguição, e só recorriam à medicina ocidental quando falhavam os métodos tradicionais de lidar com essas dificuldades. Os Ortigues constataram dois fatos que nos interessam de perto. Vamos citá-los:

> *A ausência de delírios melancólicos na psiquiatria africana é o fato principal, já assinalado muitas vezes. As depressões são freqüentes, mas não são acompanhadas por delírios de auto-acusação. . . . Nossos estudos clínicos mostraram que, na África, o luto como forma de identificação ao objeto perdido ocupava um lugar central, tanto no culto tradicional dos espíritos ancestrais quanto nas fantasias individuais. Vimos que as interpretações persecutórias eram largamente predominantes em relação às auto-acusações. . . . Também constatamos que a erótica anal na África era pouco elaborada no nível das proibições, enquanto a ritualização dela no nível coletivo é considerável. Esta constatação pode ser relacionada com o fato de que não se encontram em absoluto* estruturas obsessivas *nas neuroses africanas, embora encontremos em numerosos traços de* comportamentos *obsessivos.*[1]

Eis aqui algo muito curioso. Os Ortigues não têm simpatia alguma pela chamada escola "culturalista" (Kardiner, Benedict e outros); fazem uma crítica severa à ideia de que a cada civilização corresponde um tipo de caráter, ou a "personalidade de base", da qual decorreriam os costumes, as instituições e as ideias dessa

1 Ortigues, E., & Ortigues, M.-C. (1973). *Oedipe Africain* (pp. 369-372). Payot. Tradução brasileira: *Édipo africano*. Escuta, 1989.

civilização. A crítica é dupla: nem as instituições derivam da "personalidade de base" – o que implica um psicologismo ingênuo – nem as características de uma dada população são tão uniformes a ponto de determinar as neuroses individuais. O que os intriga é outra coisa: uma vez que se estabelece, em termos estatísticos, a relativa frequência ou a absoluta ausência de uma certa organização psicopatológica, a que fatores atribuir essa distribuição? Esses fatores – quaisquer que sejam – precisam obedecer a duas ordens de causalidade: devem ser de natureza *psíquica* e precisam ter alguma articulação com o *sistema social* do grupo considerado, já que se trata de características particulares a esse grupo. Em outros termos, eles dizem respeito à forma pela qual uma criança se torna membro desse grupo, orientando suas disposições humanas genéricas para as formas culturais legítimas e valorizadas *nesta* sociedade. Todos os membros da espécie humana são dotados de agressividade, de angústia, de impulsos sexuais etc., mas as maneiras pelas quais esses elementos comuns vão se compor em fantasias inconscientes, em traços de caráter, em sintomas, em defesas privilegiadas, serão resultados de um complicado processo de culturalização, ou de socialização, ao cabo do qual essas potencialidades em princípio indefinidas se coagulam num padrão típico. É isso que permite dar conta da "ausência de delírios melancólicos" ou da "grande frequência de interpretações persecutórias" na clínica africana. Trata-se, portanto, de um processo pelo qual conteúdos específicos e próprios a cada cultura são transmitidos às novas gerações, o que garante a continuidade do grupo e, ao mesmo tempo, organiza a experiência do indivíduo em formas que ele não pode nem precisa inventar sozinho.

A psicanálise nos ensina que esse processo opera no nível das identificações, isto é, dos mecanismos pelos quais um indivíduo reconhece a si mesmo como tal ou qual e reconhece sua posição na ordem dos sexos e na série das gerações. O termo pelo qual o psicanalista caracteriza o conjunto de dimensões psíquicas envolvido nessa constelação é o de complexo de Édipo. Esse complexo é mais do que o simples desejo inconsciente de ter relações com o pai ou com a mãe, mais do que a simples rivalidade com o genitor do mesmo sexo. Essa é uma visão superficial, fruto da divulgação das concepções psicanalíticas e da sua diluição em fórmulas de bolso. O complexo de Édipo é justamente um *complexo*, ou seja, um conjunto de fantasias, de defesas, de posições, de restrições e de identificações simbólicas. Os autores de *Édipo africano* formulam isso de modo especialmente claro, razão pela qual cito suas palavras:

> *O que caracteriza o complexo de Édipo é que o problema do pai e o problema da identificação aparecem nele como um só e mesmo problema. . . . O conceito de identificação . . . pertence a um processo gerador de normas, valores e posições capazes de serem atribuídas e simbolizadas. Ora, o que organiza a situação familiar, sob diferentes formas segundo as sociedades, é a proibição do incesto. Trata-se portanto para a criança de constituir a proibição como um princípio organizador, como base de um código que permite simbolizar a posição de cada um, sem o que seria impossível saber quem quer o que e de querer alguma coisa em seu próprio nome. . . . Se a formação da personalidade repousa sobretudo na aquisição de um sistema de atividade que exige o uso de variáveis, e de variáveis que marcam valores normativos de posição, compreende-se que o problema da identificação seja colocado pelo próprio fato de que certos lugares, certas posições – valorizadas diferentemente – sejam atribuídos à criança, e que ela mesma possa ocupar estes lugares de modos diversos,*

> *segundo sua maneira de responder às expectativas do meio ambiente*".[2]

Essa concepção do complexo de Édipo tem, a meu ver, a grande vantagem de permitir compreender que o "social" e o "individual" não são categorias separadas nem opostas. Não existe o indivíduo de um lado, com suas características próprias, e de outro uma sociedade à qual ele deveria, não se sabe muito bem como, "integrar-se". O que há é um tecido social que precede lógica, cronológica e ontologicamente o indivíduo, e que abre, em suas malhas, o espaço para que uma criança nascida em determinada época e em determinado lugar se torne um indivíduo segundo as possibilidades admitidas por *este* sistema social específico. O sistema torna impossíveis possibilidades diferentes de individuação, que, no entanto, podem perfeitamente existir em outro e mesmo ser típicas desse segundo contexto. A dobradiça que articula os planos social e individual é o mecanismo de identificação, que opera em sinergia com os parâmetros determinados pelo sistema cultural. Tais parâmetros definem pelo menos três eixos, cuja combinação produz o *lugar* que poderá vir a ser ocupado por aquela criança: o eixo dos sexos, o eixo das gerações e o eixo das alianças. O complexo de Édipo é o nome que se dá ao conjunto de operações e de conteúdos por meio dos quais a criança vem a localizar qual é a sua posição em relação a esses três eixos. Essas operações e conteúdos obviamente envolvem a aquisição das "regras do jogo" (são as variáveis a que se referem os autores), e também os conflitos resultantes da maneira específica pela qual essa criança aprenderá, com esses adultos e nessas condições, os elementos da configuração em que deve se inscrever.

2 Ortigues, E., & Ortigues, M.-C. 1973, pp. 363-366.

Vê-se que a noção de complexo de Édipo envolve pelo menos dois planos: um universal e formal, que todas as crianças da espécie humana precisam incorporar, sob pena de mergulhar na psicose; e outro, mais dependente de fatores aleatórios ou contingentes, que não precisa nem pode ser igual para todos. Esse segundo plano é o das variações individuais, das características próprias desta ou daquela família, dos acidentes de percurso, dos elementos biográficos. O primeiro plano dá conta de que um bebê, cuja existência é de início apenas um fato biológico, se converta num ser humano; o segundo dá conta de que ele se transforme *neste* ser humano, com tais e quais fantasias, defesas, sintomas e peculiaridades. Podemos dizer que o primeiro é o plano do universal, e o segundo plano, o do singular. Entre esses dois planos, a articulação é da ordem do *particular*, daquilo que não é nem de todos nem de um só. E, por sua própria natureza, essa dimensão do particular é múltipla: entre "um" e "todos", pode haver o "alguns", o "vários", o "muitos", o "quase todos", etc. É por essa razão, simples mas poderosa, que o processo de identificação dá origem a diversas *identificações*, pelas quais a pessoa se sente e se reconhece como membro de diversos subgrupos dentro da sociedade mais abrangente. E, como se pode imaginar, quanto mais complexa for a sociedade em questão, maiores serão o número e a densidade dos subgrupos que funcionam como polos identificatórios: no caso da sociedade brasileira, por exemplo, haverá identificações não apenas de sexo, de geração e de grupos de aliança, mas ainda de região, de cor, de classe social, de crença religiosa, de vizinhança, de torcida esportiva, de profissão etc.

O complexo de Édipo não determina todas essas identificações, mas apenas as chamadas *normativas* ou *primárias*, cujo sedimento são as grandes instâncias da personalidade denominadas *superego* e *sistema dos ideais*. O superego, diz Freud, resulta da repressão do complexo de Édipo, processo pelo qual a proibição do incesto é interiorizada e a "lei do pai" passa a vigorar como norma inconsciente do permitido e do proibido. Quanto ao sistema dos ideais, ele representa aquilo a que a pessoa pode legitimamente aspirar, aquilo que a criança deseja "ser quando crescer"; a distância entre o que se é e o que se quer ser, avaliada periodicamente pelo superego, produz o que chamamos empiricamente de "autoestima" ou de "imagem de si". As flutuações dessa autoimagem para mais ou para menos pertencem à órbita do narcisismo, e uma das causas da depressão ou da euforia é precisamente de natureza narcísica: compreende-se que se perceber próximo do ideal resulte em alegria e satisfação consigo mesmo, e que perceber esse ideal como distante ou inatingível produza os sentimentos contrários.

Ora, com isso entramos no terreno da psicopatologia, pois esta é constituída exatamente pelos diferentes conflitos e pelos diferentes estilos de defesa que podem surgir no caminho que conduz do "ponto zero" – o bebê recém-nascido – até a cristalização da personalidade adulta. O ponto nevrálgico deste caminho está na forma pela qual o complexo de Édipo será reprimido, e compreende-se, pelo que vimos até aqui, que os fatores culturais intervenham nesse processo de modo decisivo. Pode-se, então, dizer que, embora a configuração edipiana seja universal, as diversas sociedades diferem na maneira pela qual induzem a repressão do complexo de Édipo, isto é, nas condições que oferecem para articular o sistema de identificações que se tornará típico para os indivíduos de cada uma delas. Essa é uma conclusão importante que devo ao trabalho dos Ortigues, e vale a pena mostrar brevemente como eles a utilizam para dar conta das características clínicas da "psiquiatria africana", que, recordo a vocês, envolvem a predominância de aspectos persecutórios, a inexistência de delírios de autoacusação, a raridade de *estruturas* obsessivas e a grande difusão de *traços* obsessivos.

> *Os dados da investigação clínica impuseram à nossa atenção o problema do complexo de Édipo nas etnias wolof, lebu e serer. Em todos os casos observados . . . a referência ao pai se impunha de maneira explícita, central, incontestável. Mas ela se apresenta de uma maneira tipicamente diferente da que conhecemos na Europa. . . . A figura paterna tendia a ser absorvida pela figura da classe de idade; a fantasia da morte do pai tendia a se deslocar para o ancestral, isto é, para um pai já morto, inatacável, que representava a autoridade do costume; a rivalidade tendia a se deslocar para os "irmãos", ou para aqueles a quem se chama de "os iguais", enquanto a agressividade reprimida pela lei da solidariedade se invertia em interpretações persecutórias. Esta orientação típica das fantasias parecia mais dominante à medida que mais nos aproximamos dos meios tradicionais. . . . Fomos levados a concluir que o complexo de Édipo existia na população africana, mas que as* condições da sua repressão *não se apresentavam do mesmo modo que na Europa.*[3]

Ou seja: os elementos do complexo estão presentes – o lugar do pai, as fantasias de morte, a identificação com ele, a interiorização dos interditos do incesto e do parricídio, a agressividade e a rivalidade –, mas a *distribuição imaginária* desses elementos, sua localização em pessoas empíricas, depende das instituições e das crenças que especificam tal ou qual sociedade. O princípio das sociedades tradicionais (africanas ou outras, tanto faz) é a instituição do costume herdado dos Ancestrais como "fundamento explícito

3 Ortigues, E., & Ortigues, M.-C., 1973, pp. 339-340.

de toda a vida social e moral".[4] São eles, os Ancestrais, que materializam a figura paterna, muito mais do que o progenitor empírico. Sendo por definição inatingíveis e inatacáveis, os Ancestrais não podem ser objeto do ódio e da agressividade que constituem uma das vertentes do Édipo; sua autoridade é idealizada, e qualquer desafio a ela traria consequências extremamente perigosas. Em vista disso, a fantasia de parricídio e a agressividade que a alimenta serão desviadas para outros suportes, no caso a "classe de idade" e os "iguais", de onde a transformação da angústia de castração em angústia de perseguição (pois os "iguais" odeiam X com a mesma intensidade com que este os odeia).

Essa constelação se vê poderosamente reforçada pela crença na magia, que dá sentido aos temores e fantasias associados ao complexo de Édipo. Esta é a vertente materna do complexo: a questão passa a ser a de quem será o favorito das potências protetoras (isto é, o equivalente mágico do falo da mãe), ou quem será vítima da feitiçaria. A crença na eficácia desta última implica conceber o mal como uma força persecutória proveniente do exterior.

> *O indivíduo se sente atravessado por forças boas ou más, das quais não se sente necessariamente responsável; é tarefa do grupo, e não dele mesmo, contestar estas forças. A feitiçaria traduz a angústia que o indivíduo experimenta em relação à sua própria individualidade e à individualidade dos outros; ela encontra seu antídoto nas instituições encarregadas de regular as relações de cada um com todos os outros.*[5]

---

4 Ortigues, E., & Ortigues, M.-C., 1973, pp. 394 ss.

5 Ortigues, E., & Ortigues, M.-C., 1973, p. 249.

Está aí a raiz das interpretações persecutórias, que neste tipo de cultura são a regra, e não a exceção. Compreende-se que, quando os conflitos ultrapassam o limite do tolerável, a pessoa recorra ao repertório cultural de que dispõe, criando a ideia de que está tomada por forças maléficas que não pode exorcizar sozinha; compreende-se também que lhe seja vedada a possibilidade da autoacusação (cuja exacerbação resultaria num delírio melancólico), pois a cultura não lhe oferece, neste nível, modelos de culpabilização que tornem coerentes, dotados de sentido, os temas e fantasias que se tornaram predominantes.

Este excurso pelo livro de Edmond e Marie-Cécile Ortigues, além do interesse intrínseco que apresenta o material por eles coletado, permite-nos esboçar uma primeira resposta à questão levantada anteriormente: será legítimo falar de uma especificidade grupal, quando se abordam problemas de natureza clínica? O trabalho dos psicanalistas franceses indica que, empiricamente, a diversidade interétnica é um fato observável que se reflete na ausência, na raridade ou na frequência de determinadas síndromes em determinadas populações, e que, teoricamente, ela pode ser explicada pelo que denominam "condições de repressão do complexo de Édipo", variáveis segundo as culturas e sociedades. O efeito delas sobre a personalidade consiste em organizar de formas típicas o conjunto das identificações e a articulação entre as instâncias que administram a culpabilidade e a estabilidade narcísica, instâncias estas que contribuem para a regulação da consciência moral.

Essa conclusão é confirmada tanto por outros psicanalistas como por estudiosos de disciplinas que nada têm a ver com a psicanálise, mas cujo tema são as formações culturais, como a sociologia, a história ou a teoria literária. A esse respeito, um artigo recente da revista *Ide* traz a contribuição de um psicanalista japonês, formado na Inglaterra e que trabalhou primeiro em Londres e, depois, no seu país. O autor, Osamu Kitayama, escreve o seguinte:

> *Tenho tido experiências clínicas nos países ocidentais e praticado a psicoterapia psicanalítica no Japão, acredito que não exista diferença clínica no desejo latente e na ansiedade das pessoas neuróticas nas duas culturas. Há, no entanto, alguma coisa característica do japonês, no que se refere aos seus processos mentais de defesa, em relação tanto ao desejo quanto ao conflito.*[6]

Não examinaremos agora em detalhes o texto de Kitayama, que trata do sintoma da vergonha entre os japoneses e de como o sentir-se envergonhado, nesta cultura, remete a todo um conjunto de fantasias e de defesas (voltaremos a ele mais adiante). Basta dizer que o medo mórbido de parecer feio e sujo, ou de ser visto em situações que provoquem repugnância no observador, está obviamente associado à dimensão narcísica do funcionamento psíquico, pois implica um conflito entre o ego e os seus ideais (no caso, de limpeza, pureza e beleza). Mais uma vez, portanto, a especificidade clínica de um tipo cultural aparece associada ao sistema superego/ideais do ego, o que é bem mais preciso do que uma vaga impressão de que os povos são diferentes e que essa diferença deve ser observável, de forma geral, nos indivíduos que a eles pertencem.

Um último elemento de confirmação dessa hipótese nos vem de uma área diversa: a coletânea *A treasury of Jewish humor*,

---

6 Kitayama, O. (1991). A receptividade do terapeuta, no japão, frente às experiências do paciente envolvendo vergonha e sentir-se exposto. *Ide, 20*, p. 59. Essa ideia é confirmada por uma observação dos Ortigues: "A diferença de civilizações afeta as formações secundárias (auto-acusação, perseguição) e reativas (defesas obsessivas, ridicularização). São as formações secundárias e reativas que encontram sua consagração social nos ritos e nas crenças. . . . Ao contrário, no nível das pulsões, a referência ao casal parental permanece a mesma (que na Europa, R. M.): o sintoma remete sempre às palavras dos ascendentes" (*Oedipe Africain*, *op. cit.*, p. 396).

organizada por Nathan Ausubel; ela nos servirá de ponte para focalizar mais de perto o nosso tema, que é a questão da identidade judaica. Vejamos alguns extratos das introduções escritas por Ausubel para os diversos capítulos do seu livro:

> *Cada povo tem seu gênio próprio e distinto para a alegria. Não que haja algo peculiar ou estranho, neste gênio, para o resto da humanidade. . . . Embora o bom humor contenha um apelo universal, existem diferenças produzidas por condições de vida e por padrões culturais específicos.*[7]

> *Há muitas maneiras de ser apimentado, ácido ou azedo. Por exemplo, quando um francês ironiza, ele é alegre, cheio de sutileza e de encantadora malícia. É* très gentil *enquanto machuca. Mas quando o judeu é irônico, no mais das vezes pica como um marimbondo. O humor dele morde para valer: não põe açúcar em seu chocolate amargo. Talvez a alegre ironia do francês brote do seu robusto prazer com a vida, e a ironia cósmica do judeu surja da colisão com as incoerências da vida. É claro que o seu riso não pode ser inteiramente cordial; não sacode o corpo inteiro a partir da barriga. Se quiserem, podem até chamá-lo de "riso da cabeça".*[8]

O humor é certamente um dos traços que caracterizam os judeus, isso não é novidade. O interessante no argumento de Ausubel é a relação que estabelece entre o tipo de humor e as condições de vida, ou os "padrões culturais", enfatizando o vínculo do riso

---

7 Ausubel, N. (1967). *A treasury of Jewish humor* (pp. 21-22). Paperback Library.
8 Ausubel, N., 1967, p. 79.

com a experiência do prazer ou com o choque das "incoerências da vida". A referência ao prazer remete-nos a um pequeno texto de Freud, escrito em 1927 e intitulado "O humor". Neste artigo, Freud escreve que a atitude humorística ocasiona uma produção de prazer tanto em quem ouve o dito humorístico quanto em quem faz; a essência do humor reside em afirmar a invulnerabilidade do ego diante das circunstâncias adversas, poupando o humorista do desprazer que elas provocariam. Quem assume a atitude humorística se vê como superior às desgraças da existência, e o exemplo citado por Freud é justamente o de um condenado à morte que, a caminho da forca numa segunda-feira, diz para o carrasco: "A semana começa muito bem!".

Do ponto de vista psicodinâmico, o humorista utiliza o superego para diminuir o investimento libidinal no ego ou, dito de outro modo, trata o seu próprio ego (e as preocupações, receios e aspirações deste ego) como um adulto faria com uma criança, "sorrindo da trivialidade dos interesses e sofrimentos que parecem tão grandes para ela".[9] Aqui o superego funciona de modo benigno, contrariamente ao que costumamos observar na sua operação, isto é, a severidade e mesmo a crueldade com que critica os desejos inconscientes e as tentativas do ego de realizá-los de um modo ou de outro. Isso não precisa nos deter no momento; o importante é ressaltar que, neste terceiro exemplo, novamente encontramos a dimensão narcísica, isto é, o setor do funcionamento psíquico em que interagem o ego, o superego e os ideais. E, se a condição psicodinâmica do humor é essa que Freud sugere, temos mais uma pista para procurar deste lado a especificidade cujo lugar estamos tentando estabelecer. Pois a capacidade de rir de si mesmos, se por um lado se tornou um traço típico frequentemente associado aos

9 Freud, S. Der Humor. In *Studienausgabe* (Vol. IV, p. 279); *Edição standard brasileira* (Vol. XXI, p. 191). Imago.

judeus, por outro tem data e lugar de nascimento, estando longe de ser uma característica "natural" que os acompanharia desde os tempos de Moisés. Talvez seja esta uma indicação de que, com o passar dos séculos, a identidade judaica tenha também sofrido alterações quanto à sua composição, se concordamos que ela expressa certa correlação de forças que envolve o narcisismo, o ego, o superego e os ideais. É isso que devemos agora investigar mais de perto, já que, com as contribuições dos Ortigues, de Kitayama, de Ausubel e de Freud, dispomos de um modo de colocar a questão que escapa às banalidades da "psicologia dos povos", situando-a no entrecruzamento do social com o psíquico que resulta dos mecanismos de identificação.

A primeira mutação: os fariseus

Há um traço psicológico bastante comum entre os judeus, perceptível a olho nu: a ansiedade. Evidentemente, eles não têm nenhum monopólio neste terreno: falo de uma característica geral, não exclusiva dos judeus, e que mesmo neste grupo assume tonalidades diversas segundo as variações individuais. Mesmo com as devidas reservas e cautelas metodológicas, contudo, não creio estar enunciando nenhuma descoberta revolucionária ao enfatizar essa característica, aliás abundantemente utilizada no sentido cômico pelas anedotas e pelo folclore. Minha hipótese é que esse sintoma coletivo, quaisquer que sejam por outro lado sua origem e seu sentido na biografia de cada pessoa, ancora-se *também* numa modalidade peculiar de conflito identificatório, que opõe o ego ao sistema superego/ideais do ego; e isso com frequência suficiente para que se possa falar de um padrão típico. Ora, se o que acabamos de concluir acima for verdadeiro, os fatores responsáveis por essa constelação narcísica devem ser procurados na escala macroscópica, isto é, na experiência histórica e social do povo judeu, que, ao longo dos séculos, resulta na predominância desse tipo de organização.

Um povo com mais de 3 mil anos de história documentada e cujo âmbito de dispersão geográfica abarca praticamente todos os continentes: detenhamo-nos um momento nesse paradoxo. A variedade de regimes e culturas com que conviveram os judeus, durante um tempo tão longo, não deveria ter tido efeitos centrífugos, induzindo-os a se descaracterizarem como grupo e a se diluírem em meio às civilizações que os receberam? Em parte, isso ocorreu; houve assimilação e desaparição de setores inteiros da Diáspora, a começar pelo reino de Israel, conquistado em 722 a.C., cuja população se dispersou pelo que era então o Império Assírio, fundindo-se nele por completo e dando origem à lenda das Dez Tribos Perdidas. O mesmo aconteceu com alguns grupos judaicos no período helenístico, no Império Romano, na época das conversões forçadas pela Inquisição ibérica, e mais recentemente na União Soviética. Não obstante, essa não foi a regra geral, caso contrário não haveria hoje judeu algum às voltas com a problemática da sua identidade. O fato é que de modo geral os judeus permaneceram judeus, ainda que, ao contato com tantas influências no plano das ideias, dos costumes e das instituições, tenham absorvido muitas delas e modificado, em consequência, diversos aspectos da sua própria herança cultural. Contudo, até que no século XX surgissem nos países ocidentais condições favoráveis à assimilação em grande escala, o mais comum foi a absorção *pelo* judaísmo de certos elementos exógenos compatíveis com ele, e não a absorção *dos* judeus por sistemas sociais e culturais organizados segundo princípios estranhos.

Tanto a permanência especialmente compacta do grupo judaico como tal quanto a rápida transformação das últimas seis ou oito gerações requerem explicação e, sem sombra de dúvida, essa explicação é de natureza histórico-social: são fatores políticos, econômicos e ideológicos que a configuram, e não alguma essência judaica que teria permanecido idêntica a si mesma de Abraão até os dias de hoje, imune às forças históricas e sociais que determinam a evolução de qualquer sociedade humana. Não cabe aqui rever o conjunto da história dos judeus, mas é preciso marcar pelo menos três períodos bem definidos, pois sem esses dados é impossível compreender a questão da identidade judaica. Há a época bíblica e pós-bíblica, que compreende *grosso modo* o primeiro milênio a.C., na qual os judeus surgem como um povo entre outros da Antiguidade, com suas instituições políticas baseadas num Estado monárquico-teocrático e com suas instituições religiosas centradas no culto efetuado pelos sacerdotes no Templo de Jerusalém. Há o período que vai da destruição do Segundo Templo pelos romanos, em 70 d.C., até o século XIX e, em certas regiões, até a Segunda Guerra Mundial: é o período em que se constitui e desenvolve-se aquilo que conhecemos como "judaísmo ortodoxo", centrado em instituições comunitárias mais ou menos autônomas em relação aos poderes locais, e na prática religiosa governada pela Torá e pelo Talmud. Durante todo esse período, os judeus viveram essencialmente como minorias dispersas geograficamente, sujeitas a perseguições sanguinárias ou, na melhor das hipóteses, a restrições de natureza jurídica, política e econômica que podiam ser maiores ou menores, segundo os diferentes regimes e as diversas organizações sociais sob os quais foram tolerados. E há o período contemporâneo, cujo marco determinante foi a Emancipação produzida pelo advento, em alguns países da Europa Ocidental e das Américas, do capitalismo e de suas contrapartidas ideológicas, o liberalismo e o nascimento do indivíduo no sentido moderno dessa palavra. Em termos simples, as grandes mutações no plano da identidade ocorreram no início e no fim do que estou considerando aqui, de modo esquemático, como o "segundo período", aquele em que os judeus viveram sob a égide do código talmúdico. Vejamos mais de perto no que consistiram essas transformações.

No primeiro capítulo do seu livro *O filho ilegítimo: Fontes talmúdicas da psicanálise*, Gérard Haddad oferece algumas sugestões sobre a natureza da primeira delas. Para Haddad, a destruição do Segundo Templo representou não apenas uma catástrofe política (o fim do Estado hebreu antigo), mas sobretudo uma catástrofe emocional. O Templo era o centro do culto religioso, oficiado pelos sacerdotes por meio dos sacrifícios de animais prescritos pelo ritual bíblico. Era também o receptáculo das Tábuas da Lei, segundo a tradição outorgadas a Moisés no Monte Sinai; as Tábuas eram guardadas no santuário central, ao qual só tinha acesso, e mesmo assim em ocasiões especiais, o Sumo Sacerdote. O edifício era concebido de modo a representar anéis concêntricos de santidade decrescente.

> *O Santo dos Santos, este ponto geométrico, designava o centro do Universo, o umbigo pelo qual se comunicavam o mundo de Deus e o mundo dos homens. Por ele, o homem podia atuar sobre o real, ao menos prever os golpes; também por ele, Deus penetrava no mundo e lhe dispensava seu alimento, o único, dirá Isaías, capaz de aquietar a fome dos homens: esse "Santo" era também o "seio divino". Compreende-se, então, o que significa a perda deste órgão: um verdadeiro colapso da cadeia por ele sustentada, a quebra do espaço psíquico. Um verdadeiro fim de mundo, portanto, algo pior que a morte.*[10]

10 Haddad, G. (1992). *O filho ilegítimo: Fontes talmúdicas da psicanálise* (p. 37). Imago.

Como sobreviver a tamanha calamidade? Naturalmente, a reposta veio na forma de um novo arranjo de elementos já presentes na cultura judaica, mas que, sob as novas condições, ganharam outro peso e outra solidez. Desde alguns séculos antes, mais precisamente desde o retorno do Exílio da Babilônia, no século VI a.C., o legislador Esdras havia introduzido como prática obrigatória a leitura semanal da Bíblia, em público, aos sábados e nos dias de mercado em Jerusalém (segundas e quintas-feiras). Essa inovação, que até a época da destruição do Segundo Templo coexistiu com os sacrifícios e com outros elementos da religião propriamente bíblica, teve efeitos incalculáveis para a formação do judaísmo clássico. Em primeiro lugar, eliminou as práticas de idolatria tão frequentes nos séculos anteriores, como sabemos pelos livros históricos da Bíblia e pelas terríveis imprecações dos profetas. Em segundo, transformou os judeus em um "povo de leitores e de letrados", para usar as palavras de Haddad. Pela divulgação sistemática dos seus preceitos e do surgimento de um grupo considerável de eruditos que tomaram como missão o comentário dos textos e a organização de uma verdadeira pedagogia, a Bíblia tornou-se entre os judeus o código universalmente aceito de normas nos planos jurídico, ético e ritual; a assembleia de sábios transformou-se num misto de tribunal e de escola, exercendo os poderes legislativo, judiciário, e por vezes (nos períodos de independência política), executivo também. Surgem então as sinagogas, nas quais se desenvolve paulatinamente o que viriam a ser a prática da oração – isto é, a leitura de certos textos, realizada em voz alta e na presença obrigatória de todos os homens adultos da comunidade – e o estudo sistemático dos grandes livros sagrados, a Torá ou o Pentateuco, acrescido de explicações, parábolas e interpretações, de início transmitidas oralmente e, a seguir, codificadas no que se denomina "Talmud".

Foram os fariseus que se encarregaram dessa tarefa hercúlea, e que, uma vez consumada a destruição do Templo, ergueram o "templo invisível" da Tradição. O Livro passou a ocupar o centro da vida religiosa, a formar a base da organização comunitária, a determinar o conteúdo das práticas em que se materializavam as crenças judaicas nos mais variados planos. Ao longo dos séculos, foram erguidas "cercas sobre cercas", codificando minuciosamente todos os atos da vida cotidiana, do berço ao túmulo e do nascer do Sol até a hora de dormir. Foram essas práticas rituais – mas de modo algum vazias de sentido – que plasmaram o espaço social da comunidade judaica, e portanto direcionaram os eixos principais da identidade daqueles que viviam nesse espaço. A catástrofe do *Hurbán*, do desaparecimento do Santuário que garantia a comunicação entre o mundo humano e as esferas celestiais, foi reparada pela construção de um novo espaço, simbólico e imaginário, psíquico e social, capaz de estruturar com extrema solidez a vida e a mente dos que o habitavam. Haddad escreve a esse respeito:

> *O judaísmo permaneceria obscuro para quem não se detivesse sobre o significado do* Hurbán, *sobre sua dimensão enigmática, que organiza secretamente esta religião. Símbolo de toda desgraça coletiva ou pessoal, do horror insustentável, o* Hurbán *representa a paixão do povo judeu, mas uma paixão que, contrariamente à temática cristã, não se apressa a aliviar seu peso por uma ressurreição quase imediata, implacável, renovada. O judaísmo é o único grande culto que possui, como seu lugar mais sagrado, uma ruína. Mais do que um fato histórico, trata-se de um elemento essencial da estrutura. Assim, vinte séculos depois, o luto pelo Templo não termina e mantém, para quem sabe observá-lo, uma surpreendente proximidade da alma judaica, tanto nos dias de aflição quanto nos de alegria. Detalhe significativo: mesmo sob o pálio nupcial, evoca-se sua*

> *recordação. Luto de duração recorde, verdadeiramente patológica, constitui uma autêntica melancolia coletiva, e todo o esforço para superar seu peso parece aprofundar a marca dele. Este "aprofundamento da marca" é o próprio judaísmo, esse que conhecemos. O paradoxo do* Hurbán *deve-se ao fato de haver ele permitido a sobrevivência deste pequeno povo, enquanto todos os seus rivais da Antigüidade desapareceram do cenário da história, relegados aos domínios da arqueologia.*[11]

Esse texto de Haddad estabelece uma ponte entre o conteúdo da religião judaica e a subjetividade dos que a praticam, ponte que nos será agora de grande utilidade para retomar a questão da identidade do ponto em que a havíamos deixado algumas páginas atrás. O que os fariseus conseguiram com sua reforma ao mesmo tempo litúrgica, intelectual e pedagógica foi nada mais nada menos que reorganizar completamente a "alma judaica" ou, se quisermos ser mais precisos, o sistema de investimentos libidinais, de defesas e de identificações de um número incalculável de seres humanos. Haddad fala em "melancolia coletiva", "luto de duração recorde", e "esforço para superar o seu peso": creio que podemos entender essas expressões num sentido não apenas metafórico, mas ainda propriamente psicodinâmico. Podemos imaginar o estado de espírito da geração que presenciou a destruição do Templo e a derrocada da estrutura política de seu país: assim como na França ocupada pelos nazistas, instalou-se um clima depressivo, acompanhado por sentimentos de vergonha, de impotência e de culpa. A interpretação predominante do sentido da catástrofe enfatizava este aspecto melancólico: perdera-se o Bem Supremo pela falta cometida por Israel, por sua infidelidade à lei e aos

11 Haddad, G., 1992, pp. 34-35.

mandamentos, por seus pecados morais e rituais (culpa); perdera-se o Bem Supremo, perda que resultava em indignidade, fraqueza e vivências de inferioridade diante dos vencedores (depressão). Haddad enumera algumas citações, contidas no Talmud, atribuídas a rabinos que viveram naquela época:[12] fala-se que o orvalho parou de fecundar a terra, que os frutos já não tinham o mesmo sabor de antes, e comparam-se os judeus privados do seu objeto coletivo de amor a "mulheres com a razão alterada" (o que Haddad interpreta como alusões à castração).

É nesse contexto que a obra dos fariseus vem se inscrever. A invenção genial desse grupo de eruditos, do ponto de vista psicodinâmico, consistiu em propor e legitimar *um novo objeto libidinal*: a Torá, isto é, o texto sagrado. O novo objeto não veio preencher o lugar deixado vago pelo Templo desaparecido – o luto por ele continuará séculos afora –, mas prestou-se à função de reorientar o conjunto do funcionamento psíquico dos judeus, como procurarei mostrar agora. É claro que estou falando em termos gerais, e peço a vocês que relembrem o que ficou estabelecido na primeira parte desta conferência: convém distinguir o *conteúdo teológico* ou intelectual próprio às discussões rabínicas do *efeito psicológico* que estou procurando caracterizar.

Qual foi a novidade pedagógica farisaica? Foi estabelecer que *todo* judeu tem a obrigação de estudar os textos sagrados. A contrapartida dessa obrigação é o *direito* ao estudo e aos benefícios que podem advir dele: essa é a revolução psicológica. Pois o novo ideal coletivo – que os fariseus denominaram "santidade" – tornou-se, assim, em princípio ao menos, alcançável por todos aqueles que se esforçassem para atingi-lo. Essa possibilidade não dependia de nenhuma graça especial de Deus (como será posteriormente o caso na doutrina calvinista), mas da tenacidade e do

12 Haddad, G., 1992, p. 45.

autocontrole de cada um, da sua vontade de aprender e de regular sua vida pelos mandamentos sancionados pela comunidade. Mas o psicanalista não se contentará em falar de "vontade" ou de "tenacidade", que são nomes de virtudes ou de faculdades abstratas da alma. Ele procurará compreender de que modo os investimentos libidinais, a angústia, as defesas, o superego, o sistema de identificações e de ideais do indivíduo recebem uma articulação inédita a partir de uma série de eventos que transformam profundamente a vida da sociedade a que pertence esse indivíduo. Ora, o caso dos judeus nas gerações que se seguiram imediatamente à destruição do Templo oferece um exemplo privilegiado desse tipo de processo, exemplo tanto mais interessante como o efeito dessa mutação foi extraordinário e perdurou por quase vinte séculos.

Tentemos apreender, esquematicamente, no que ela consistiu. Do ponto de vista externo, o sistema escolar instituído pelos judeus produziu indivíduos cumpridores de inúmeras regras rituais e morais, os 613 mandamentos da lei; indivíduos que muitas vezes dedicavam ao estudo uma enorme parte do seu tempo ou que, em todo caso, consideravam que o melhor seria dedicar ao estudo o máximo possível de energia; indivíduos notavelmente pacatos, cuja agressividade natural era violentamente controlada, ou no mínimo camuflada, chegando ao extremo de não se defender dos ataques de seus perseguidores, a não ser em casos extraordinários: para uma revolta de Bar Kochva ou do Gueto de Varsóvia, quantos martírios medievais (*Kidush Hashem*, a Santificação do Nome de Deus), quantas fogueiras da Inquisição, quantos milhões enviados para a morte nas câmaras de gás! Tamanha homogeneidade de comportamentos sugere um molde comum para a subjetividade, molde suficientemente elástico para abrigar as variações individuais e ao mesmo tempo suficientemente rígido para orientar, num mesmo sentido, as energias psíquicas de dezenas de gerações.

Do ponto de vista psicodinâmico, o que chama a atenção é a configuração característica do complexo de Édipo, do esquema identificatório e do equilíbrio narcísico. Assim como os africanos estudados pelos Ortigues, os judeus viveram durante dois milênios sob a égide do costume; mas, contrariamente às populações do Senegal, esse costume não era visto como instituído pelos Ancestrais, e sim por uma figura paterna inteiramente diversa em sua estrutura: refiro-me a Deus. A ideia central do judaísmo, como se sabe, é o monoteísmo absoluto; "ouve, ó Israel, o Senhor é nosso Deus, o Senhor é Um; Bendito seja o seu nome e a glória do seu reino por todo o sempre", diz a oração que formula o credo judaico. O próprio dessa divindade é ser absolutamente absoluto, criador do Universo e senhor do destino dos povos; também é próprio dela ter manifestado sua vontade por meio da palavra, escolhendo o povo judeu para ser o depositário e o fiel cumpridor da lei revelada no Sinai. O que acontece com o complexo de Édipo dos indivíduos que se estruturarão segundo esse conjunto de crenças? De que modo os ideais, as normas e os valores assim instituídos oferecem vias específicas de elaboração para os impulsos e angústias que os judeus compartilham com todos os demais seres humanos? Aqui, só posso lhes oferecer algumas hipóteses; vocês julgarão se elas são razoáveis.

A figura do Deus absoluto oferece um continente imaginário, socialmente ratificado e valorizado, para dois aspectos contraditórios do pai edipiano: sua severidade e seu amor. À severidade castradora do pai se pode atribuir a situação do Exílio, enquanto punição dos filhos pela desobediência aos seus mandamentos; ao seu amor, o fato de ter escolhido o povo de Israel para lhe confiar a sua Torá. O terror-pânico que poderia ser a resultante da crença num Ser Onipotente e, portanto, extremamente perigoso parece ter sido contrabalançado pela exaltação narcísica decorrente da Eleição por esse mesmo Ser Onipotente e, sobretudo, pela ideia de que a lei outorgada precisa ser *interpretada*. Não é difícil perceber que a interpretação, ao ser não somente permitida, mas ainda literalmente *exigida*, abre um espaço para a iniciativa humana, para a adaptação e para o compromisso: em suma, para uma *modificação autorizada* da herança tradicional. Ora, se a lei é a expressão do poder do Pai, estar autorizado a modificá-la equivale a receber a permissão desse Pai para, de certo modo, identificar-se com ele, mais precisamente com a sua função simbólica. Dessa forma, a rivalidade edipiana encontra uma solução flexível e ao mesmo tempo eficaz para o dilema que a enquadra: ser como o pai, porém respeitando os privilégios desse mesmo pai.

Decorre daí, a meu ver, a exaltação da figura divina nos textos litúrgicos, que expressam simultaneamente o temor e a reconciliação: Deus, o Pai absoluto, "nos escolheu entre os povos e abençoou-nos com sua Torá, santificou-nos com seus mandamentos e ordenou-nos" etc. A Eleição não é fonte de privilégios que favoreceriam o judeu diante de outros povos, mas de obrigações mais severas: reza a tradição que os filhos de Noé (toda a humanidade) devem respeitar sete mandamentos, mas do judeu Deus exige que respeite 613. O sentido psicológico da ideia do "povo eleito" é óbvio: consiste numa extraordinária afirmação narcísica, na reparação mais eficiente que se possa imaginar para o trauma da destruição do Templo. Se a Eleição envolve a obrigação de santificar a existência a cada instante, "santificar" significando aqui "afirmar o poder de Deus e a conformidade de cada ação com a lei que Ele decidiu outorgar ao povo judeu e a ninguém mais", ela comporta um fardo e uma promessa: o fardo é a necessidade do autocontrole, a promessa é a de se converter em parceiro de Deus na Sua Criação. Pense-se o que quiser da veracidade dessa crença; o fato indiscutível é que aceitá-la implica benefícios narcísicos de enorme alcance, pois ser um judeu capaz de cumprir a sua parte (ainda que modesta) na Aliança proposta nessas condições torna-se um ideal extremamente desejável, apto a polarizar toda a quantidade de libido que for necessária para aproximar-se dele.

Mas isso não é tudo. A agressividade inerente às fantasias edipianas também encontra, neste tipo de estrutura, vias de canalização que a fazem confluir para áreas relativamente benignas. Falamos anteriormente em "melancolia coletiva"; a obediência aos rituais e às regras éticas do judaísmo evocou muitas vezes, a começar pelo próprio Freud, as características da obsessividade. Ora, sabemos desde o "Ensaio de uma História da Libido" de Karl Abraham que a neurose obsessiva e a melancolia têm muito em comum, sendo organizações nas quais o ódio, a hostilidade e a destrutividade fornecem a energia que alimenta os sintomas. Abraham notou que a agressividade contra o objeto pode se expressar de duas formas: pela *destruição* dele ou por procedimentos que visam *controlá-lo* e *dominá-lo*.[13] Se predomina o aspecto destrutivo, o objeto será perdido; a culpa por esse estrago, o ódio pelo objeto que não resistiu aos ataques e a tentativa de negar a perda, identificando-se ao objeto assim destroçado, produzirão uma organização melancólica. Se predomina o aspecto dominador, o objeto não será destruído nem perdido, portanto não será preciso negar a perda por meio da identificação com ele, isto é, de sua instalação *post mortem* no ego, que assim se converte no monumento funerário do objeto. Nesse segundo caso, o objeto permanece vivo e separado do ego, mas sua natureza ameaçadora também permanece virtualmente ativa, de onde a necessidade de controlá-lo o tempo todo e a angústia de que esse controle possa falhar: está aberto o caminho para uma organização obsessiva. Sem entrar aqui em detalhes desnecessários, é possível perceber de que modo a obsessividade pode

---

13 Abraham, K. (1966). Esquisse d'une histoire du développement de la libido baséé sur la psychanalyse des troubles mentaux. In *Oeuvres complètes* (tomo II, pp. 258 ss). Payot.

funcionar como defesa contra o risco de uma solução melancólica: o controle permanente sobre o objeto garante em princípio que ele não será perdido, mas ao mesmo tempo o risco permanente da perda (porque uma das modalidades do ataque é a ausência do objeto no momento em que seria indispensável a presença dele) obriga a uma vigilância que só será capaz de impedir a catástrofe se for contínua e incessante.

No que isso esclarece a modalidade específica de controle da agressividade que estou procurando descrever? Por um lado, a energia hostil contra o outro parece ter sido canalizada para a observância do ritual, isto é, de práticas cuja realização garantia a pertinência à comunidade dos eleitos e, portanto, um esforço narcísico nada desprezível. Por outro, uma vez desviada desse modo a maior parte da agressividade, uma segunda parte se dirigia contra os inimigos de Israel, e uma terceira, sublimada, para a disputa intelectual e de prestígio. Na constelação que estamos examinando, não se poderia imaginar um judeu pegando em armas ou praticando esportes como a luta ou a caça, para não falar de saques, pilhagens ou violências físicas: estas seriam coisas de bárbaros, de gente incapaz de seguir normas civilizadas de convivência. É claro que a impotência militar também encontra aqui uma excelente racionalização, mas o enigmático é justamente que os judeus, famosos na Antiguidade como guerreiros valentes de Sansão a Metzadá, tenham se tornado em poucas gerações um povo notavelmente não violento. O que estou sugerindo é que a violência foi contida, ou melhor, desviada, para expressões que a neutralizavam enquanto violência física, o que provavelmente explica a extrema raridade dos crimes de sangue entre os judeus ortodoxos. Ela podia se expressar nas fórmulas de desprezo pelos bárbaros e pelos perseguidores; um exemplo é a oração do *Aleinu*, redigida após os massacres das Cruzadas e que diz aproximadamente o seguinte: "Devemos louvar o Senhor do Universo e dar grandeza ao Criador, que não nos fez como os povos da Terra e não nos pôs na condição deles; que não nos dispôs como a eles nem ao nosso destino como o das multidões". Também podia se expressar nas disputas rabínicas e, veremos, encontrou no século XIX uma esplêndida vazão por meio do humor. Mas o essencial é que as formas permitidas de expressão da agressividade iam no mesmo sentido dos ideais do ego, ganhando com isso a benevolência do superego e canalizando a crueldade característica dessa instância para a ideia de uma culpa coletiva (a culpa pelos erros que resultaram no Exílio). A imensa vantagem de ser membro de um povo que proclama *coletivamente* sua culpa pela transgressão dos mandamentos divinos é diminuir drasticamente a parcela de culpa *individual* pelos próprios fantasmas inconscientes.

Em suma: a identidade judaica, no período que estamos considerando, era de uma solidez pouco comum. E isso não só pelo fato de os elementos do corpo político geral serem *grupos*, e não *indivíduos*, de modo que cada um encontrava ao nascer seu lugar predeterminado no tecido social (membro desta ou daquela religião, nobre, servo da gleba ou o que fosse), mas sobretudo porque o judaísmo funcionava como um poderoso sistema simbólico, operando em todos os planos principais que constituem a personalidade. Entendam bem: não estou dizendo que o monoteísmo ou a pureza sejam conteúdos primários do inconsciente, nem que os judeus eram por natureza menos agressivos do que os hunos ou do que os vândalos. O que estou dizendo é que os judeus, como todo mundo, eram habitados por conflitos, angústias e desejos os mais variados, mas que, desde a infância, encontravam uma aparelhagem cultural extremamente sutil e complexa para simbolizá-los. O que caracterizava essa aparelhagem (constituída pelas instituições, normas, valores e ideais) era a sua espantosa coerência interna, posto que oferecia vias de elaboração e de integração para os conflitos fundamentais do ser humano, aqueles de cuja solução razoável depende a estabilidade psíquica de qualquer pessoa. Essas vias forneciam soluções claras e eficazes para as angústias persecutórias e depressivas, para a regulação da autoestima, para a repressão do complexo de Édipo, para a construção de um superego cujas principais energias eram canalizadas para atividades egossintônicas, e que reforçavam a busca de realização de ideais igualmente egossintônicos. Foi essa extraordinária combinação de fatores que tornou o "ser judeu" uma condição eminentemente desejável, permitindo investir libidinalmente os procedimentos necessários e suficientes para adquiri-la e mantê-la em circunstâncias frequentemente adversas.

Pois as circunstâncias *foram* efetivamente adversas, se não durante todo o período que nos ocupa, nem em todos os territórios ao mesmo tempo, ao menos no segundo milênio da era cristã, a partir das Cruzadas. É aqui que começa a era das grandes perseguições e das expulsões, que conduziram os judeus da Europa Ocidental a se instalarem nas franjas do mundo civilizado, que ficavam naquela época no Leste da Europa. Talvez a mais dramática dessas perseguições tenha sido a que culminou com a expulsão dos judeus da Península Ibérica e com a posterior caçada aos "cristãos-novos" orquestrada pela Santa Inquisição. Mais uma vez, não entraremos nos detalhes desse processo; interessa-me apenas ressaltar que esse acontecimento teve sobre aqueles que o vivenciaram um efeito traumático comparável ao do *Hurbán*, o que é atestado pela lenda de que a saída da Espanha ocorreu num dia 9 do mês de Av, a mesma data em que segundo a tradição foram destruídos tanto o Primeiro como o Segundo Templo. Entre as respostas encontradas pelos judeus que tiveram de emigrar da Espanha para a angustiante pergunta do "por quê?", devemos mencionar brevemente uma das mais extraordinárias: a criação da Cabala. Pode parecer incongruente evocar a Cabala numa conferência sobre a clínica de identidade judaica; mas nada há de absurdo nisso, porque esse movimento representou um esforço coletivo para dar sentido à experiência renovada do Exílio, cumprindo, portanto, uma função idêntica à da instalação da pedagogia rabínica pelos fariseus na época da destruição do Segundo Templo.

O termo *Kabalá* significa literalmente "recepção", o ato de receber alguém ou alguma coisa. Refere-se à ideia de que o conhecimento, principalmente o conhecimento esotérico, é algo que se *recebe* de alguém, que por sua vez o recebeu de um terceiro, que também o recebeu dos que vieram antes dele, e assim retroativamente até a Doação original. A "Cabala" designa todo um conjunto de obras literárias e religiosas escritas em épocas e lugares diferentes, cujo traço comum é a busca de um conhecimento de tipo filosófico e a busca de experiências extáticas que se obtêm por meio de técnicas adequadas de meditação. Essa expressão designa, assim, de modo amplo, as diversas tendências místicas que se originam durante a Idade Média e que constituem uma tradição paralela à do judaísmo rabínico, formada a partir do Talmud. O judaísmo clássico é avesso à especulação mística; tem um viés a que se poderia chamar de racionalista, que orienta a interpretação das Escrituras num sentido mais eticojurídico do que metafísico. Na medida em que toma por base de suas construções o mesmo texto que o Talmud, isto é, a Torá ou Escritura Sagrada, a Cabala também é um conjunto de interpretações, nisso residindo o seu caráter especificamente judaico e aquilo que a distingue de outros tipos de misticismo. É o que observa Harold Bloom, autor de um livro interessantíssimo intitulado *Cabala e crítica*. Bloom segue de perto as ideias do maior estudioso da Cabala, o professor Gershon Scholem, e aplica-as ao campo da crítica literária, o que está realmente muito longe do nosso tema de hoje. Por isso, limitar-me-ei a extrair do seu livro algumas passagens que iluminam a questão que estamos tratando, ou seja, a determinação de um tipo de subjetividade por uma dada cultura e pelas identificações que essa cultura induz nos seus membros.

Até o século XVI, os escritos cabalísticos – o principal dos quais é o *Zohar* ou Livro do Esplendor, escrito na Espanha por volta de 1300 – permaneceram pouco conhecidos, limitando-se sua difusão a um pequeno número de eruditos (o que, aliás, condiz com a natureza de um conhecimento esotérico, destinado por essência aos *the happy few*). É com a expulsão da Espanha, início de uma época especialmente sombria na história dos judeus, que a mensagem dos cabalistas ganhará maior notoriedade, especialmente a partir dos meados do século XVI, com a obra do rabino Isaac Luria, que viveu na cidade israelense de Tzfat. Escreve Harold Bloom:

> *Os cabalistas da Espanha medieval e seus sucessores palestinos após a expulsão da Espanha se confrontaram com um singular problema psicológico, que exigia uma solução revisionista. Como acolher um novo impulso religioso, fresco e vital, numa época problemática, precária e mesmo catastrófica, quando se herda uma tradição religiosa já tão rica e coerente, que deixa pouco espaço para novas revelações e especulações? Os cabalistas não estavam em posição de formular, ou mesmo reformular, muita coisa em sua religião. Já possuíam, não apenas um corpo de Escrituras maciço e completo, mas também uma estrutura ainda mais maciça e intelectualmente compacta, formada de comentários e interpretações de todo tipo. . . . Seu feito não se resume a reintroduzir a gnose e a mitologia em um judaísmo que se havia purgado de tais elementos, mas se encontra, principalmente, no fato de fornecer às massas de judeus sofredores uma fé pessoal mais imediata e empírica do que teria permitido a força da tradição ortodoxa. A última derivação da Cabala foi o hassidismo,*

> *que pode ser considerado o resultado final mais positivo de um movimento que levou, em seus aspectos mais obscuros, a equívocos de magia e superstição, a falsos messias e até a apóstatas.*[14]

O que me interessa ressaltar nessa passagem é a situação psicológica dos "judeus sofredores", ameaçados em sua existência física pelas perseguições da época. Alguns sucumbiram às pressões e abandonaram o judaísmo, convertendo-se à religião cristã. A grande pergunta é: por que foram tão poucos? Por que as grandes massas de judeus preferiram a emigração, a miséria e a insegurança a ceder ao que pareceria ser o apelo do bom senso, ou até do instinto de sobrevivência? Por que continuaram a desejar aquilo que a Tradição lhes propunha como modelo e como condição ideal? É para elucidar – ainda que obliquamente – essa questão que estou me detendo no tema da Cabala. Bloom diz que o feito dos cabalistas foi duplo: intelectualmente, "reintroduziram a gnose e a mitologia em um judaísmo que se havia purgado de tais elementos"; pragmaticamente, "forneceram às massas de judeus sofredores uma fé pessoal mais imediata e empírica do que teria permitido a força da tradição ortodoxa". Cabe, então, investigar o que havia na doutrina cabalística que permitisse oferecer essa "fé mais imediata e pessoal", já que, manifestamente, foi esse o fator que mais contribuiu para assegurar que todo aquele sofrimento tinha um sentido, que valia a pena suportá-lo mesmo que houvesse a possibilidade de escapar a ele pela conversão.

A Cabala explica a Criação de um modo que se inspira na filosofia neoplatônica, com a qual os judeus estiveram em contato na época do Império Romano. Interpretando engenhosamente o texto do Gênesis, os cabalistas sustentam que a Criação se dá por um

---

14 Bloom, H. (1992). *Cabala e crítica* (p. 43). Imago.

processo de *emanação*, Deus criando o mundo de dentro para fora a partir da sua própria substância. Essa ideia contrasta agudamente com a versão bíblica da Criação, segundo a qual Deus e o mundo são absolutamente separados, sendo o Universo fruto de um ato da vontade soberana da divindade. A especulação cabalística situa-se assim num ponto perigosamente próximo à heresia, mas sem ultrapassar a fronteira que separa o judaísmo do não mais judaísmo. As emanações de Deus chamam-se *Sefirot*: seus atributos são a expressão da sua radiância, e representam dimensões da realidade designadas por nomes como Sabedoria, Inteligência, Amor, Julgamento Rigoroso, Majestade, etc. Elas são em número de dez, e boa parte da Cabala espanhola consiste na descrição dessas *Sefirot* e dos complicadíssimos caminhos pelos quais elas se comunicam umas com as outras. Bloom oferece um excelente resumo dos principais aspectos aqui relevantes, e remeto vocês ao primeiro capítulo do seu livro.

Coube a Isaac Luria propor uma interpretação desse processo que tornou possível a popularização da Cabala, e a sua transformação de doutrina especulativa reservada aos iniciados no instrumento da "fé pessoal e imediata" de que fala Bloom. Para Luria, a emanação não é um processo linear, que se dá progressivamente de dentro para fora a partir de um centro irradiador. Longe disso: trata-se de uma sucessão de catástrofes regressivas, que começam com um movimento de *contração*, de ocultamento, de autolimitação de Deus (o *Tzimtzum*). Ao se contrair, Deus deixa vazio um espaço no qual surgirá a Criação, denominado pelo *Zohar* de "espaço fundamental". A Criação consiste numa sucessão de "vasos" que contêm parcelas da luz divina; mas tais vasos se *quebram*, deixando escapar essa luz divina, parte da qual retorna para Deus e parte vem formar as forças malignas do Universo. Luria acreditava que essa catástrofe teria acontecido por causa de um excesso de rigor de Deus para consigo próprio, e Scholem, citado por Bloom, diz que

> *Luria via a função completa da criação como sendo uma catarse de Si operada por Deus, uma terrível sublimação na qual seu terrível rigor podia encontrar alguma paz. . . . Da mesma forma como o homem precisa amar, segundo Freud, para não ficar doente, também o Deus de Luria tem de criar, para manter sua própria saúde. Mas, para Luria, ele só poderia criar por meio de catástrofes.*[15]

O terceiro estágio, na concepção de Luria, é o mais importante: trata-se do *Tikun* ou restauração. O *Tikun* equivale exatamente ao conceito psicanalítico de reparação: é o processo que restitui a integridade daquilo que se estilhaçou, e, para Luria, ele é obra do ser humano. A restauração da Criação pode ser realizada pelos atos religiosos de todos os homens, especialmente dos judeus no Exílio; nessa visão, o Exílio é a condição humana por excelência. Os atos religiosos são capazes de elevar e libertar os fragmentos da substância divina aprisionados pelas forças maléficas. Por "atos religiosos", entende-se a meditação, mas também o cumprimento do ritual judaico, e mesmo atos de magia, o que já não nos interessa aqui.

É certo que as sutilezas da concepção luriana devem ter escapado a muitos dos que Bloom chama "massas sofredoras". Mas as

---

15 Bloom, H. (1992). *Cabala e crítica* (p. 51). Imago. A idéia de um Deus "terrivelmente rigoroso" ecoa na letra do Hino de Guerra dos Estados Unidos: "*Mine eyes have seen the glory of the coming of the Lord / He is trampling out the vintage where the grapes of wrath are stored / he hath loosed the fateful lightning of his terrible swift sword / His truth is marching on*" (meus olhos viram a glória da vinda do Senhor / Ele está esmagando a vindima onde estão guardadas as uvas da ira / Soltou o relâmpago fatal / da sua espada terrível e veloz / Sua verdade está marchando ao nosso encontro). Um estudo das fontes do poema em Isaías, Jeremias e no Livro do Apocalipse pode ser acessado digitando no Google "The Biblical roots of the Battle Hymn of the Republic", postado no site da arquidiocese de Washington por Monsenhor Charles Pope (28.11.2012).

ideias centrais desse sistema são fáceis de compreender, e, principalmente, oferecem para as desgraças do Exílio uma justificação infinitamente consoladora. Em primeiro lugar, o próprio Deus é a primeira vítima da sua severidade, ou do "julgamento rigoroso" (que é um nome místico para o que a psicanálise conhece como superego). O auto-ocultamento de Deus e a quebra dos vasos ampliam para a esfera cósmica a ideia de catástrofe, que passa a ser o regime natural do Universo. Deus está exilado de si mesmo, assim como os judeus estão exilados de Israel. A ruptura dos vasos torna-se o princípio do que é, alçando a metáfora do Templo destruído ao próprio Universo. Mas é sobretudo na ideia de que depende de *cada* ato de *cada* pessoa a liberação das centelhas divinas e a restauração "do que era antes" que devemos procurar o elemento propriamente narcisizante dessa doutrina. À humilhação, à perseguição e à miséria, à insegurança material e vital - portanto, a situações que punham rudemente à prova o narcisismo dos judeus e o judaísmo como objeto de desejo –, a Cabala em sua versão luriana responde com duas noções exaltantes: a de que o Exílio não é só punição dos erros dos judeus, mas a condição natural do mundo e de Deus, e a de que depende de cada um, dos seus atos mais ínfimos, o êxito do *Tikun*, da reparação dos vasos quebrados.

Ou seja: da mesma forma que com a ideia da Eleição e da santidade os fariseus conseguiram reequilibrar o narcisismo ferido pela calamidade do *Hurbán*, e instaurar um sistema de ideias capaz de ser investido com vastas quantidades de libido, também os cabalistas propõem uma doutrina sobre cuja verdade podemos pensar o que bem entendermos, mas cujo apelo psicológico é indiscutível. Sua eficácia consiste em reparar as fissuras da autoimagem do judeu, e fazer isso por meio de um estímulo a investir os ideais coletivos, restaurando a sensação interna de segurança por dois movimentos complementares: o de identificar a condição do Exílio com a natureza de Deus e do Universo, portanto retirar dela a contingência da derrota para torná-la exemplo de um paradigma necessário; e o de reiterar o apoio ao indivíduo advindo da coesão do grupo, pois é da santidade de Israel (santidade a ser conquistada pelos atos de todos e de cada um) que depende a salvação do mundo inteiro. Garantindo emocionalmente a autoestima por intermédio dessas concepções, a doutrina cabalística podia proporcionar ao indivíduo a "fé imediata e pessoal" da qual falava Bloom. Como, por outro lado, a adesão a tais ideias não comprometia nem a estabilidade das instituições comunitárias (antes a reforçava), nem a ortodoxia das práticas cotidianas, das orações e das festividades celebradas ao ritmo do calendário, a Cabala veio acrescentar novas forças a todo o sistema que descrevi anteriormente, justificando a apreciação de Bloom de que ela constitui "uma defesa psicológica coletiva dos judeus mais imaginativos contra o exílio e a perseguição que os pressionavam interiormente".[16]

A segunda mutação: o choque da modernidade

Podemos resumir nosso percurso: tanto o judaísmo rabínico como o misticismo popular derivado da Cabala atuaram para oferecer aos judeus um conjunto de materiais psíquicos extraordinariamente versáteis e coerentes, capazes de ser integrados como parte de uma identidade solidamente investida pelos indivíduos singulares. Às angústias fundamentais de todo ser humano, à sua necessidade de estabelecer defesas eficazes e flexíveis para lidar com os impulsos sexuais e agressivos, aos problemas do equilíbrio narcísico frente ao superego e do investimento de ideais cuja realização aproximada revigore a autoestima, ambos responderam com modelos identificatórios ao mesmo tempo plásticos e atraentes, alicerçados na

16 Bloom, H., 1992, p. 63.

coesão grupal, e que puderam funcionar por longos séculos como núcleo de um ego notavelmente funcional. É nessa combinação de fatores que me parece possível encontrar a explicação psicológica para a permanência dos judeus como tais, sem prejuízo de outras dimensões desse fato, para cuja explicação se deve recorrer à história, à sociologia e a outras disciplinas.

O contraste não poderia ser maior com a situação contemporânea, na qual, como vimos no início desta conferência, a identidade judaica tornou-se para muitos de nós opaca e problemática. É preciso agora nos voltarmos para a outra grande mutação dessa identidade, a que ocorreu no início do século XIX, e resultou no esfacelamento daquilo que vim descrevendo até aqui. Assim como para a primeira mutação, examinaremos primeiro as condições históricas, para em seguida estudar o impacto que elas tiveram no plano psicológico.

O grande corte dá-se com a Emancipação dos judeus, promovida na esteira da Revolução Francesa. Por "Emancipação" se entende a concessão aos judeus de direitos civis e políticos na França, na Inglaterra e, mais tarde, na Alemanha e no Império Austro-Húngaro. Esse processo resultou numa profunda separação entre os judeus que viviam nesses países e aqueles que habitavam o Império Russo, que, na época, compreendia também a Polônia e outras regiões densamente povoadas por judeus (estes constituíam, aliás, a maioria do povo hebraico). Na Europa Ocidental e Central, em poucas gerações assistiu-se ao surgimento de uma nova figura, a do judeu a que chamarei "ocidental". Enquanto isso, na Europa Oriental, as condições políticas e econômicas mantiveram-se extremamente desfavoráveis aos judeus, produzindo uma proletarização crescente e uma insegurança cada vez maior; somadas aos *pogroms* ou massacres periódicos, elas acabaram por suscitar a emigração em larga escala (para as Américas, para a Europa Ocidental, e em grau menor para o que então era a Palestina) e o engajamento de muitos judeus nas organizações revolucionárias que lutavam pela derrubada da autocracia e pela construção de uma nova sociedade livre e democrática. Por essa razão, rompe-se a compacta homogeneidade que caracterizava o modo de vida judaico até os fins do século XVIII, vivessem eles no Iraque, na Ucrânia, no Marrocos ou na Itália. Também por essa razão, é necessário estudar separadamente o destino dos judeus ocidentais e o daqueles a que, por comodidade, chamarei de "tradicionais", entendendo por esse termo aqueles que não foram atingidos pelos processos decorrentes da Emancipação, pelo bom e simples motivo de que ela não ocorreu nos territórios por eles habitados.

O que foram esses processos? Esquematicamente, ao conceder direitos políticos e civis ao indivíduo e ao considerar o grupo como resultado da associação voluntária dos indivíduos, eles dissolveram os laços comunitários que uniam os judeus entre si. A Emancipação transformou os judeus, ao menos no plano jurídico-formal, em cidadãos dos Estados europeus, e a cidadania é um atributo individual, nunca coletivo. Fruto do Iluminismo e do liberalismo, os direitos do cidadão consistem em garantias à liberdade de opinião, de crença, de movimento, de associação, de empreendimento, cujo sujeito é sempre o indivíduo. Concebe-se o grupo (qualquer grupo, seja religioso, profissional, partidário etc.) como uma figura – a pessoa jurídica – constituída pela associação de certo número de indivíduos, e em princípio passível de ser dissolvida quando cessar o desejo destes de se manterem associados. No sistema liberal, não há espaço para grupos que se concebem como lógica e ontologicamente anteriores ao indivíduo, como portadores de uma essência que o transcende e perpetua-se como tal por meio de uma energia própria. O único ente coletivo a quem se imagina dotado desses atributos é a nação, cuja materialização política é o Estado nacional (é por essa razão que uma das bandeiras do liberalismo era a separação entre a Igreja e o Estado ou, o que dá na mesma, a constituição de um Estado leigo).

Quando esses princípios universais em seu alcance passam a ser efetivamente aplicados, na França primeiro e depois nos países que adotaram formas liberais de governo, abrem-se para os judeus possibilidades até então inéditas de progresso individual e de aculturação nas respectivas sociedades. A aculturação era, obviamente, indispensável ao usufruto dos direitos recém-adquiridos: como estudar numa escola alemã sem saber a língua do país, como abrir uma indústria sem conhecer as leis, como ir a um concerto ou a um espetáculo teatral sem ter alguma ideia do que significavam essas manifestações? É evidente que aqueles que se beneficiavam com as novas leis – e mesmo que tivessem de contar com graus maiores ou menores de discriminação – passaram rapidamente a enfrentar conflitos para os quais a tradição judaica não tinha nenhuma resposta. A tradição conseguira construir identidades sólidas, mas ao preço de uma forte coesão comunitária, reforçada pela impossibilidade concreta da assimilação: ao judeu pré-moderno, ofereciam-se idealmente ou a sua manutenção como tal ou a conversão religiosa. Ora, é precisamente a nova alternativa que virá embaralhar os dados da questão: surge a possibilidade de ser judeu *e* francês, judeu *e* alemão, isto é, a possibilidade de *assimilação*, que não deve ser confundida com a *desaparição*.

Mas, na nova combinatória, a função do termo "judeu" alterava-se profundamente. Já não podia significar uma identidade coesa e compacta, imposta de fora e desejada de dentro: passava a ser um elemento entre outros, numa constelação complexa e frequentemente contraditória. Impunha-se, por exemplo, que o judaísmo passasse a ser concebido e vivido como uma religião no sentido europeu do termo, isto é, um conjunto de crenças e de rituais litúrgicos no espaço da igreja, que de modo algum modelava a vida cotidiana, a alimentação, o vestuário, o tipo de estudo etc. Ora, o judaísmo tradicional não é uma religião *nesse* sentido, posto que nele o sistema ético e o sistema jurídico (civil e penal) não se separam do sistema ritual e do sistema de práticas cotidianas. Ser um judeu "moderno" implicava uma profunda ruptura com o modo de vida tradicional, numa contração da esfera do judaísmo na vida da pessoa até o ponto em que se tornasse semelhante ao que era o catolicismo na vida do católico ou o protestantismo na vida do protestante. O "ser judeu" já não era o conteúdo principal da identidade psíquica, étnica e social; reduzia-se a uma *parte* dessa identidade; parte, aliás, em conflito com as demais. Em suma: o judeu emancipado torna-se dividido; passa a viver, na bela expressão de Anatol Rosenfeld, "entre dois mundos", e devemos enfatizar esse *entre*, causa de ambiguidade e de dilaceramento. Pois ele não pertence mais a uma tribo coesa, que lhe apontasse de modo unívoco o caminho a seguir na vida e tampouco pertence por completo, em virtude das pressões do preconceito antissemita, ao mesmo universo mental das nações ocidentais.

Esse conflito fundamental atingiu sua expressão mais aguda nos países de língua alemã, tanto pelo número importante de judeus que neles viviam (cerca de um milhão, contra poucas dezenas de milhares na França, na Inglaterra e na Itália) como pelo fato de as estruturas sociais da Alemanha e da Áustria estarem, durante boa parte do século XIX, em constante evolução. Podemos colocar as coisas de outro modo: a Emancipação é uma ideia política do Iluminismo, mas a sua realização prática deu-se sob a égide do Romantismo. Isso significa que seu princípio é a universalidade da razão – é porque são homens como os demais que os judeus devem receber direitos civis e políticos –, mas esse princípio será materializado na particularidade dos nacionalismos, em meio ao combate para afirmar as diferenças de cada povo com todos os outros. A consequência disso é o conflito de modelos identificatórios, eles mesmos atravessados por contradições internas: existe a pressão para que o judeu se germanize, mas ao mesmo tempo existe a pressão contrária do antissemitismo, que vê na germanização do judeu um perigo intolerável para a nação alemã. Esse conflito é acirrado pela sua intensa participação na construção da cultura alemã, mais rica e de maior alcance do que a dos judeus franceses, italianos e ingleses. Anatol Rosenfeld observa, a esse respeito, que

> *é preciso mencionar só nomes como os de Heine, Schnitzler, Hofmannsthal, Kraus, Kafka, Wassermann, Feuchtwanger, Broch, Doeblin, Stefan e Arnold Zweig, para ter uma idéia desta contribuição, que não inclui a filosófica, científica e artística. Só recentemente nota-se semelhante surto de participação nos Estados Unidos, em condições aparentemente mais favoráveis do que as da esfera alemã. . . .*[17]

Talvez o melhor exemplo dessa situação e dos efeitos devastadores que ela teve sobre o equilíbrio emocional dos que a viveram se encontre na vida e na obra de Heine, do qual Rosenfeld diz que era o tipo acabado do judeu marginal. Heine nasceu em 1797, na região renana (Düsseldorf), na qual os judeus já podiam frequentar escolas públicas, em virtude da Emancipação decretada pelos ocupantes franceses durante as guerras napoleônicas. A Emancipação foi, no entanto, revogada pelos prussianos após a derrota de Napoleão, voltando os judeus à condição anterior. Foi nesse ambiente instável que cresceu o jovem Heine, numa família em que a tradição judaica fora abandonada, sem que a cultura alemã tivesse ainda tomado seu lugar: ambiente

17 Rosenfeld, A. (1967). Introdução. In *Entre dois mundos* (Coleção Judaica, Vol. X, p. 10). Perspectiva.

> *completamente amorfo, espiritual e socialmente instável.... Heine... não experimentou nem os sofrimentos do povo judeu, nem a felicidade de pertencer a qualquer povo particular. Era um estranho, um homem só, perdido na massa, e por isso sem apoio íntimo nem externo, que só pode ser proporcionado por uma comunidade grande e forte.*[18]

Com grande perspicácia, Anatol Rosenfeld vincula certas características de Heine, como pessoa e como escritor, a essa ausência de raízes. Do ponto de vista psicológico, Heine era um homem agitado, inquieto, nervoso, que passou grande parte da vida viajando, e que, ao decidir morar em Paris, mudou de casa constantemente. Uma de suas obras mais conhecidas é o "Holandês voador", que Wagner musicou em sua ópera *O navio fantasma* – parábola do eterno exilado, do homem que jamais pode repousar, tradução transparente do tema do Judeu Errante e transposição literária do *déracinement* do seu autor. Não é o caso aqui de nos estendermos sobre a biografia de Heine (Rosenfeld ofereceu em seu texto uma brilhante análise dela), mas quero ressaltar um aspecto, a meu ver típico resultante das condições sociais e psíquicas que ela ilustra tão bem: a extrema ambivalência. Ela resulta do choque entre vivências intensas, igualmente valorizadas, mas impossíveis de ser integradas. Psicanaliticamente, sabemos que a ambivalência é a expressão emocional do amor e do ódio pelo mesmo objeto, em última instância pelos objetos edipianos; esses objetos (pai e mãe) podem ser metaforizados por um sem-número de outros, desde pessoas até ideias ou entidades abstratas. Semelhante deslocamento satisfaz tanto a tendência agressiva, transposta para novos suportes, como a tendência carinhosa, já que permite preservar do

18 Rosenfeld, A., 1967, p. 10.

ataque direto as figuras paterna e materna. A ambivalência é um traço marcante da personalidade de Heine e manifesta-se em seus escritos por um requintado jogo de oposições entre a forma e o conteúdo, entre as ideias e os termos empregados para nomeá-las, entre os elementos antitéticos que ele une na mesma expressão. Vale a pena citar um trecho da introdução da obra de Rosenfeld, que mostra isso com admirável precisão:

> *A mente do marginal é a encruzilhada de dois mundos em choque, decorrendo daí o desassossego, o nervosismo, a labilidade psíquica. . . . Este choque levou, no caso de Heine, a uma acentuada ambivalência, àquele oscilar de atitudes. . . . O gentio é logo admirado, logo desprezado. A monarquia é-lhe antipática e ao mesmo tempo propaga-lhe os méritos. O proletariado é a classe do futuro, mas seu cheiro não lhe agrada. A Alemanha é o país dos sonhos do exilado, amada com ternura, mas em prosa e versos irrompe um tremendo ódio contra a Alemanha. Ele ama os franceses e ao mesmo tempo os ridiculariza. E no que se refere ao judaísmo, é-lhe logo refúgio e consolo, logo uma prisão maldita e odiosa que lhe repugna. Em todas as suas atitudes e em todas as questões importantes do seu tempo, nota-se a dupla lealdade, e este tumulto doloroso na sua alma reflete-se nas opiniões e suas ações contraditórias.*
>
> *. . . A obra de Heine distingue-se pela singular mistura de emoção e raciocínio, requinte virtuoso e sentimentalismo, singeleza popular e escárnio. . . . A manipulação da simplicidade popular, nos seus versos, é um milagre de empatia e de arte suprema. Sabe-se quanto trabalho e artesanato lhe custou esta simplicidade. . . . O "canto popular" feito por intelectuais urbanos afigura-se como*

> *uma espécie de exotismo, a procura de unidade e identificação de poetas românticos que se sentiam fragmentados e solitários em face da civilização moderna.*
>
> *. . . As idéias e emoções heterogêneas do marginal, o conflito em que vive, exprimem-se também de modo conciso na adjetivação antitética de Heine, que procura unir sempre o antagônico. O paradoxo o atrai, pelo choque das idéias desencontradas. Assim, fala de "estupidez insondável", da "ingratidão quase humana de Deus", da "mais suja pureza", da "refinada falta de gosto". Um belo holandês é um "Apolo de queijo". A sua fenomenal capacidade de associação liga as coisas mais desconexas. . . . "Vi a Morgue de Paris e vi também a Academia Francesa, onde há igualmente muitos cadáveres desconhecidos". As suas caracterizações surpreendem pelo absurdo e, no entanto, exato da associação. Fala de um . . . "rosto manufaturado"; certo homem é um "purgante comprido" ou tem "pernas abstratas" e um "terno transcendental". Outro tem uma "cara de um feto em álcool" ou "pensamentos bem penteados" ou uma "cara açucarada e amassada em conserva".*[19]

Heine, como se sabe, era um dos autores preferidos de Freud, e muitos de seus ditos espirituosos ilustram *A piada e sua relação com o inconsciente*. Nesse livro, Freud explica de que forma as tendências agressivas se expressam por meio de um tipo especial de humor, a que se chama em alemão de *Witz*. O *Witz* não é exatamente o cômico, nem muito menos o "chiste", como figura no horroroso título da edição brasileira; é o humor verbal, frase ferina, porém engraçada, cuja concisão a faz ir direto ao alvo. É o tipo de

---

19 Rosenfeld, A., 1967, pp. 14-18.

humor ilustrado entre nós por Millôr Fernandes e por Jô Soares, não por Ari Toledo nem pelas piadas de português. O alemão dispõe de duas palavras, "*der Witz*" e "*der Humor*", o que permite a Freud distinguir entre esses dois gêneros de espírito: o *Witz* exprime a agressão de modo jocoso, enquanto o *Humor*, como vimos anteriormente, exprime a atitude benigna do superego diante das preocupações do ego. Em português, o mais acertado é, a meu ver, usar o termo "humor" para ambos os gêneros, ficando subentendido, segundo o caso, se é do inconsciente pulsional ou do superego que provém o impulso para rir.

Em todo caso, os epigramas de Heine são de extrema ferocidade, e é isso que nos incumbe agora analisar. Eles manifestam uma agressividade muito menos inibida que a do judeu tradicional. É certo que, num escritor de talento, os malabarismos verbais serão mais acrobáticos do que quando tratamos com o homem comum; mas não estará aí uma pista para começarmos a investigar a economia psíquica do judeu moderno? Pois, se a confrontarmos com a do judeu "clássico", a posição da agressividade parece ter sofrido um considerável deslocamento: naquele caso, chamava a atenção justamente o caráter pacato, não violento, do tipo humano que procurei descrever. Como é evidente que a taxa de agressividade inata não pode ter decuplicado entre os séculos X ou XII e o XIX, podemos suspeitar que o que mudou foi a forma das defesas encarregadas de controlá-la ou de canalizá-la. Se pensarmos que a agressividade não é um fator isolado, mas coexiste no espaço psíquico com os impulsos sexuais, com a regulação narcísica, com o superego e com o sistema dos ideais, não é descabido supor que a modificação de que é indício o novo estilo de manifestar a agressividade pode ser muito mais ampla, afetando provavelmente todos os outros elementos em grau maior ou menor.

Minha hipótese é a seguinte: o principal escoadouro da agressividade na economia emocional dos judeus tradicionais era a componente compulsiva que pudemos observar na prática do ritual. Outra saída socialmente aceita era o ódio pelos "inimigos de Israel", os pseudocivilizados que periodicamente os perseguiram e massacraram-nos. Ora, o aspecto mais visível no comportamento do judeu emancipado é exatamente o pouco empenho no cumprimento das práticas rituais, julgadas de uma forma ou de outra obsoletas e ridículas. Quanto ao ódio pelo estranho, ele é obviamente pouco compatível com o desejo de se aculturar, o que significa adotar os costumes e modos de pensar das nações hospedeiras ou, mais exatamente, os costumes e modos de pensar da classe burguesa, à qual passou a pertencer, em poucas gerações, a maioria dos judeus ocidentais. Ficavam assim bloqueados os caminhos para a manifestação/controle das tendências agressivas inventadas pelo judaísmo rabínico; de onde a necessidade de encontrar novas vias, socialmente aceitáveis, para dar vazão à componente hostil do jogo pulsional. Veremos então os judeus começarem a praticar esportes; a participar de partidos políticos; a se tornar artistas, intelectuais ou jornalistas; a investir em ideais patrióticos; a adotar contra outros povos os preconceitos comuns àquele no qual viviam e ao qual estavam desejosos de se integrar. E vê-los-emos também assumir atitudes de desprezo para com os judeus da Europa Oriental, considerados atrasados ou ignorantes; isso se verificou especialmente na Alemanha e nas cidades mais importantes do Império Austro-Húngaro, regiões nas quais (pela proximidade geográfica) havia um número importante de imigrados das áreas em que se falava ídiche.

Disse anteriormente que a Emancipação cindiu em duas partes desiguais os judeus europeus, já que a maioria deles vivia no Império Russo, e neste não houve nada comparável ao conjunto de processos que acabamos de estudar. Vamos agora falar brevemente desse segundo grupo, que também se defrontou com condições difíceis do ponto de vista psicológico, embora de modo diferente do que foi o caso na Europa Ocidental. Nos domínios do czar, a economia ainda era largamente pré-capitalista, e nela os judeus ocupavam um lugar muito pouco confortável. A vida material era dificílima; a miséria e a fome, nada raras; e a pobreza, a regra geral. Isso se devia às inúmeras restrições legais que impediam os judeus de exercer atividades lucrativas, além do motivo mais óbvio, que era o nível extremamente baixo de desenvolvimento das forças produtivas. Os judeus viviam, em geral, em zonas rurais, nas pequenas aldeias conhecidas como *shtetls* e imortalizadas na Anatevka de *O Violinista no Telhado*; praticavam ofícios manuais ou o pequeno comércio, do que tiravam um sustento precário. Não é por acaso que um dos tipos cômicos do folclore ídiche é o *Luftmensch*, literalmente o "homem do ar", que se vira como pode para não morrer de fome, mas está sempre esperançoso de que a sorte virá abençoá-lo e de que os esquemas mirabolantes que imagina para enriquecer um dia darão certo. O prato típico da cozinha ídiche, o *gefilte fisch*, espelha essas condições duríssimas: é peixe moído, uma iguaria de pobre, lembrando os alimentos dos escravos negros que deram origem à cozinha baiana.

A metáfora do "violinista no telhado" – alguém que se equilibra numa posição instável, da qual pode escorregar a qualquer momento, mas enquanto isso dá prova de virtuosismo musical – descreve bem essas condições. Mas ela não se aplica à dimensão psicológica, na qual nada há de oscilante: esses judeus, até por falta de alternativas oferecidas pelo meio gentio, conservavam a Tradição e alimentavam-se dela, como se vê na peça homônima, baseada na narrativa do escritor ídiche Scholem Aleichem intitulada "Tevye, o Leiteiro".[20] Na ausência do choque emancipatório,

20 Nota de 2023: Devemos a Jacó Guinsburg (por sugestão de Abrão Slavutzky) uma saborosa tradução da novela de Scholem Aleichem diretamente do original iídiche: *Tévye, o Leiteiro*, São Paulo, Perspectiva, 2012.

não existiam ali "dois mundos", mas apenas um, e basicamente idêntico àquele no qual se organizaram tanto o judaísmo rabínico como o misticismo popular. Prova disso é a extraordinária difusão do hassidismo, que enfatizava a dimensão afetiva da religião sem nenhuma concessão quanto à ortodoxia do ritual. Podemos mesmo opor essa situação à dos judeus ocidentais, cuja vida material não sofria as mesmas restrições, tanto pelo grau maior atingido pelo desenvolvimento capitalista nos países em que viviam como pela inexistência de limitações legais a que pudessem participar da vida econômica em posições mais lucrativas ou prestigiosas. Na verdade, para os judeus ocidentais a metáfora do violinista no telhado poderia caracterizar adequadamente sua situação psicológica: equilibrando-se na aresta entre a vertente judaica e a vertente não judaica do telhado, era a sua identidade que poderia a qualquer momento escorregar e fraturar-se.

Não nos cabe aqui entrar em maiores detalhes quanto à história dos judeus no império czarista; mas é preciso dizer que estas condições de vida constantemente precárias, a ameaça de perseguições violentas ou de decisões arbitrárias de uma administração corrupta e declaradamente antissemita,[21] representavam uma dura prova para a autoestima dos judeus. Creio que é esse o motivo pelo qual foi justamente nessa região que nasceu o humor judaico como o conhecemos hoje, funcionando como válvula de escape para as tensões constantemente impostas ao narcisismo dos que o criaram. É um humor sarcástico, que não poupa nada nem ninguém e deleita-se com a tolice, a arrogância, a falsa esperteza dos que pretendem ser mais do que são. A julgar pela quantidade e pela qualidade das piadas que os judeus fizeram sobre si mesmos, deve ter sido preciso rir muito para tolerar as

---

21 A propósito do antissemitismo russo, ver: Mezan, R. (1995). *Psicanálise, judaísmo: Ressonâncias* (2a ed.). Imago

dificuldades da vida de então... Mas não basta ser pobre para criar um humor desse quilate; é preciso que o narcisismo tenha sólidas trincheiras nas quais se refugiar, caso contrário a miséria produzirá, como autodefesa, revolta ou delinquência, mas não anedotas. E não penso estar enganado se disser que o humor judaico é uma maneira de expressar agressividade em escala coletiva, maneira cuja configuração dinâmica pressupõe ao mesmo tempo uma forte intensidade das tendências agressivas e um narcisismo bastante vigoroso, a fim de colocar as primeiras a serviço do segundo. Quanto à forma caracteristicamente epigramática e verbalmente engenhosa do humor judaico, devemos creditá-la ao constante exercício intelectual exigido de um povo cuja instituição central era a interpretação de um livro, interpretação cujas condições *sine qua non* eram a sutileza e a rapidez de raciocínio. O humor judaico, nascido nessas circunstâncias, é essencialmente egossintônico, isto é, reforça o investimento nas identificações fundamentais pelo ganho de prazer que permite: afinal, o humor serve para rir, e se os judeus são capazes de rir tanto de si mesmos, isso é indício de bem-estar narcísico, ao mesmo tempo que o próprio humor intensifica o prazer de ser como se é.

Mas não se deve supor que, por poderem rir de si mesmos, a vida dos judeus súditos do czar fosse muito feliz. Não apenas, como vimos, suas condições de existência eram péssimas, mas ainda, aos trancos e barrancos, a modernidade também acabou por cruzar as fronteiras da Rússia. É o que se vê na peça de teatro a que me referi, *O violinista no telhado*: o leiteiro dispõe de um estoque aparentemente inesgotável de recursos narcísicos, mas a geração seguinte (as filhas) já se sente sufocada no estreito ambiente do *shtetl*. Uma se torna esposa de um jovem agitador revolucionário, outra se casa com um não judeu, a terceira emigra para a América... O mesmo quadro surge nos romances de Isaac Bashevis Singer, como a saga da *Família Muskat*. Em todo caso, os que tomaram o rumo da emigração levaram consigo um sólido conjunto de identificações com os modelos tradicionais, e a prova disso é que, nas Américas, a geração dos fundadores da comunidade reproduziu o mesmo padrão institucional e cultural que existia nos seus países de origem.

Não foi essa a situação dos judeus "ocidentais", a cuja problemática devemos retornar agora, já que nossa condição atual é mais semelhante à deles do que à dos personagens de Scholem Aleichem. Aqui, prevalece o paradigma de Heine, talvez com características menos espetaculares do que na biografia do escritor, mas certamente da mesma índole. O que define essa condição é a obscuridade ou a ausência de parâmetros para o ideal do ego, que se traduz concretamente pela flutuação entre imitar desajeitadamente o comportamento dos não judeus e regressar ao universo mental da Tradição, esgarçado e já incapaz de proporcionar a mesma segurança emocional de que haviam desfrutado as gerações anteriores à Emancipação. Essa frustração constante na busca do ajustamento e da integração atravessa a obra de um Franz Kafka, e segundo Anatol Rosenfeld resulta do fato de que

> *Kafka já não pertencia aos judeus burgueses ocidentais. É lá que tem suas raízes, mas este judaísmo civilizado e liberal representava para ele uma existência inautêntica. Todavia, menos ainda pertencia aos judeus do Leste que viviam como grupo coeso, como "povo" e que conhecera na forma de uma companhia teatral ídiche. Este grupo o convence da autenticidade dele (grupo) pelo modo unívoco, mercê do qual é o que é. Entretanto, compreende-se que este grupo trate Kafka como alguém que está longe de fazer parte dele.*[22]

---

22 Rosenfeld, A., 1967, p. 5.

Não estou dizendo, obviamente, que todos os judeus ocidentais viviam dramas kafkianos em sua existência cotidiana; Kafka é um caso extremo, mas é justamente o paroxismo que nele atinge o conflito identificatório que o torna exemplar. O certo é que a problemática que Kafka viveu num grau agudíssimo é basicamente a mesma que afetava todos os judeus emancipados. E um dos motivos do que estou chamando de "obscuridade dos parâmetros identificatórios" reside na percepção de que o judaísmo tradicional é fruto da história, percepção que, embora verdadeira, é extremamente desorientadora. Em sua introdução à coletânea *O judeu e a modernidade*, Walter Rehfeld menciona as concepções de Abraham Geiger, um dos pioneiros dos estudos históricos no campo do judaísmo:

> *Mais e mais afigurou-se necessário que os povos nos possam compreender mediante categorias cientificamente objetivas e que nós mesmos consigamos entender-nos do mesmo modo. Somente desta forma um verdadeiro encontro com a civilização européia torna-se possível, juntamente com a transformação do judeu isolado e retrógrado em judeu cidadão, que possa pleitear a equiparação civil e política com seus concidadãos não-judeus. Abraham Geiger conclui daí a necessidade de uma revisão crítica de todo o judaísmo. O homem moderno não pode mais aceitar indiscriminadamente tudo o que lhe é apresentado como válido, nem adotar cegamente o que lhe é oferecido como judaísmo. Conseqüentemente, se se espera de um homem moderno ser judeu conscienciosamente, o judaísmo terá que se apresentar de tal forma, que um cidadão europeu do século XIX possa lhe dar o seu assentimento.*[23]

23 Rehfeld, W. (1970). Introdução. In *O judeu e a modernidade* (pp. 16-17). Perspectiva.

Rehfeld emprega termos que nos deixam entrever algumas pistas. O judeu contemporâneo necessita "entender-se segundo categorias cientificamente objetivas", que são aliás as mesmas pelas quais os não judeus poderão compreendê-los. A imediatez da experiência desapareceu; não há mais o natural, o óbvio, o que é assim porque sempre foi assim e deve continuar a sê-lo. É preciso uma "revisão crítica" que separe o "retrógrado" do "moderno"; fala-se em não aceitar *indiscriminadamente*, em não adotar *cegamente*, em ser judeu *conscienciosamente*. E qual o critério dessa revisão crítica? É distinguir dois lados do judaísmo: aquele que impede a "equiparação com os concidadãos não judeus" e aquele que a possibilita. Há um lado bom no judaísmo, e um lado negativo; esta é a ideia central. Mas como estabelecer qual é um e qual é outro? Claramente, depende da opinião que se tiver sobre o que é o "homem moderno", e aqui se abre um leque enorme de possibilidades. Não importa muito, aqui, a posição específica de Geiger; o que quero enfatizar é que se impõe uma escolha, e que o objeto dessa escolha (que se supõe racional e lúcida) é exatamente aquilo que até então funcionava como suporte essencial da identidade: a unidade compacta do costume.

Como outros pensadores da mesma tendência, Geiger avalia de modo positivo o que chama de *ideia do judaísmo* e de modo negativo as *formas* que essa ideia tomou ao longo da sua existência histórica. Num dos textos de sua autoria que figuram na coletânea, lemos o seguinte, a propósito das consequências nefastas que a opressão social dos judeus teve sobre a sua religião:

> *Onde gritos de temor ecoam à nossa volta, onde a ansiedade enche os espíritos, onde a vista ensombrada não mais percebe a beleza, onde o ouvido se tornou surdo à harmonia, onde os homens desejam apenas suspirar e bater no peito de modo que o Deus da misericórdia*

> *possa reter sua mão punidora, não se pode esperar que, mesmo em épocas mais tranqüilas, as formas rituais tenham a capacidade de reter sua antiga beleza e reverência através da dignidade, solenidade e força edificante. É por esta razão que possuímos tantos costumes na vida judaica que, embora em si mesmo significativos e dignificados, apresentam um aspecto externo que amiúde os converte no alvo de escárnio e de ridículo.*[24]

"Escárnio", "ridículo", "vista ensombrada", "ouvido surdo" fazem aqui eco aos termos "retrógrado" e "cegamente" do parágrafo de Rehfeld citado anteriormente. São palavras duras, que traduzem o mal-estar dos judeus ocidentais diante do que havia sido motivo de orgulho para seus pais e avós. Os judeus da Europa Oriental passam a ser vistos como o modelo acabado do anti-ideal, e surge o desejo de que não se confunda o "homem moderno", o judeu emancipado que trocou a *kipá* pela cartola e o *kaftan* pelo paletó, que sabe se portar à mesa e admira a música e a poesia alemãs, com estes indivíduos rústicos, que vivem espiritualmente na Idade Média e têm seu universo mental emparedado pelos muros do gueto. Mas, se está claro o que *não* se deve ser, está muito menos claro o que se *deve* ser, ou melhor, como chegar a ser o que se deseja ser: um "judeu consciencioso", exteriormente idêntico a um ocidental não judeu, e eticamente à altura da "ideia judaica". Pois, separar assim conteúdo e forma, a ideia e seu modo de existir concretamente, é uma operação arriscada: a ideia converte-se frequentemente em abstração, o costume passa a ser visto como ridículo ou, na melhor das hipóteses, como questão de folclore, e a articulação interna entre ambos se esboroa irremediavelmente.

---

24 Abraham, G. O judaísmo atual e suas tendências intelectuais. In *O judeu e a modernidade* (p. 136).

Quero ser bem compreendido: não estou advogando por nenhum Paraíso perdido, nem sou um nostálgico admirador da Tradição enquanto tal. Mas, como psicanalista, sei que a razão crítica é muito menos poderosa que a emoção, e a "ideia do judaísmo" está longe de oferecer, como polo de identificação afetiva, os mesmos atrativos que abundavam no sistema de ritos e de práticas do judaísmo tradicional. Sei também que aquilo que se rejeita tem, muitas vezes, um enorme apelo, do qual é testemunha justamente a intensidade da rejeição. É o que ocorre aqui: um Kafka verá na companhia de teatro ídiche, que tanto o impressionou, a coesão e a univocidade que a ele faltam dolorosamente; admira-a por isso, mas não pode aceitar seu modo de viver e de pensar, condição indispensável da univocidade e da coesão. Disso resulta que a condição psicológica do judeu "moderno" seja marcada por duas características das quais falaremos brevemente, a fim de nos encaminharmos para a nossa conclusão: a experiência da *vergonha* e a experiência da *perda*.

Por que falar aqui em vergonha? Pelos motivos que acabo de expor: a divisão histórica imposta pela modernização, ao atingir somente uma parte dos judeus oitocentistas, criou esta situação inédita da qual são provas as palavras de Geiger: a existência dos "outros" judeus, aqueles que representam o passado, e com os quais podemos ser confundidos. O desprezo dos gentios por *aqueles* judeus pode nos atingir também, e tanto mais injustamente como já não nos sentimos próximos deles, como seus hábitos e suas crenças se tornaram estranhos e incompreensíveis. Ora, esses "outros" judeus, os que vivem como se o relógio do mundo tivesse parado na véspera da Revolução Francesa, mantêm com a cultura tradicional a relação que estudamos na segunda parte desta conferência: ela é, para eles, o suporte fundamental da identidade. O valor narcísico do judaísmo passa por uma inversão de 180 graus no caso que estamos examinando agora: de núcleo de uma identidade sólida e estável, passa a ser fonte de conflitos e de embaraços, na medida em que se quer continuar a ser judeu, mas já não se sabe muito bem o que isso significa nem como materializar tal desejo de modo satisfatório. Essa constelação, que em sua generalidade abrange inúmeras variações individuais, é muito frequente entre os judeus contemporâneos, mesmo depois de a barbárie nazista ter exterminado as comunidades da Europa Oriental que encarnavam o tipo oposto ao deles. Não podemos, naturalmente, examinar de perto toda a complexidade da situação daqueles judeus poloneses, russos ou ucranianos, entre os quais também houve muitos que buscaram novos rumos, insatisfeitos com o judaísmo tradicional que viam à sua volta e desejosos de se integrarem às respectivas sociedades não judaicas. Apesar da grande quantidade de dados históricos que estou apresentando, meu interesse não é de ordem historiográfica, mas psicanalítica. E é por isso que, tendo encontrado em nosso caminho textos que fazem alusão à vergonha e, o que é mais grave, em relação às práticas que constituem o cerne do judaísmo tradicional, precisamos examinar primeiramente o que é a vergonha e, em segundo lugar, que efeitos tem sobre a autoimagem do judeu atual a presença nada rara desse componente em sua organização psíquica e, portanto, em sua identidade.

O artigo do psicanalista japonês mencionado na primeira parte desta conferência pode nos servir como ponto de partida. Osamu Kitayama observa que tanto na vida cotidiana como nos mitos e no folclore dos japoneses o sentimento da vergonha ocupa lugar de destaque. Ele ocorre em situações nas quais a pessoa teme que sejam revelados aspectos repugnantes do seu corpo ou dos seus pensamentos: tipicamente, está associado às ideias de sujeira, impureza, poluição e profanação. Inúmeros contos populares colocam em cena, por exemplo, uma linda mulher que propõe a um homem casar-se com ela; uma vez casados, ela se mostra esposa exemplar e dedicada, até o dia em que o marido descobre que a verdadeira forma da mulher é a de um animal, que pode ser a serpente, o crocodilo, o marisco etc. Revelado o segredo, a esposa foge, arrasada pela vergonha de ter sido vista em seu aspecto repulsivo, que invariavelmente está ligado à exposição de conteúdos corporais, como o sangue, as fezes, a urina, a putrefação de um cadáver e outros da mesma espécie. Alguns fragmentos clínicos confirmam essa conexão: um paciente sente-se envergonhado do seu pênis feio; outra diz que só poderia revelar seus pensamentos imundos numa ilha deserta, porque lá ninguém poderia observá-la. Kitayama enfatiza o perigo de que a contratransferência do analista o conduza a rejeitar certas fantasias ou temores do paciente, o que nas condições específicas da clínica japonesa viria a favorecer a resistência, alimentada pela ideia comum de que a psicanálise, por buscar o oculto, é um tratamento que deixa em situação vergonhosa quem se submete a ele.

Para nossos propósitos, interessa o vínculo estabelecido por Kitayama entre a vergonha e o medo de ser rejeitado porque se é portador de algo repugnante; a esse temor, subjaz um

> *intenso desejo de aceitação. . . .* Haji *(vergonha) é uma ansiedade de que os conteúdos do corpo de alguém serão expostos e rejeitados. . . . O complexo da vergonha é composto de expectativa de aceitação, medo de intromissão e rejeição, impulso anal de retenção e expulsão, que pode ser projetado no terapeuta.*[25]

A interpretação do analista japonês ressalta a ligação com a mãe, que, segundo sua perspectiva, estaria na raiz do "complexo da vergonha", e também a natureza anal dos impulsos considerados vergonhosos. Quanto a mim, considero mais relevante o fato

---

25 Kitayama, O., 1991, *Ide*, nº 20, p. 62.

de que a vergonha é uma sensação que implica o *outro*, e o outro numa posição de juiz; penso que os impulsos e as relações de objeto que envolvem a analidade não estão primariamente ligados à ideia de sujeira, já que a criança só começa a achar sujas e repugnantes as suas fezes em virtude da educação. A vergonha ocorre sempre numa situação social, e pertence claramente ao mesmo círculo de processos que regulam a autoestima e a imagem de si: ou seja, ela é um afeto ligado ao narcisismo e ao jogo das identificações, temas que vêm nos acompanhando desde o início do nosso percurso.

Kitayama recorre à distinção estabelecida pelos antropólogos entre "civilizações da culpa" e "civilizações da vergonha", afirmando que a cultura japonesa pertence essencialmente ao segundo grupo. A mesma distinção é empregada pelo helenista E. R. Dodds, num livro clássico e extremamente interessante intitulado *Os gregos e o irracional*. Trata-se de estudos de psicologia histórica, nos quais o autor se detém em alguns aspectos da experiência emocional dos gregos e mostra como ela foi variando desde a época da *Ilíada* e da *Odisseia* até a época clássica. Um dos eixos dessa variação é o desenvolvimento progressivo do sentimento de culpa, a partir de uma civilização aristocrática que só conhecia a vergonha. Quando um herói homérico se comporta de modo condenável, cedendo às paixões e perdendo o controle de si, atribui sua loucura momentânea à *atê*, que significa uma perturbação da alma, um obscurecimento da consciência. A *atê* é enviada pelos deuses em função de seus desígnios insondáveis, e aqueles a quem ela vitima não se sentem de modo algum culpados, embora possam vir a ter de responder pelos atos que praticaram sob o efeito do sobrenatural. Numa civilização de guerreiros iguais entre si, os excessos são perdoados graças à introdução desta ideia de um "agente sobrenatural"; Dodds escreve que

> *o bem supremo do homem homérico não é a fruição de uma consciência tranquila, mas gozar da* timê, *a estima pública. . . . E a maior força moral que ele conhece não é o temor de Deus, mas o respeito da opinião pública,* aidôs. *. . . A situação à qual responde a noção de* atê *provém não apenas do caráter impulsivo do homem homérico, mas também da tensão entre o impulso individual e as pressões do conformismo social que caracteriza as civilizações da vergonha. Numa sociedade assim, tudo o que expõe um homem ao desprezo ou ao ridículo diante dos seus semelhantes, tudo o que o faz "perder a face", parece intolerável.*[26]

Não é o caso de estudarmos agora como a noção de culpa foi construída na Grécia antiga; direi apenas que as noções associadas na época homérica à vergonha vão migrando paulatinamente para essa nova esfera. Dodds explica que o período chamado "arcaico" – os séculos VIII a VI a.C. – se caracterizou por um grande sentimento de insegurança e de impotência por causa das guerras externas e civis, fomes periódicas, epidemias e outros males. Os textos da época (por exemplo Hesíodo) insistem sobre a futilidade dos projetos humanos, que esbarram naquilo a que se chamava o *phthónos*. O *phthónos* caracteriza a atitude dos deuses perante o sucesso dos homens, que os desagrada porque poderia ameaçar suas prerrogativas divinas. O esquema é o seguinte: o êxito é fonte de autossuficiência, que rapidamente engendra a arrogância nos atos ou nas palavras (*hybris*). A *hybris* é castigada pela *nêmesis*, a justa cólera dos deuses, que enviam a *atê* como punição aos orgulhosos. Ora, na época homérica, a palavra *nêmesis* não designava a ação

26 Dodds, E. R. (1967). *Les grecs et l'irrationnel* (p. 28). Flammarion. (Trabalho original publicado em 1959).

punitiva dos deuses, mas a reprovação da opinião pública a quem agira de modo indigno: é o oposto do *aidôs*. Basta esse exemplo para mostrar de que forma a culpa e a vergonha transitam por territórios próximos um do outro, o que aliás é verificado pela revisão da literatura psicanalítica sobre a vergonha efetuada por Kinston e citada por Kitayama.[27]

Tanto a vergonha como a culpa envolvem o sujeito na relação com os seus objetos internos, isto é, com a imagem interiorizada dos outros, e especialmente desses outros fundamentais para a estruturação da psique que são o pai e a mãe. A culpa, porém, diz respeito essencialmente à agressividade: é o sentimento penoso de ter feito mal ao objeto, de tê-lo atacado ou destruído. Ela pode conduzir a diversas reações, desde a negação maníaca de que o objeto tenha sido danificado até a identificação melancólica com ele, passando por tentativas onipotentes de reparar magicamente o objeto estragado ou pela depressão diante da impossibilidade de anular o sofrimento que lhe foi imposto. Nesse terreno, é grande a vantagem psicológica de dispor de construções culturais que aliviam ou tornam impossível a experiência da culpa, atribuindo a forças exógenas o mal feito ao objeto ou o impulso para cometê-lo (*atê* dos heróis homéricos, crença na feitiçaria entre os africanos estudados pelos Ortigues, etc.).

Já a vergonha não está ligada de modo necessário à dimensão da agressividade. Ela também é um afeto penoso, que pode avassalar o indivíduo e mesmo conduzi-lo a ataques contra si mesmo – é conhecida a frequência de suicídios motivados pela vergonha entre os japoneses –, mas sua economia é diferente da da culpa. A

---

27 Kinston, W., 1983, pp. 213-226. O leitor que quiser se aprofundar no tema da vergonha – e do seu avesso, o orgulho ou soberba – encontrará uma discussão ampla e detalhada em Donald Nathanson, *Shame and Pride: Affect, Sex and the Birth of the Self*, W. W. Norton & Company, New York and London, 1994.

vergonha envolve a censura dos outros, tanto dos outros reais (o primeiro sentido, homérico, da *nêmesis*) como desses outros interiorizados cuja articulação origina o superego. O superego fustiga o ego com o sentimento da vergonha quando este fracassa na consecução das tarefas que visam realizar um ideal; é por não corresponder às exigências do ideal que o ego se sente envergonhado. Octave Mannoni sugere que a vergonha ocorre quando o sujeito se vê exposto ao ridículo, e que o ridículo é efeito da ruptura de uma identificação no nível do ego. Referindo-se ao *post scriptum* de *Psicologia das massas e análise do ego*, lembra a ideia de Freud de que uma identificação no nível do ideal do ego produz efeitos opostos aos de uma identificação no nível do ego. O exemplo é o de uma personagem de Schiller, um sargento que imita em tudo o grande general Wallenstein, seu modo de andar, suas atitudes etc. Ora, um dia alguém denuncia o ridículo dessa imitação, e o sargento experimenta uma terrível vergonha. Comenta Mannoni:

> *Se o sargento tivesse se identificado com Wallenstein no nível do ideal do ego, isso faria dele um devotado suboficial. Enquanto a identificação no nível do ego só pode produzir, ao ser denunciada, o ridículo; mas nós podemos acrescentar, sem hesitação, a vergonha. O ridículo provoca a ruptura da identificação, e a ruptura da identificação provoca a vergonha. . .* [28]

A vergonha pode ser aliviada por condutas de tipo hipomaníaco, como a hiperatividade, a euforia leve etc. São reações que traduzem a ansiedade, que, como vimos, é também uma característica comum entre os judeus. E, se os autores que mencionei

28 Mannoni, O. (1982). La férule. In *Ça n'empêche pas d'exister* (p. 79). Editions du Seuil.

estiverem com a razão, podemos estabelecer um vínculo bastante provável entre a experiência da vergonha e a configuração da vivência de si dos judeus, como venho procurando caracterizá-la nestas páginas. Mais uma vez, convém evitar mal-entendidos: estou longe de sugerir que os judeus se envergonhem de ser judeus, ou que, em sua atividade mental consciente, a vergonha ocupe alguma posição privilegiada. Nada autorizaria semelhante leviandade. O que estou sugerindo é que no processo de modernização alterou-se significativamente a relação entre o ego e os seus ideais, ou, mais precisamente, entre o ego e um dos seus ideais, até então o mais importante: o "ser judeu". Esse ideal permanece como exigência, fomentado pela cultura e pelas expectativas familiares; mas o seu conteúdo tornou-se impreciso, já que a forma de que ele se revestia, e que foi durante séculos fortemente valorizada, passa a conflitar com outros ideais, propostos pela sociedade ambiente: êxito pessoal ou profissional, riqueza de experiências com o *diverso*, aculturação bem-sucedida, reconhecimento pela maioria não judaica etc. Nesse processo, desfaz-se o forte investimento libidinal naquilo que o judaísmo tradicional oferecia como o excelente, a saber, a prática ritual, o estudo dos textos sagrados, a "santidade", a esperança do retorno à Terra Prometida pelas mãos do Messias, a vida comunitária nos moldes sagrados. Ao contrário da situação anterior, em que o caminho para a materialização do ideal era claro, embora difícil, nas circunstâncias atuais não apenas os ideais são frequentemente contraditórios entre si, mas ainda o indivíduo se vê diante de escolhas angustiantes no que concerne à maneira de procurar efetivá-los. Daí a frequente sensação de desconforto cuja exacerbação é a vergonha; vergonha diante dos que parecem à vontade em suas próprias peles – é o fenômeno da idealização do mundo gentio – e também vergonha diante do que, muitas vezes, foi a experiência de vida dos próprios pais, com todo o cortejo de conflitos edipianos que costuma acompanhar essa situação.

Disse anteriormente que, na experiência emocional típica do judeu contemporâneo que vive na Diáspora, deveriam ser observadas duas dimensões. Uma delas é a vergonha como consequência da ruptura de uma identificação central no nível do ego – pois, como podemos perceber, o "ser judeu" tinha uma dupla valência, funcionando como ideal narcísico, mas também como suporte da autoimagem ou, em outras palavras, tanto como aquilo que o indivíduo deseja ser quanto como aquilo que ele efetivamente era. A outra dimensão é a perda, sobre a qual gostaria de dizer algumas palavras.

A noção de Exílio, central na organização mental dos judeus tradicionais, deixou de ter significado para o judeu moderno. Mesmo quando existe a aspiração de ir viver em Israel, a sensação dolorosa de uma perda irreparável, fruto da decisão divina de castigar os pecados do Seu povo, não faz parte da vivência judaica contemporânea – *et pour cause*, se o que estou lhes expondo for correto. Mas ela parece ter sido substituída pela sensação de ter perdido outra coisa, algo que não se sabe muito bem dizer o que é, apenas que seria muito valioso: a imediatez da vivência narcísica, a certeza de que se está seguro no que se é, por mais que seja "difícil ser judeu" (*es is schver zu zain a yid*, diziam os judeus do Leste). Essa dificuldade mesma era fonte de orgulho, como procurei mostrar na segunda parte desta conferência. No lugar da identificação vigorosa com um modelo valorizado, o que notamos é um buraco narcísico, que se tenta preencher com aquilo que oferece o modo de vida contemporâneo. Mas isso não é suficiente, na medida em que o apoio narcísico oferecido por esse modo de vida é instável, depende muito mais do próprio indivíduo do que de uma comunidade coesa, e resulta portanto num conflito frequentemente doloroso entre o que se é e o que se sente que se deveria ser. Nota-se uma espécie de secularização daquilo a que aspirava o judaísmo clássico: em vez de serem membros do Povo Eleito, o que muitos judeus contemporâneos exigem de si – ou dos seus filhos, como notam tantos analistas infantis[29] – é serem "os melhores" naquilo que empreendem, especialmente em atividades ligadas à esfera intelectual (provável resíduo da época em que o saber talmúdico era o máximo valor narcísico proposto pela cultura ao indivíduo).

Muitos desejam ser judeus, mas já não sabem como fazê-lo, ou se sentem insatisfeitos com a maneira pela qual o são; a ocasião para que surja essa percepção está muitas vezes ligadas à educação dos filhos, à decisão de se devem ou não estudar numa escola judaica, ou frequentar um ambiente cultural ou esportivo em que os judeus sejam majoritários. É caracteristicamente em momentos desse tipo que afloram as sensações de perda e de vergonha, na medida em que, por suas opções de vida, muitos pais não se sentem em condições de realizar algo que, por outro lado, consideram um dever ineludível: transmitir a seus filhos a herança do judaísmo. É nesses momentos, ou em situações que envolvem compromissos sentidos como incompatíveis com um ideal tanto mais ansiógeno como mais vazio de conteúdo, que se podem ouvir, vindas do divã, expressões pungentes do dilaceramento que afeta a identidade judaica contemporânea.

Mas nem tudo é melancólico nessa nova constelação. Se algo foi perdido, há, por outro lado, *ganhos* nada desprezíveis: do ponto de vista psicodinâmico, o processo de modernização abriu aos judeus inúmeros canais para a expressão da agressividade e permitiu uma vasta diversificação dos seus investimentos libidinais. Também criou a possibilidade de viver num espaço privado, fora a vigilância constante do pequeno núcleo familiar e comunitário, para não falar das imensas oportunidades de realização pessoal e profissional, portanto narcísica, que decorrem da sua inserção nas sociedades ocidentais e da restauração da soberania política no Estado

29 Comunicação pessoal de Bernardo Tanis, a quem devo essa valiosa observação.

de Israel. Não se trata de valorizar esta ou aquela escolha, esta ou aquela fórmula para encontrar o equilíbrio dinâmico entre as várias exigências do funcionamento pulsional, egoico e superegoico; procuro apenas descrever uma situação de fato e sugerir algumas hipóteses para compreender a sua estrutura e os seus efeitos.

Para concluir: não existe neurose especialmente judaica, e o título desta conferência não deve sugerir o contrário. O judaísmo *não* é uma doença da alma, como a histeria, a paranpia ou o fetichismo. Mas é verdade que, por terem sido submetidos a condições históricas semelhantes, os judeus apresentam algumas peculiaridades recorrentes na organização do plano narcísico da personalidade, e foi isso que procurei demonstrar. Poderíamos dizer, numa definição talvez circular, mas que seria apreciada pelos talmudistas antigos, que o judeu é aquele que exige de si uma resposta existencial para a seguinte pergunta: "O que é ser judeu?". A própria pergunta, tantas vezes apenas implícita, já é um sintoma de ansiedade identificatória; é exatamente essa ansiedade que transparece numa ótima história judaica, fecho apropriado para o nosso longo trajeto. Num concurso de monografias sobre o elefante, inscrevem-se candidatos de várias origens. O americano escreve um artigo sobre "Como criar maiores e melhores elefantes". O inglês apresenta um relatório de viagem: "Caçando elefantes a serviço de Sua Majestade". O alemão redige um tratado de trezentas páginas, de abrangência enciclopédica, "Der Elephant". O francês entrega um estudo sobre "A vida amorosa do elefante". E Yossele Nudnik, naturalmente, entra no concurso com um trabalho intitulado: "O elefante e o problema judaico".

Muito obrigado.

Nota sobre a origem dos textos

1. A sombra de Don Juan: conferência no Colóquio "Don Juan", promovido pelo Departamento de Filosofia da Universidade de São Paulo em maio de 1987. Publicado originalmente sob o título "*Mille e quatro, mille e cinque, mille e sei*.. novas espirais da sedução", in Renato Janine Ribeiro (org.). *A Sedução e suas Máscaras*, São Paulo, Companhia das Letras, 1988.

2. Esqucer? Não: In-quecer: texto encomendado em 1985 pelo *Folhetim* da *Folha de S. Paulo*, para um debate sobre o discurso de J. Habermas. Publicado originalmente no número 555 do suplemento (18.09.1987), e, em formato livro, in Heloisa Fernandes (org.), *Tempo do Desejo*, São Paulo, Brasiliense, 1989.

3. Existem paradigmas em psicanálise? comunicação apresentada à Sociedade Brasileira de Psicanálise de São Paulo, abril de 1990. Publicado originalmente na revista *Percurso* nº 4, 1990, pp. 43-52.

4. Que significa "pesquisa em Psicanálise?": Texto escrito em janeiro de 1990, para uma publicação da PUC/SP sobre o tema "Pesquisa em Psicanálise". Uma segunda discussão sobre o tema, incorporando algumas reflexões suscitadas pelo debate sobre o trabalho, pode ser encontrada em R. Mezan, "A Psicanálise na Universidade", in *Interfaces da Psicanálise* (2002 - 2a. edição São Paulo, Editora Blucher, 2019. Como o assunto continua relevante, voltei a discuti-lo em *O Tronco e os Ramos* ("Pesquisa em Psicanálise: algumas reflexões), Editora Blucher, 2017.

5. Explosivos na sala de visitas: concentrando-se na questão "por que Freud foi Freud?", este capítulo reelabora e expande pequenos textos que abordavam diferentes aspectos do tema: "Explosivos na sala de visitas" (1988), "Freud e Viena" (1989), "O Dr. Coca e a freudeína" (1989), "É a Psicanálise uma ciência judaica?" (1992) e "Psique, alma, aparelho psíquico: caminhos cruzados" (1990). As primeiras versões destes trabalhos serviram como intervenções em colóquios e mesas-redondas, ou foram publicados na *Folha de S. Paulo* e no *Estado de S. Paulo).*

6. O *Bildungsroman* do psicanalista: publicado originalmente no *Anuário da Psicanálise* nº 1, Rio de Janeiro, 1991, pp. 78-82.

7. A Psicanálise na cultura: as resenhas que deram origem a este capítulo (escrito em junho de 1992) foram publicadas originalmente em revistas especializadas e em cadernos culturais da imprensa (às vezes com títulos de fantasia atribuídos pelos jornalistas): "Psicanálise e discurso", *Revista Brasileira de Psicanálise*, vol. 24:3, 1990; "Nos espaços intermediários da reflexão", *O Estado de S. Paulo*, Caderno 2, 28.1.1989; "Narciso fundamenta a experiência ocidental do amor", *Folha de S. Paulo*, Caderno Livros, 8.10.1988; "Um convite ao prazer", *Revista Isto É*, 25.4.1984; "Scarlett Marton revê a cosmologia de Nietzsche", *Folha de S. Paulo*, Suplemento Letras, 9.3.1991; "Visitando a Velha Senhora", *Folha de S. Paulo*, Ilustrada, 25.11.1987 (reimpresso como posfácio de J. M. Petot, *Melanie Klein*, vol II, São Paulo, Perspectiva, 1988); "Tausk instiga o diálogo atual sobre a loucura", *Folha de S. Paulo*, Suplemento

Letras, 7.7.1990; "O brilho das brasas", Revista *Percurso* nº 5/6, 1991; "Conrad Stein faz seminários e lança livro no Brasil", *Folha de S. Paulo*, Ilustrada, 18.11.1988.

8. "Violinistas no Telhado: clínica da identidade judaica": versão ampliada de uma conferência no clube "A Hebraica", por ocasião do primeiro aniversário do Serviço de Psicologia da Federação Israelita do Estado de São Paulo (novembro de 1990).

Índice remissivo

Índice de obras e de autores